台湾語会話フレーズブック

すぐに使える日常表現2900

Phrase book

台湾語

趙 怡華 著
陳 豐惠 監修

はじめに

dà jiā hǎo
大家好（ダジャハウ）！

　本書は、2003年発行の『はじめての台湾語』、2006年の『絵でわかる台湾語会話』、2007年の『台湾語のスラング表現』（以上、明日香出版社）を経て、台湾語シリーズの4作目となります。

　本書では、台湾に観光で行かれる方、出張・留学される方、長期滞在する方、また台湾の友人と会話を楽しみたい方まで、すべての学習者の方に向けて、場面別・トピック別に日常生活で台湾人がよく使うフレーズをピックアップして、台湾語と台湾華語の対照で、様々な表現を紹介しています。

　また、初級者の方もお使いいただけるよう、台湾語（台語）と台湾華語にカタカナでルビをつけました。

　中国系の言語には「声調」という、とても大事な存在があります。カタカナ表記は同じであっても、声調が違えば意味も違ってきます。

　例えば「liǎng kuài」と「liáng kuài」。漢字で書くと、それぞれ「兩塊」（2元）と「涼快」（涼しい）になります。カタカナでは、いずれも「リャン　クァイ」の表記になりますが、「liang」の声調が違うことによって、意味も違ってくるのです。

　同音異義語が多い中国語系の言葉において声調がいかに大事かを意識しながら、ルビを参考にして、各フレーズの実際の発音については、付属のCDをよく聴いてください。

　付属のCDの音声は、台湾語も台湾華語も普通の台湾人がふだん話すスピードで録音されています。最初は速いと感じる方もおられるかもしれませんが、繰り返し聴いているうちに耳が慣れてくるはずです。言葉のリズム感もぜひ感じていただきたいと思います。

この数年で、台湾の中でも言葉を取り巻く環境が大きく変わりました。まず、言語の名称です。これまで台湾で話される北京語は「國語」(Guó yǔ)と呼ばれていましたが、この度、台湾の教育部（日本の文部科学省に相当する機関）によって「華語」(Huá yǔ)という名称に正式に定められました。それに合わせて、本書でも今までの台湾語の書籍において「北京語」と表記していた部分を「台湾華語」と表記しました。台湾では「國語」という表現も日常使われています。

　「台語」(Tái yǔ)についても、教育部が2009年9月に、700字の「台灣閩南語推薦用字」(Tái wān Mǐn nán yǔ tuī jiàn yòng zì)（日本ふうに言うと「常用閩南語漢字」）を発表しています。これに合わせて、今までの台湾語の書籍で使用していた漢字の一部を変更しました。(例えば、「どこ」の意味の「叨位」を「佗位」に、「好き」の意味の「甲意」を「佮意」に変更など)

　本書は2010年に発行しました。その後、読者よりご指摘をいただき、重版の際に修正をしております。

　台湾では、南に行けば行くほど、台湾人の生活に広く浸透している台湾語との遭遇率も高くなります。たとえ一言でも簡単な台湾語を話すだけで、台湾人への受けが違いますし、たちまち台湾人の間にとけ込むことができるでしょう。ぜひ台湾華語だけでなく、台湾語も覚えて、話してみてください。

　言葉という鍵を手に、台湾社会に通じる扉を皆さんに開いていただきたいです。きっとそこに摩訶不思議なワールドが待っているはずです。

　　ようこそ、台湾。　朋友，歡迎你到台灣來。(péng yǒu, huān yíng nǐ dào Tái wān lái)

趙　怡華
y2327886@hotmail.com
http://www.iamyh.com/

目次

① あいさつ　24
- 1 出会いのあいさつ …………………………………24
- 2 久しぶりに会ったとき ……………………………26
- 3 近況を尋ねる ………………………………………28
- 4 一日のあいさつ ……………………………………30
- 5 別れのあいさつ ……………………………………32
- 6 特別な日のあいさつ ………………………………34
- 7 お礼 …………………………………………………36
- 8 おわび ………………………………………………38
- 9 お祝い ………………………………………………40
- 10 お悔やみ ……………………………………………42

② 社交　44
- 1 初対面のとき ………………………………………44
- 2 人を紹介する ………………………………………46
- 3 誘う …………………………………………………48
- 4 誘いに対する返事(1) ………………………………50
- 5 誘いに対する返事(2) ………………………………52
- 6 時間を決める ………………………………………54
- 7 場所を決める ………………………………………56
- 8 待ち合わせに遅れたとき …………………………58
- 9 別れ際に ……………………………………………60
- 10 贈る言葉 ……………………………………………62

③ 感情を表す表現　64
- 1 プラスの感情(1) ……………………………………64
- 2 プラスの感情(2) ……………………………………66
- 3 マイナスの感情(1) …………………………………68

4	マイナスの感情 (2)	70
5	相づち	72
6	ほめる	74
7	けなす	76
8	うらやむ	78
9	励ます	80
10	同情する	82
11	驚く	84
12	怒る	86

④ 人についての話題　　88

1	相手のことを尋ねる (1)	88
2	相手のことを尋ねる (2)	90
3	相手のことを尋ねる (3)	92
4	相手のことを尋ねる (4)	94
5	自分のことを話す (1)	96
6	自分のことを話す (2)	98
7	家族について	100
8	兄弟姉妹について	102
9	子供の話題	104
10	印象について	106
11	性格について (1)	108
12	性格について (2)	110

⑤ 色々な話題　　112

1	趣味について	112
2	得意なこと、苦手なこと	114
3	グッド・ニュース (1)	116

④ グッド・ニュース (2)	118
⑤ バッド・ニュース (1)	120
⑥ バッド・ニュース (2)	122
⑦ 会社の話題 (1)	124
⑧ 会社の話題 (2)	126

⑥ 観光・娯楽　128

① 市内観光 (1)	128
② 市内観光 (2)	130
③ ホテル (1)	132
④ ホテル (2)	134
⑤ ホテル (3)	136
⑥ ホテル (4)	138
⑦ 写真を撮る	140
⑧ カラオケに行く	142
⑨ レンタカー	144

⑦ どこかに行く　146

① 空港で (1)	146
② 空港で (2)	148
③ 搭乗手続き	150
④ 機内で	152
⑤ 案内所で	154
⑥ 駅で	156
⑦ 列車に乗る (1) MRT〔捷運〕	158
⑧ 列車に乗る (2) 高鉄	160
⑨ 列車に乗る (3)	162
⑩ バスに乗る	164
⑪ タクシーに乗る	166

⑧ 食べる・飲む　　168

- ① 食事に誘う ……………………………………………… 168
- ② レストランに入る ……………………………………… 170
- ③ レストランで …………………………………………… 172
- ④ 台湾料理を注文(1) ……………………………………… 174
- ⑤ 台湾料理を注文(2) ……………………………………… 176
- ⑥ 台湾料理を注文(3) ……………………………………… 178
- ⑦ お酒の席で(1) …………………………………………… 180
- ⑧ お酒の席で(2) …………………………………………… 182
- ⑨ 支払う …………………………………………………… 184

⑨ ショッピング　　186

- ① 市場で …………………………………………………… 186
- ② お茶を買う(1) …………………………………………… 188
- ③ お茶を買う(2) …………………………………………… 190
- ④ おみやげを買う(1) ……………………………………… 192
- ⑤ おみやげを買う(2) ……………………………………… 194
- ⑥ 洋服を選ぶ ……………………………………………… 196

⑩ 緊急事態　　198

- ① 助けを求める …………………………………………… 198
- ② 紛失・災難(1) …………………………………………… 200
- ③ 紛失・災難(2) …………………………………………… 202
- ④ 地震・被害 ……………………………………………… 204
- ⑤ 急用・トラブル ………………………………………… 206
- ⑥ 大変なことが起きたとき ……………………………… 208

⑪ 学校　　210

1. 台湾に留学 (1) ……………………………… 210
2. 台湾に留学 (2) ……………………………… 212
3. 台湾の言葉について ……………………… 214
4. 台湾語・中国語を勉強する (1) …………… 216
5. 台湾語・中国語を勉強する (2) …………… 218
6. 台湾語・中国語を勉強する (3) …………… 220
7. 授業・テスト (1) …………………………… 222
8. 授業・テスト (2) …………………………… 224
9. 宿題・レポート …………………………… 226
10. 試験 ………………………………………… 228
11. 手続き・申し込み ………………………… 230

⑫ 会社・工場　　232

1. 会社で (1) …………………………………… 232
2. 会社で (2) …………………………………… 234
3. 会社で (3) …………………………………… 236
4. 会社で (4) …………………………………… 238
5. 出欠の返事など …………………………… 240
6. 取引先と …………………………………… 242
7. 工場にて (1) 作業・出荷 ………………… 244
8. 工場にて (2) 現場指導 …………………… 246
9. 展示会・見本市にて ……………………… 248

⑬ 住まい　　250

1. 台湾で生活する (1) ………………………… 250
2. 台湾で生活する (2) ………………………… 252
3. 近所の人との会話 (1) ……………………… 254

| 4 近所の人との会話 (2) | 256 |
| 5 日本に帰国する | 258 |

⑭ 家の中で　260

1 一日の生活 (1) 朝	260
2 一日の生活 (2) 帰宅、夕食	262
3 一日の生活 (3) 夜、就寝	264
4 自宅に友人を招く	266
5 もてなす (1)	268
6 もてなす (2)	270
7 贈り物をする	272
8 贈り物を受け取る	274
9 見送る	276

⑮ 街で　278

1 郵便局で	278
2 銀行で (1)	280
3 銀行で (2)	282
4 銀行で (3)	284
5 携帯ショップで (1)	286
6 携帯ショップで (2)	288
7 コンビニで	290

⑯ 美容・健康　292

1 顔の手入れ、ダイエット	292
2 スタイルについて	294
3 体質について	296
4 健康管理	298
5 病気・けが	300

⑰ 病気になったら　　302

1. 病院で (1) ……………………………………………………… **302**
2. 病院で (2) ……………………………………………………… **304**
3. 体調について (1) ……………………………………………… **306**
4. 体調について (2) ……………………………………………… **308**
5. 体調を尋ねる ………………………………………………… **310**

⑱ 恋愛・結婚　　312

1. 女性の外見をほめる ………………………………………… **312**
2. 男性の外見をほめる ………………………………………… **314**
3. 軟派する ……………………………………………………… **316**
4. アプローチする ……………………………………………… **318**
5. 告白・プロポーズ …………………………………………… **320**
6. 口説く ………………………………………………………… **322**
7. 破局・別れ …………………………………………………… **324**
8. よりを戻す …………………………………………………… **326**
9. 恋愛ドラマで使われる表現 ………………………………… **328**

⑲ 映画・ドラマ・音楽　　330

1. 映画・ドラマ (1) ……………………………………………… **330**
2. 映画・ドラマ (2) ……………………………………………… **332**
3. 好きな芸能人 (1) ……………………………………………… **334**
4. 好きな芸能人 (2) ……………………………………………… **336**
5. 好きな芸能人 (3) ……………………………………………… **338**
6. 好きな芸能人 (4) ……………………………………………… **340**
7. ファンミーティングで (1) …………………………………… **342**
8. ファンミーティングで (2) …………………………………… **344**

⑳ 電話・コンピュータ　　346

- ① 電話で (1) ･････････････････････････････････ **346**
- ② 電話で (2) ･････････････････････････････････ **348**
- ③ 携帯電話で (1) ･････････････････････････････ **350**
- ④ 携帯電話で (2) ･････････････････････････････ **352**
- ⑤ 携帯電話で (3) ･････････････････････････････ **354**
- ⑥ 今後の連絡を取り合う ･････････････････････ **356**
- ⑦ インターネット・通信 (1) ･･････････････････ **358**
- ⑧ インターネット・通信 (2) ･･････････････････ **360**
- ⑨ チャットなど ･･････････････････････････････ **362**
- ⑩ パソコンの作動 (1) ････････････････････････ **364**
- ⑪ パソコンの作動 (2) ････････････････････････ **366**

㉑ コミュニケーション　　368

- ① 返事 (1) ･･･････････････････････････････････ **368**
- ② 返事 (2) ･･･････････････････････････････････ **370**
- ③ 返事 (3) ･･･････････････････････････････････ **372**
- ④ 話しかける、聞き返す ･････････････････････ **374**
- ⑤ 肯定・否定 (1) ････････････････････････････ **376**
- ⑥ 肯定・否定 (2) ････････････････････････････ **378**
- ⑦ 微妙、あいまい ･･･････････････････････････ **380**
- ⑧ 誤解が生じたとき ･････････････････････････ **382**
- ⑨ 非難する、叱る ･･･････････････････････････ **384**
- ⑩ 面子 ･･･････････････････････････････････････ **386**

㉒ 暮らし、社会　　388

- ① 数字を使った表現 (1) ……………………… **388**
- ② 数字を使った表現 (2) ……………………… **390**
- ③ 時に関する表現 …………………………… **392**
- ④ 天気 (1) …………………………………… **394**
- ⑤ 天気 (2) …………………………………… **396**
- ⑥ 気候 ……………………………………… **398**
- ⑦ 形容詞を使った表現 ……………………… **400**
- ⑧ 台湾でよく使われる表現 (1) ……………… **402**
- ⑨ 台湾でよく使われる表現 (2) ……………… **404**

〈付録〉
- 数字の言い方 ……………………………… **408**
- 時間の言い方 (1) …………………………… **410**
- 月の言い方 ………………………………… **411**
- 計算 ………………………………………… **411**
- 日にちの言い方 …………………………… **412**
- 季節 ………………………………………… **413**
- 時間の言い方 (2) …………………………… **414**
- よく使う疑問詞 …………………………… **415**
- 重量、サイズなど ………………………… **415**
- 方向、位置 ………………………………… **417**
- 友人にお礼のEメール ……………………… **418**
- 伝票などで使われる文字 ………………… **419**

台湾と中国大陸の言葉について

1　台湾華語と北京語と普通話

　中国には七大方言があります。「北京话(běi jīng huà)」とは本来、北京で話されている言葉です。そして「普通话(pǔ tōng huà)」とは北京語の発音を基準に作られた、中国の公用語です。

　「台灣華語(táiwān huáyǔ)」は、台湾の公用語です。普通話の台湾版と表現する人もいますが、実際は、台湾語、客家語、それから日本語などの影響で、普通話と異なる台湾独自の表現や発音の違いもかなり存在します。

　台湾華語と北京語の違いについて、簡単にまとめてみました。

1　文字について

　例えば「ご飯を食べます」は、

　台湾華語は　　繁体字で「吃飯」

　北京語は　　　簡体字で「吃饭」

と表記します。台湾華語は繁体字(正体字という言い方もあります)、北京語は簡体字で表記されるのです。

【繁体字・簡体字・日本語の対照】

繁体字	發	氣	傳	腦	劍	樂	廣	讓	樣	齊
簡体字	发	气	传	脑	剑	乐	广	让	样	齐
日本語	発	気	伝	脳	剣	楽	広	譲	様	斉

2 発音記号について

台湾華語は　注音符号　（ㄅㄆㄇㄈ）と通用拼音
普通話は　　　ピンイン　（b p m f）
をそれぞれ使います。（詳しくは p17 参照）

3 発音について

台湾華語の発音は、巻舌音をあまり使用しない話し方が多いです。

例えば、「吃飯」の発音は台湾華語で「cī fàn」、「日本人」の発音は台湾華語で「zi běn rén」になる場合がほとんどです。

そのほか、台湾華語の発音の特徴として、「r化しない」（台湾華語は「玩 wán」、北京語は「玩儿 wánr」）などの違いもあります。

4 語彙や表現（言い回し）について

例えば「タクシー」は、台湾華語では　「計程車 jì chéng chē」
　　　　　　　　　　　　北京語では　「出租車 chū zū chē」
と言うように、異なる場合がしばしばあります。

5 同じ表現でも発音が違う場合がある

有名な例としては、「ゴミ」の「垃圾」があります。

　　台湾華語では　「lè sè」
　　北京語では　　「lā jī」

と発音します。

6 台湾語の影響を受けた独自の表現が台湾華語には多い

例えば、台湾華語の「古錐 gǔ zhuī」「大俗賣 dà sú mài」は、普通話ではそれぞれ「可愛 kě ài」（かわいい）、「大拍賣 dà pāi mài」（バーゲンセール）の意味になります。詳しくは拙著『台湾語のスラング表現』を参照してください。

もちろん、これら以外にも台湾華語と北京語には微妙な違いが多く存在します。
　そのほか、台湾華語には日本語に由来する表現、英語などの外来語に由来する表現も多くあります。

＜日本語に由来する表現の例＞
「運將_{yùn jiàng}」（運転手）、「黑輪_{hēi lún}」（おでん）、「歐巴桑_{ōu bā sàng}」（おばさん）、「歐吉桑_{ōu jí sàng}」（おじさん）など。

＜英語などの外来語に由来する表現の例＞
「秀_{xiù}」（show〔ショー〕）、「酷_{kù}」（cool〔クール〕）、「馬殺雞_{mǎ shā jī}」（massage〔マッサージ〕）、「秀逗_{xiù dòu}」（short〔頭がおかしい〕）など。

　言葉は生き物です。中国大陸との戦後の隔たりを経て、様々な方言や外来語（日本語、広東語、英語、スペイン語、オランダ語など）を取り入れた台湾華語は、新しい生命体として一人歩きをしています。
　近年、中国大陸でも台湾の流行歌・ドラマ・映画などの影響で、台湾華語の発音が「ソフトで、かわいくて、おしゃれ」と感じて真似をする若者が増えているそうです。
　本書に掲載しているフレーズは、いずれも台湾でよく使われている表現ですので、北京語の学習者も北京語と比較しながら、その共通点や相違点を楽しめることと思います。

2　台湾の「注音符号」と中国の「ピンイン」

　台湾では漢字の発音表記体系として、中国大陸のように汉语拼音(hàn yǔ pīn yīn)を使用するのではなく、注音符號（zhù yīn fú hào）と通用拼音が使われています。

　台湾では小学校から注音符号を習います。台湾で出版された辞書には注音符号の順に配列されたものと部首順に配列されたものがあり、パソコンや携帯で文字入力をする際に注音符号を使います。注音符号は全部で 37 個あります。

【注音符号とピンインの対照表】

声母（子音）						韻母				
						介音	母音			
ㄅ b	ㄉ d	ㄍ g	ㄐ j	ㄓ zh	ㄗ z	ㄧ y	ㄚ a	ㄞ ai	ㄢ an	ㄦ er
ㄆ p	ㄊ t	ㄎ k	ㄑ q	ㄔ ch	ㄘ c	ㄨ u	ㄛ o	ㄟ ei	ㄣ en	
ㄇ m	ㄋ n	ㄏ h	ㄒ x	ㄕ sh	ㄙ s	ㄩ ü	ㄜ e	ㄠ ao	ㄤ ang	
ㄈ f	ㄌ l			ㄖ r			ㄝ ie	ㄡ ou	ㄥ eng	

　注音符号は漢字の「右側」に位置し、「上から下へ」と配列します。
　例えば「台湾」は下記のように縦書き、または横書きになります。

　　台ㄊㄞˊ　　または　　台ㄊㄞˊ 灣ㄨㄢ
　　灣ㄨㄢ

ところがパソコン入力の場合は、注音符号が横書きしかできませんので、ㄊㄞˊ ㄨㄢ のようになるのです。なお、台湾のピンイン（通用拼音）は若干異なり、特に「q」「x」「zh」をそれぞれ「ci」「si」「jh」としていますが、実際には混同して使われているようです。

3　台湾華語の声調と発音

　台湾華語は、北京語や普通話と同じように、一声から四声までと軽声がありますが、軽声は北京語ほど多くは使いません。

　多くの日本人学習者にとって声調は慣れるまで大変ですが、逆に台湾華語や北京語では、日本語の音読みや訓読みのように一つの漢字に複数の読み方はありません。たまに「破音字(pòyīnzì)」も出てきますが、それも一度覚えてしまえば、あとはとても楽です。

　台湾華語には同音異義語が多いうえ、同じ発音でも声調が変われば漢字も変わりますし、意味も変わってきます。ネイティブの話者によるCDを聞いて、発音を真似しながら繰り返し練習することが上達の近道でしょう。

1　台湾華語の声調図

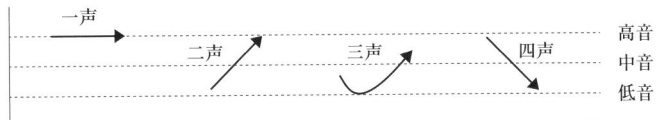

一声：まっすぐ平に
二声：一気に上がる
三声：一回下がってから上がる
四声：一気に下がる

2　注音符号の声調表記

	一声	二声	三声	四声	軽声
注音符号	なし	ˊ	ˇ	ˋ	・
	ㄇㄚ	ㄇㄚˊ	ㄇㄚˇ	ㄇㄚˋ	・ㄇㄚ
ピンイン	mā	má	mǎ	mà	ma
漢字	媽	麻	馬	罵	嘛

4　台湾語の声調と発音

　一般的には台湾語には八声がありますが、六声は二声と同じ発音をするため、実際には七声しか存在していません。

1　台湾語の声調の高低イメージ

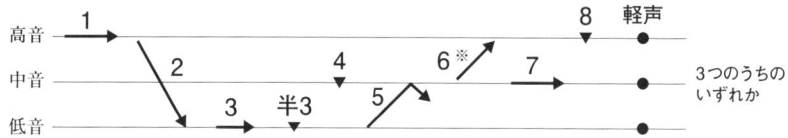

※：現代台湾語では6声は、2声と区別がないことから、欠番扱いとされることが多いです。
「海口腔」と呼ばれる台湾語の一方言では2声が変調し、「中→高」の6声が発生します。

声調	漢字	教会ローマ字	解　　説
一声	衫 (服)	sa^n	高くて長い音。 北京語の一声よりやや高め。表記法「a1」
二声	短 (短い)	té	高→中。 北京語の四声のような感じ。表記法「a2」
三声	褲 (ズボン)	khò	最も低い声。北京語の三声に似ている。 表記法「a3」
四声 (短音)	闊 (広い)	khoah	中くらいの高さで短い音。 語尾が "-h, p, k, t" の場合のみ存在する。 表記法「-h, p, k, t」
五声	人 (人)	lâng	北京語の二声に似ている。 語尾が北京語より上がり気味で、音もやや長め。表記法「a5」
六声	矮 (低い)	é	六声は単独ではほとんど存在しない。
七声	鼻 (鼻)	phī^n	中くらいの高さで長い音。表記法「a7」
八声 (短音)	直 (まっすぐ)	tit	高くて短い音。 四声と同様、語尾が "-h, p, k, t" の場合のみ存在する。表記法「-h8, p8, k8, t8」
軽声	啊／矣	--	そのまま。表記法「a0」

台湾語の声調を覚えるには、以下の成句が役に立ちます。

衫短、	褲闊、	人矮、	鼻直
saⁿté	khòkhoah	lâng é	phīⁿtit

（服は短く、ズボンはダブダブ、背が低い、鼻筋が通っている）

2　台湾語の声調変化の法則

台湾語では、文末の音節以外のほとんどの音節が變調(biàn diāo)（声調変化）します。

一声	二声	三声	四声	五声	六声	七声	八声
(1)→7	(2)→1	(3)→2	(4) ⤴2⤵8	(5) ⤴7⤵3	2声と同じ変化する	(7)→3	(8)→3(短)
7声に変調	1声に変調	2声に変調	8声に変調	南は7声に北は3声に		3声に変調	3(短)声に変調

声調変化の例

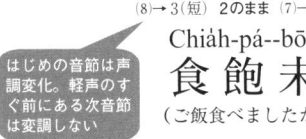
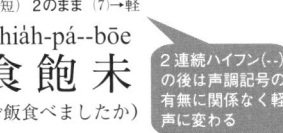

(8)→3(短)　2のまま　(7)→軽

Chiàh-pá--bōe

食　飽　未

（ご飯食べましたか）

はじめの音節は声調変化。軽声のすぐ前にある次音節は変調しない

2連続ハイフン(--)の後は声調記号の有無に関係なく軽声に変わる

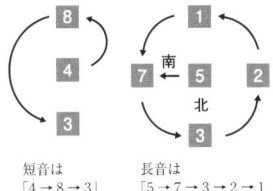

短音は「4→8→3」

長音は「5→7→3→2→1→7」の循環法則

3　台湾語の単母音

a	i	u	e	ɔ	o
ア	イ	ウ	エ	オ	オ

4　台湾語の主な複母音

ai	au	ia	iu	ui	io	im
アイ	アウ	ヤ	イウ	ウイ	イヨ	イム
un	in	oa	oe	ian	eng	
ウン	イン	ウァ	ウェ	イェン	イン	

5 台湾語の子音

子音			雙唇	舌尖	軟顎
口腔子音	塞音	無声 無気	p	t	k
		無声 有気	ph	th	kh
		有声	b		g
	塞擦音	無声 無気		ch	
		無声 有気		chh	
		有声		j	
	擦音	無声		s	h
	軽敲音	有声		l	
鼻子音		有声	m	n	ng

※本書のルビ表記について

・音便変化

2つの音節が結びついたとき、発音しやすいように、後の音節が変化する場合があります。

（例）

「一个」　　　「chit」と「ê」が結びついて「ジッレ」のように変
(chit-ê)　　　化します。本書では「ジッ　レ」と表記しています。

「明仔載」　　「bîn」と「á」が結びついて「ビンナザイ」のよう
(bîn-á-chài)　に変化しますが、本書では「ビン　ア　ザイ」のように表記しています。

・清音と濁音

本書では、「ka」「ti」「chi」など原音では無気音ですがルビを「ガ」「ディ」「ジ」のように濁音で表記しているものもあります。

（例）「敢」(kám)「ガム」、「著」(tio̍h)「ディォッ」、「足」(chiok)「ジョッ」など。

5 台湾華語と台湾語

　台湾は、台湾島と周辺諸島から構成されており、面積は約 36,000 km² で九州程度の大きさです（日本全体の約 10 分の 1）。2010 年 1 月の統計によると、台湾の総人口は約 2,400 万人です。

　台湾には大きく分けて 4 つのエスニックグループ、外省人（Wài shěng rén）（13%）、本省人（Běn shěng rén）（70%）、客家（Kè jiā）（15%）と原住民（Yuán zhù mín）（2%）が存在しています。

　公用語は台灣華語（Tái wān huá yǔ）です（「國語（Guó yǔ）」とも言います）。教育も台湾華語によって行われます。台湾は日本と同じように義務教育を 6 年制の國小（Guó xiǎo）（小学校）と 3 年制の國中（Guó zhōng）（中学校）の 9 年間と定めています。2009 年の統計によると 15 歳以上の台湾華語の識字率は 97.3% です。

　台灣華語以外では、台語（Táiyǔ）（台湾語）が一番使用されている言語です。2008 年の中華民国年鑑によると 73% の台湾人が台語を話すことができるので、多くの台湾人はバイリンガルなのです。

　ふだんの日常生活では台湾華語と台湾語を混ぜて話す人も多いですし、テレビや映画の台詞でも台湾華語と台湾語が混ざって登場する場合がよく見られます。

　台湾語は本来、福建省の方言の一つで、閩南語（Mǐn nán yǔ）の一種です。しかし日本の統治下で日本語の単語がかなり流入し、閩南語にない特徴をもっています。例えば「ネクタイ」「ライター」「トマト」「おしぼり」など、日本語がそのまま使われているものが多数あります。

　また、日本語からの借用語も多く存在します。例えば「惡質」（オッジッ）、「注文」（ズウブン）、「放送」（バンソン）、「見本」（ゲンブン）などの言葉は、台湾では台湾語として正式に認められていますし、発音も台湾華語に比べて日本語に近く、「注射」（ジュウシャ）、「便當」（ベンドン）、「新聞」（シンブン）などの単語もあります。日本人にとって親しみやすくて勉強しやすい言葉かもしれません。

更に発音の面において、台湾華語にはない台湾語の特徴として、語尾が子音（p, t, k, h）で終わる「入声(にっしょう)」と呼ばれる音や、「濁音」や鼻にかかったような「鼻音」があります。

初心者にとって少し混乱しやすいのは訛りです。日本語にもいろいろな地方の訛りがあるのと同様に、台湾語にも訛りが存在します。大きく分けて、「臺北腔」（北訛り）、「臺南腔」（南訛り）、「宜蘭腔」（東訛り）、「海口腔」（台湾西部川の出入口付近の訛り）の4つです。

例えば「雞」（ニワトリ）は、北訛りでは「koe」（コエ）、南訛りでは「ke」（ケ）と発音します。

せっかく中国大陸の中国語（北京語）を覚えたのに、台湾ではあまり通じないという話をよく聞きます。それもそのはず、台湾華語は北京語と似ているようで実は違う、一方で、違うかなと思うと、まったく通じないわけでもない、ちょっと複雑な関係なのです。

また、台湾華語をしっかり覚えたのに、台湾人の話していることが100パーセント聞き取れないという声もよく聞きます。

台湾人は、日常ではよく台湾華語と台湾語を混ぜて話しますので、台湾語抜きではすべての理解は難しいのです。つまり台湾華語だけ、あるいは台湾語だけでは台湾の全貌をうかがい知ることはできないのです。特に台湾の南部に行けば行くほど台湾語の使用率が高くなりますので、南部に行く方は台湾語を覚えておくと便利でしょう。

近年、東南アジアの人々との結婚が増えたのに伴い、台湾には今までの4つのエスニックグループのほかに、「新住民（＝第五族群(Dì wǔ zú qún)）」が現れてきています。2006年の統計では、その総人口は約38.4万人（1.6%）で、原住民の約48万人に迫る勢いです。

様々な外来文化を吸収して、独自の文化を生み出してきた台湾。これからも更にその変化を遂げていくことでしょう。それに伴い台湾で使用される言葉はこれからも進化していくことでしょう。

1 出会いのあいさつ

1 こんにちは。 ※相手が1人の場合

台湾語 你好。
Lí hó
リ ホ

台湾華語 你好。
nǐ hǎo
ニ ハウ

2 お元気ですか？

台湾語 你好無？
Lí hó--bô
リ ホ ボ

台湾華語 你好嗎？
nǐ hǎo mā
ニ ハウ マ

3 元気です。あなたは？

台湾語 我真好。你咧？
Góa chin hó　　Lí--leh
グァ ジン ホ　　リ レッ

台湾華語 我很好。你呢？
wǒ hěn hǎo　　nǐ ne
ウォ ヘン ハウ　　ニ ナ

4 おはよう（ございます）。 ※相手が1人の場合
※「gâu」は漢字で「賢」とも表す

台湾語 Gâu早。
Gâu-chá
ガウ ザ

台湾華語 早。
zǎo
ザウ

①あいさつ

人と出会って、最初に交わすのがあいさつです。外国語で話すとき、ちょっと勇気がいりますが、たとえ発音が完璧ではなくても元気なあいさつをしたいものです。まずは短いあいさつから覚えてみましょう。相手に話しかけて通じた時の気分は最高です。

5 皆さん、おはようございます。 ※相手が複数の場合

台湾語 逐家 gâu 早。
Ta̍k-ke　gâu-chá
ダッ　ゲ　　ガウ　ザ

台湾華語 大家早。
dà　jiā　zǎo
ダ　ジャ　ザウ

6 皆さん、こんにちは。 ※相手が複数の場合

台湾語 逐家好。
Ta̍k-ke　hó
ダッ　ゲ　ホ

台湾華語 大家好。
dà　jiā　hǎo
ダ　ジャ　ハウ

7 ハイ。／ハロー。 ※親しい友人の場合

台湾語 嗨。／哈囉。
Hái　　　Há-lō
ハイ　　　ハ　ロ

台湾華語 嗨。／哈囉。
hài　　　hā　lō
ハイ　　　ハ　ロ

8 ご家族の皆さんもお元気ですか？

台湾語 你厝內人 攏好勢好勢 hoⁿh？ ※「ho·ⁿh」は漢字で「嚄」とも表す
Lí　chhù-lāi-lâng　lóng　hó-sè　　hó-sè　　hoⁿh
リ　ツゥライ ラン　ロン　ホ　セ　　ホ　セ　　ホンッ

台湾華語 你的家人都還好嗎？
nǐ　de　jiā　rén　dōu　hái　hǎo　mā
ニ　ダ　ジャ　レン　ドゥ　ハイ　ハウ　マ

あいさつ

25

2 久しぶりに会ったとき

1 お久しぶりです。

台湾語 足 久無 看a。
Chiok kú bô khòaⁿ--a
ジョッ グ ボ クァンア

※「a」は漢字で「啊」「矣」と表記し、台湾華語の「了」に相当する

台湾華語 好久不見。
hǎo jiǔ bú jiàn
ハウ ジョ ブ ジェン

---

2 ご無沙汰しております。

台湾語 罕行 喔。
Hán-kiâⁿ oh
ハン ギャン オッ

台湾華語 久違了。
jiǔ wéi le
ジョ ウェイ ラ

---

3 元気だった？

台湾語 你 感覺 按怎？
Lí kám-kak án-chóaⁿ
リ ガム ガッ アン ツゥァン

台湾華語 你還好嗎？
nǐ hái hǎo mā
ニ ハイ ハウ マ

---

4 うん、君は？

台湾語 無 按怎啦，你咧？
Bô án-chóaⁿ--lah lí--leh
ボ アン ツゥァン ラッ リ レッ

台湾華語 還好，你呢？
hái hǎo nǐ ne
ハイ ハウ ニ ナ

5 なんとか。〔まだ良いほう〕

台湾語 馬馬虎虎啦。
Má-má-hu-hu lah
マ　マ　フ　フ　ラッ

台湾華語 還可以吧。
hái kě yǐ ba
ハイ　カ　イ　バ

6 あまり（元気じゃなかったよ）。

台湾語 無啥好neh。 ※「neh」は漢字で「吶」「呢 (ne)」とも表す
Bô siá{}^{n} hó neh
ボ　シャン　ホ　ネッ

台湾華語 不太好耶。
bú tài hǎo ye
ブ　タイ　ハウ　イェ

7 良くもなく悪くもなく。 ※状況や状態を表す

台湾語 普通 普通啦。
Phó-thong phó-thong--lah
ポ　トン　　ポ　トンラッ

台湾華語 不好不壞。
bù hǎo bú huài
ブ　ハウ　ブ　ファイ

8 何かいいことはあった？

台湾語 敢有啥 物好空的？
Kám ū siá{}^{n}-mih hó-khang--ê
ガム　ウ　シャン　ミッ　ホ　カン　エ

台湾華語 有什麼好事嗎？
yǒu shén me hǎo shì mā
ヨ　セン　モ　ハウ　ス　マ

3 近況を尋ねる

CD-1 [track3]

1 最近どう？

[台湾語] **你 最近好無？**
Lí chòe-kīn hó--bô
リ ズェギン ホ ボ

[台湾華語] **你最近好嗎？**
nǐ zuì jìn hǎo mā
ニ ズェジン ハウ マ

2 最近、調子はどう？ ※かなりくだけた友人同士の場合

[台湾語] **最近 啥 款？**
Chòe-kīn siáⁿ-khoán
ズェギン シャンクァン

[台湾華語] **最近混得如何？**
zuì jìn hùn de rú hé
ズェジンフン ダ ル ハ

※「混」は本来、極道用語なので、ごく親しい人に

3 いつもと変わらないよ。

[台湾語] **攏 全款啦。**
Lóng kāng-khoán--lah
ロン ガンクァンラッ

[台湾華語] **老樣子。**
lǎo yàng zi
ラウ ヤン ズ

4 悪くはないよ。

[台湾語] **猶會使。**
Iáu ē-sái
ヤウ エ サイ

[台湾華語] **還可以。**
hái kě yǐ
ハイ カ イ

28

5 最近忙しいですか？

[台湾語] 最近會無閒無？
Chòe-kīn ē bô-êng--bô
ズェ ギン エ ボ イン ボ

[台湾華語] 最近忙嗎？
zuì jìn máng mā
ズェ ジン マン マ

---

6 ちょっと忙しいです。

[台湾語] 小可（無閒）。
Sió-khóa (bô-êng)
ショ クァ （ボ イン）

[台湾華語] 有 點 忙。
yǒu diǎn máng
ヨ ディェン マン

---

7 なんとかやってます。 ※なんとか合格点という感じ

[台湾語] 猶會得 過啦。
Iáu ē-tit kòe--lah
ヤウ エディッ グェ ラッ

[台湾華語] 勉 勉 強 強啦。
miǎn miǎn qiáng qiáng la
ミェン ミェン チャン チャン ラ

---

8 まあまあです。

[台湾語] 普普啊啦。
Phó-phó--a-lah
ポ ポ ア ラッ

[台湾華語] 還好啦。
hái hǎo la
ハイ ハウ ラ

4 一日のあいさつ

CD-1 [track4]

1 行ってきます。

[台湾語] 我欲來去 a 喔。
Góa beh lâi-khì--a oh
グァ ベッ ライ キ ア オッ

[台湾華語] 我要走了哦。
wǒ yào zǒu le o
ウォ ヤウ ゾ ラ オ

2 行ってらっしゃい。 ※目上に対して

[台湾語] 順 行。
Sūn kiân
スウン ギャン

[台湾華語] 請慢走。
qǐng màn zǒu
チン マン ゾ

3 行ってらっしゃい。 ※目下に対して

[台湾語] 路裏愛細膩喔。
Lō--nih ài sè-jī oh
ロ ニッアイ セ ジ オッ

[台湾華語] 路上小心啊。
lù shàng xiǎo xīn a
ル サン シャウ シン ア

4 (気をつけて) 行ってらっしゃい。

[台湾語] 細膩順 行喔。
Sè-jī sūn-kiân oh
セ ジ スウン ギャン オ

[台湾華語] 小心慢走啊。
xiǎo xīn màn zǒu a
シャウ シン マン ゾ ア

5 ただいま。

台湾語 我轉來a。
Góa tńg--lâi-a
グァ デン ライ ア

台湾華語 我回來了。
wǒ huí lái le
ウォ フェ ライ ラ

6 お帰りなさい。

台湾語 你轉來a喔。
Lí tńg--lâi-a o̍h
リ デン ライ ア オッ

台湾華語 你回來啦。
nǐ huí lái la
ニ フェ ライ ラ

7 もう寝ます。

台湾語 我欲來去睏a。
Góa beh lâi-khì khùn--a
グァ ベッ ライ キ クン ア

台湾華語 我要去睡了。
wǒ yào qù shuì le
ウォ ヤウ チュィ スェ ラ

8 お休みなさい。

台湾語 暗安。
Àm-an
アム アン

台湾華語 晚安。
wǎn ān
ウァン アン

5 別れのあいさつ

1 さようなら。※正式の場合

[台湾語] **再會。**
Chài-hōe
ザイ フェ

[台湾華語] **再見。**
zài jiàn
ザイ ジェン

2 じゃあね〔バイバイ〕。※友人の場合

[台湾語] **Bye-bye。** ※漢字で「拜拜」とも表す
Bái-bāi
バイ バイ

[台湾華語] **拜拜。**
bāi bāi
バイ バイ

3 また後で。

[台湾語] **等咧見面。**
Tán--leh kìⁿ-bīn
ダン レッ ギン ビン

[台湾華語] **待會見。**
dāi huì jiàn
ダイ フェ ジェン

4 また明日。／また来週。

[台湾語] **明仔載見面。／後禮拜見面。**
Bîn-á-chài kìⁿ-bīn   Āu lé-pài kìⁿ-bīn
ビン ア ザイ ギン ビン   アウ レ バイ ギン ビン

[台湾華語] **明天見。／下週見。**
míng tiān jiàn   xià zhōu jiàn
ミン ティェン ジェン   シャ ゾ ジェン

5 ではまた今度。

台湾語 後擺見面。
Āu pái kìⁿ-bīn
アウ パイ ギン ビン

台湾華語 下次見。
xià cì jiàn
シャ ツ ジェン

6 また会いましょう。

台湾語 咱一定愛閣見面。
Lán it-tēng ài koh kìⁿ-bīn
ラン イッ ディン アイ ゴッ ギン ビン

台湾華語 我們一定要再見面。
wǒ mén yí dìng yào zài jiàn miàn
ウォ メン イ ディン ヤウ ザイ ジェン ミェン

7 元気でね。

台湾語 保重。
Pó-tiōng
ボ ディオン

台湾華語 保重。
bǎo zhòng
バウ ゾン

8 今日は楽しい一日でした。

台湾語 今仔日有影足歡喜的。
Kin-á-jit ū-iáⁿ chiok hoaⁿ-hí--ê
ギン ア ジッ ウ ヤン ジョッ ファン ヒ エ

台湾華語 我今天真的很開心。
wǒ jīn tiān zhēn de hěn kāi xīn
ウォ ジン ティェン ゼン ダ ヘン カイ シン

6 特別な日のあいさつ

CD-1 [track6]

1 お誕生日おめでとう（ございます）。

台湾語 生日 快樂！
Seⁿ-jit khòai-lȯk
セン ジッ クァイロッ

台湾華語 生日快樂。
shēng rì kuài lè
セン ズ クァイラ

2 メリークリスマス！

台湾語 聖誕節 快樂！
Sèng-tàn-cheh khòai-lȯk
セン ダンジェッ クァイロッ

台湾華語 聖誕節 快樂。
Shèng dàn jié kuài lè
シン ダン ジェ クァイラ

3 新年おめでとう！ ※元旦の日に使うことが多い

台湾語 新年 快樂！
Sin-nî khòai-lȯk
シン ニ クァイロッ

台湾華語 新年 快樂。
Xīn nián kuài lè
シン ニェン クァイ ラ

4 明けましておめでとう。 ※旧暦の春節に使うことが多い

台湾語 恭喜發財！
Kiong-hí hoat-châi
ギョン ヒ ファッ ザイ

台湾華語 恭喜發財。
gōng xǐ fā cái
ゴン シ ファ ツァイ

※直訳「おめでとうございます。財がたくさん為すように」

34

5 明けましておめでとう。 ※2回重ねて言うのが普通

台湾語 恭喜, 恭喜！
Kiong-hí　　kiong-hí
ギョン ヒ　　ギョン ヒ

台湾華語 恭喜, 恭喜。
gōng xǐ　　gōng xǐ
ゴン シ　　ゴン シ

6 ハッピーバレンタインデー。

台湾語 情人節 快樂！
Chêng-jîn-cheh　khòai-lo̍k
ジン ジン ジェッ クァイロッ

台湾華語 情人節 快樂。
Qíng rén jié　kuài lè
チン レン ジェ クァイ ラ

7 ご結婚おめでとう。

台湾語 恭喜你欲 結婚 a。
Kiong-hí　lí　beh　kiat-hun--a
ギョン ヒ　リ　ベッ　ゲッフン ア

台湾華語 恭喜你要結婚了。
gōng xǐ　nǐ　yào jié hūn　le
ゴン シ　ニ　ヤウ ジェ フン ラ

8 お招きありがとうございます。

台湾語 感謝你的邀請。
Kám-siā　lí　ê　iau-chhiáⁿ
ガム シャ　リ　エ　ヤウ チャン

台湾華語 謝謝你的邀請。
xiè xiè　nǐ　de　yāo qǐng
シェ シェ　ニ　ダ　ヤウ チン

7 お礼

1 ありがとうございます。

[台湾語] **勞力！**
Ló-la̍t
ロ ラッ

[台湾華語] **謝謝。**
xiè xiè
シェ シェ

2 感謝します。

[台湾語] **真正足感謝。**
Chin-chiàⁿ chiok kám-siā
ジン ジャン ジョッ ガム シャ

[台湾華語] **真的很感謝。**
zhēn de hěn gǎn xiè
ゼン ダ ヘン ガン シェ

3 あなたには感謝しています。

[台湾語] **我足感謝你。**
Góa chiok kám-siā lí
グァ ジョッ ガム シャ リ

[台湾華語] **我很感謝你。**
wǒ hěn gǎn xiè nǐ
ウォ ヘン ガン シェ ニ

4 お心遣い〔気配り〕ありがとうございます。

[台湾語] **感謝你的關心。**
Kám-siā lí ê koan-sim
ガム シャ リ エ グァン シム

[台湾華語] **謝謝你的關心。**
xiè xiè nǐ de guān xīn
シェ シェ ニ ダ グァン シン

5 助けていただいてありがとうございます。

台湾語 **感謝你鬥相共。** ※「鬥相共」：助ける
Kám-siā lí tàu-saⁿ-kāng
ガム シャ リ ダウ サン ガン

台湾華語 **謝謝你的幫忙。**
xiè xiè nǐ de bāng máng
シェ シェ ニ ダ バン マン

6 どういたしまして。

台湾語 **免細膩。** ※「免客氣。」(Bián kheh-khì　ベン ケッキ)
Bián sè-jī （遠慮しないで）という言い方もある
ベン セ ジ

台湾華語 **不客氣。**
bú kè qì
ブ カ チ

7 とんでもないです。

台湾語 **免說謝啦。**
Bián soeh-siā--lah
ベン スェッ シャ ラッ

台湾華語 **快別說謝了。**
kuài bié shuō xiè le
クァイ ビェ スゥォ シェ ラ

8 気にしないで。

台湾語 **家己人，客氣啥？** ※「家己人」：身内。
Ka-kī lâng kheh-khì siáⁿ 「身内なのに、何を遠慮するの？」→
ガ ギ ラン ケッ キ シャン 「身内だから気にすることはない」
〔反語〕

台湾華語 **快別見外。**
kuài bié jiàn wài
クァイ ビェ ジェン ウァイ

あいさつ

8 おわび

1 ごめんなさい。

[台湾語] 失禮。
Sit-lé
シッ レ

[台湾華語] 抱歉。
bào qiàn
バウ チェン

2 すみません。

[台湾語] 歹勢。
Pháiⁿ-sè
パイン セ

[台湾華語] 對不起。
duì bù qǐ
ドェ ブ チ

3 ごめんね。

[台湾語] 失禮啦。
Sit-lé--lah
シッ レ ラッ

[台湾華語] 不好意思。
bù hǎo yì sì
ブ ハウ イ ス

4 申し訳ありません。

[台湾語] 實在足失禮。
Sit-chāi chiok sit-lé
シッ ザイ ジョッ シッ レ

[台湾華語] 非常抱歉。
fēi cháng bào qiàn
フェイ ツァン バウ チェン

5 許してください。

[台湾語] **請原諒我。**
Chhiáⁿ gôan-liōng--góa
チァン グァン リョン グァ

[台湾華語] **請原諒我。**
qǐng yuán liàng wǒ
チン ユェン リャン ウォ

6 本当にすみません。

[台湾語] **實在足失禮。**
Sit-chāi chiok sit-lé
シッ ザイ ジョッ シッ レ

[台湾華語] **真的很對不起。**
zhēn de hěn duì bù qǐ
ゼン ダ ヘン ドェ ブ チ

7 いいんですよ。

[台湾語] **安啦。**
An--lah
アン ラッ

[台湾華語] **沒關係啦。**
méi guān xī la
メイ グァン シ ラ

8 何も問題はありません。

[台湾語] **無問題。**
Bô būn-tê
ボ ブン デ

[台湾華語] **沒問題。**
méi wèn tí
メイ ウン ティ

9 お祝い

1 お幸せに。 ※結婚式のときによく使う表現

台湾語 祝你幸福。
Chiok lí hēng-hok
ジョッ リ ヒン ホッ

台湾華語 祝你幸福。
zhù nǐ xìng fú
ズウ ニ シン フ

2 おめでとう。 ※2回繰り返して言うのが普通

台湾語 恭喜恭喜。
Kiong-hí kiong-hí
ギョン ヒ ギョン ヒ

台湾華語 恭喜恭喜。
gōng xǐ gōng xǐ
ゴン シ ゴン シ

3 合格おめでとう。 ※学校の試験など

台湾語 恭喜你考牢。
Kiong-hí lí khó tiâu
ギョン ヒ リ コ ディァウ

台湾華語 恭喜你考上。
gōng xǐ nǐ kǎo shàng
ゴン シ ニ カウ サン

4 ご卒業おめでとう。

台湾語 恭喜你畢業。
Kiong-hí lí pit-gia̍p
ギョン ヒ リ ビッ ギャブ

台湾華語 恭喜你畢業了。
gōng xǐ nǐ bì yè le
ゴン シ ニ ビ イェ ラ

5 ご就職おめでとう。

[台湾語] **恭喜你揣著頭路。**
Kiong-hí lí chhōe tio̍h thâu-lō͘
ギョン ヒ リ ツウェ ディオッ タウ ロ

[台湾華語] **恭喜你找到工作。**
gōng xǐ nǐ zhǎo dào gōng zuò
ゴン シ ニ ザウ ダウ ゴン ズゥオ

6 ご懐妊おめでとう。

[台湾語] **恭喜你有身。**
Kiong-hí lí ū-sin
ギョン ヒ リ ウ シン

[台湾華語] **恭喜妳懐孕。**
gōng xǐ nǐ huái yùn
ゴン シ ニ ファイ ユィン

7 ご出産おめでとう。〔男の子〕

[台湾語] **恭喜你生後生。**
Kiong-hí li seⁿ hāu-seⁿ
ギョン ヒ リ セン ハウ セン

※「後生」：息子
発音は「ハウシン」も通じる

[台湾華語] **恭喜妳得貴子。**
gōng xǐ nǐ de guì zǐ
ゴン シ ニ ダ グェ ズ

8 ご出産おめでとう。〔女の子〕

[台湾語] **恭喜你生查某囝。** ※「査某囝」：娘
Kiong-hí lí seⁿ cha-bó͘-kiáⁿ
ギョン ヒ リ セン ザ ボ ギャン

[台湾華語] **恭喜妳得千金。**
gōng xǐ nǐ de qiān jīn
ゴン シ ニ ダ チェン ジン

10 お悔やみ

CD-1 [track10]

1 故人のご冥福をお祈り申し上げます。

台湾語 咱愛替伊祈福。
Lán ài thè i kî-hok
ラン アイ テ イ キ ホッ

台湾華語 讓我們為他祈禱吧。
ràng wǒ mén wèi tā qí dǎo ba
ラン ウォ メン ウェ タ チ ダゥ バ

2 お気の毒に。 ※相手に対して

台湾語 我嘛替你艱苦。
Góa mā thè lí kan-khó
グァ マ テ リ ガン コ

台湾華語 我也為你難過。
wǒ yě wèi nǐ nán guò
ウォ イェ ウェ ニ ナン グォ

3 もう泣かないでください。

台湾語 毋通 哭 a。
M̄-thang khàu--a
ム タン カウ ア

台湾華語 不要哭了。
bú yào kū le
ブ ヤウ ク ラ

4 悲しまないでください。

台湾語 毋通 傷 心 a。
M̄-thang siong-sim--a
ム タン ション シム ア

台湾華語 不要 傷 心了。
bú yào shāng xīn le
ブ ヤウ サン シン ラ

5 あまり悲しまないように。

台湾語 **毋通 艱苦 a。**
M̄-thang　kan-khó͘--a
ム　タン　ガン　コ　ア

台湾華語 **不要難過了。**
bú　yào　nán　guò　le
ブ　ヤウ　ナン　グォ　ラ

6 ご愁傷様です。 ※遺族に対して言う決まり文句

台湾語 **請節哀。**
Chhiáⁿ　chiat-ai
チァン　ゼッ　アイ

台湾華語 **節哀順變。**
jié　āi　shùn　biàn
ジェ　アイ　スゥン　ビェン

7 お大事に。

台湾語 **保重。**
Pó-tiōng
ボ　ディォン

台湾華語 **保重。**
bǎo　zhòng
バウ　ゾン

8 あまり無理しないでね。

台湾語 **毋通 傷 操 喔。**
M̄-thang　siuⁿ　chhau　oh
ム　タン　シュゥン　ツァウ　オッ

台湾華語 **不要太操勞了。**
bú　yào　tài　cāo　láo　le
ブ　ヤウ　タイ　ツァウ　ラウ　ラ

① 初対面のとき

1 お会いできてうれしいです。

台湾語 真歡喜佮你見面！
Chin hoaⁿ-hí kap lí kiⁿ-bīn
ジンファン ヒ ガプ リ ギンビン

台湾華語 幸會，幸會。
xìng huì　xìng huì
シン フェ　シン フェ

※「幸會」の直訳は「お会いできて幸せです」

2 お名前はかねがね伺っております。

台湾語 久仰！久仰！／早就聽過你的大名a！
Kiú-gióng Kiú-gióng　Chá tō thiaⁿ kòe lí ê tōa-miâ--a
ギュギョン ギュギョン　ザ ド ティアン グェ リ エ ドァ ミァ ア

台湾華語 久仰，久仰。／久仰大名。
jiǔ yǎng　jiǔ yǎng　　jiǔ yǎng dà míng
ジョ ヤン　ジョ ヤン　　ジョ ヤン ダ ミン

3 お名前は（何とおっしゃいますか）？

台湾語 請問你貴姓？
Chhiáⁿ-mn̄g lí kùi-sèⁿ
チァン メン リ グィ セン

※「貴姓」は口語では「グィシン」と発音することが多い

台湾華語 請問您貴姓？
qǐng wèn nín guì xìng
チン ウン ニン グェイ シン

4 私は張と申します。

台湾語 小姓姓 張。
Sió-sèⁿ sèⁿ Tiuⁿ
ショ セン セン テュウン

台湾華語 敝姓 張。
bì xìng Zhāng
ビ シン チャン

初対面のときの自己紹介、別れるときのあいさつなど、台湾人がよく使う決まり文句をピックアップしました。いろいろな場面に応じて、ぜひ使ってみてください。「贈る言葉」では、そのシーンならではの台湾らしい表現を紹介しています。

5 (これは) 私の名刺です。

[台湾語] 這是我的meh-sih。 ※「meh-sih」を「名刺」とも表す
Che sī góa ê meh-sih
ゼ シ グァ エ メッ シッ

[台湾華語] 這是我的名片。
zhè shì wǒ de míng piàn
ゼ ス ウォ ダ ミン ピェン

6 お目にかかれて光栄です。

[台湾語] 真歡喜佮你見面。
Chin hoaⁿ-hí kap lí kiⁿ-bīn
ジン ファン ヒ ガプ リ ギン ビン

[台湾華語] 很高興能見到您。
hěn gāo xìng néng jiàn dào nín
ヘン ガウ シン ネン ジェン ダウ ニン

7 これからもよろしくお願いします。

[台湾語] 以後嘛請你多多指教。
Í-āu mā chhiáⁿ lí to-to chí-kàu
イ アウ マ チァン リ ド ド ジ ガウ

[台湾華語] 今後也請您多多關照。
jīn hòu yě qǐng nín duō duō guān zhào
ジン ホ イェ チン ニン ドゥォ ドゥォ グァン ザウ

8 恐縮です。

[台湾語] 不敢當，不敢當。 ※「免細膩、免細膩。」(Bián sè-jī bián sè-jī) とも言う
Put-kám-tong put-kám-tong
ブ ガム ドン ブ ガム ドン

[台湾華語] 不敢當，不敢當。 ※謙遜する際によく使う。2回繰り返すのが普通
bù gǎn dāng bù gǎn dāng
ブ ガン ダン ブ ガン ダン

> ひとことメモ **1**の「佮」(kap) は本来「カップ」が正しい発音。口語では「p」から「h」に変わることが多い。

2 人を紹介する

CD-1 [track12]

1 ご紹介します。

台湾語 我來紹介一下。
Góa lâi siāu-kài--chit-ē
グァ ライ シャウ ガイ ジッ レ

台湾華語 讓我來介紹一下。
ràng wǒ lái jiè shào yí xià
ラン ウォ ライ ジェ サウ イ シャ

2 こちらは父です。　　　　　　　母

台湾語 這是阮 阿爸。　　　　　阿母
Che sī goán a-pa　　　　　　　a-bú
ゼ シ グァン ア バ　　　　　　ア ブ

台湾華語 這是我爸。　　　　　　　媽
zhè shì wǒ bà　　　　　　　　mā
ゼ ス ウォ バ　　　　　　　　マ

3 こちらは僕の恋人です。

台湾語 這是我的女朋友。
Che sī góa ê lú-pêng-iú
ゼ シ グァ エ ル ビン ユ

台湾華語 這是我的女朋友。
zhè shì wǒ de nǚ péng yǒu
ゼ ス ウォ ダ ニュィ ペン ヨ

4 私のボーイフレンドです。

台湾語 阮 男朋友。
Goán lâm-pêng-iú
グァン ラム ピン ユ

台湾華語 我男朋友。
wǒ nán péng yǒu
ウォ ナン ペン ヨ

※「我的」の「的」を省略すると、くだけた感じになる

5 私の一番の親友です。

[台湾語] **我 上 蓋 mahchih 的朋友。**
Góa siōng-kài mah-chih ê pêng-iú
グァ ション ガイ マッジッ エ ビン ユ

[台湾華語] **我最最要好的朋友。**
wǒ zuì zuì yào hǎo de péng yǒu
ウォ ズェ ズェ ヤウ ハウ ダ ペン ヨ

※「最」を2つ使うことにより強調

6 私の同級生です。

[台湾語] **阮同學。**
Goán tông-ȯh
グァン ドン オッ

[台湾華語] **我同學。**
wǒ tóng xué
ウォ トン シュェ

7 私の同僚です。

[台湾語] **阮同事。**
Goán tông-sū
グァン ドン スウ

[台湾華語] **我同事。**
wǒ tóng shì
ウォ トン ス

8 私の(仕事上の)パートナーです。

[台湾語] **我的 phartner。**
Góa ê phá-nò
グァ エ パーノ

[台湾華語] **我的搭檔。** ※「搭檔」(dā dàng)と発音することもある
wǒ de dā dǎng
ウォ ダ ダ ダン

ひとことメモ　5 の「mahchih」は英語の match(よく似合う)に由来。転じて「気の合う」という意味。

社交

3 誘う

1 明日の夜、時間ありますか？

[台湾語] **明仔暗有閒無？**
Bîn-á àm ū êng--bô
ビン ア アム ウ イン ボ

今週末

這禮拜六
chit lé-pài-lák
ジッ レ バイ ラッ

[台湾華語] **明晚有空嗎？**
míng wǎn yǒu kòng mā
ミン ウァン ヨ コン マ

這周末
zhè zhōu mò
ゼ ゾ ムォ

2 映画を観に行きませんか？

[台湾語] **欲去看電影無？** ※「電」は口語では「デン」と発音
Beh khì khòaⁿ tiān-iáⁿ--bô
ベッ キ クァン デン ヤン ボ

[台湾華語] **要不要去看電影？**
yào bú yào qù kàn diàn yǐng
ヤウ ブ ヤウ チュィ カン ディェン イン

3 映画のチケットをちょうど2枚持ってるんだけど。

[台湾語] **我拄好有兩張電影票。**
Góa tú-hó ū nñg tiuⁿ tiān-iáⁿ-phiò
グァ ドゥ ホ ウ ヌン テュゥン デン ヤン ピョ

[台湾華語] **我正好有兩張電影票。**
wǒ zhèng hǎo yǒu liǎng zhāng diàn yǐng piào
ウォ ゼン ハウ ヨ リャン チャン ディェン イン ピャウ

4 行こうよ。

[台湾語] **行啦。**
Kiâⁿ--lah
ギャン ラッ

[台湾華語] **走啦。**
zǒu la
ゾ ラ

5 いつが暇？

台湾語 你啥物時陣有閒？
Lí siá^n-mih sî-chūn ū-êng
リ シャンミッ シ ズゥン ウ イン

台湾華語 你什麼時候有空？
nǐ shén me shí hòu yǒu kòng
ニ セン モ ス ホウ ヨ コン

6 うちにおいでよ。

台湾語 來阮兜耍啦。
Lâi goán tau sńg--lah
ライ グァン ダウ スェン ラッ

台湾華語 來我家玩吧。
lái wǒ jiā wán ba
ライ ウォ ジャ ウァン バ

7 絶対、来てくださいね。

台湾語 你一定愛來喔。
Lí it-tēng ài lâi oh
リ イッディン アイ ライ オッ

台湾華語 你一定要來哦。
nǐ yí dìng yào lái o
ニ イ ディン ヤウ ライ オ

8 みんなで食事するけど、来ない？

台湾語 阮拄好欲去食飯，欲做伙去無？
Goán tú-hó beh khì chiảh-pn̄g beh chò-hóe khì--bô
グァン ドゥ ホ ベッ キ ジャッペン ベッ ゾ フェ キ ボ

台湾華語 我們正好要去吃飯，要不要一起去？
wǒ mén zhèng hǎo yào qù chī fàn yào bú yào yì qǐ qù
ウォ メン ゼン ハウ ヤウ チュィ ツ ファン ヤウ ブ ヤウ イ チ チュィ

社交

4 誘いに対する返事 (1)

CD-1 [track14]

1 はい、行きます。

台湾語 **好，我欲去。**
Hó góa beh khì
ホ グァ ベッ キ

台湾華語 **好，我會去。**
hǎo wǒ huì qù
ハウ ウォ フェ チュィ

2 行きたいです。

台湾語 **我想欲去。**
Góa siūⁿ beh khì
グァ シュゥン ベッ キ

台湾華語 **我想去。**
wǒ xiǎng qù
ウォ シャン チュィ

3 ぜひ、行きたいです。

台湾語 **我一定會去。**
Góa it-tēng ē khì
グァ イッ ディン エ キ

台湾華語 **我一定會去。**
wǒ yí dìng huì qù
ウォ イ ディン フェ チュィ

4 喜んで伺います〔参加します〕。

台湾語 **我誠歡喜参加。**
Góa chiâⁿ hoaⁿ-hí chham-ka
グァ ジャン ファン ヒ ツァム ガ

台湾華語 **我很高興参加。**
wǒ hěn gāo xìng cān jiā
ウォ ヘン ガウ シン ツァン ジャ

5 行けません。

[台湾語] **我袂當去。**
Góa bē-tàng khì
グァ ベ ダン キ

[台湾華語] **我不能 去。**
wǒ bù néng qù
ウォ ブ ネン チュイ

6 残念ながら行けません。

[台湾語] **真失禮我袂當去。**
Chin sit-lé góa bē-tàng khì
ジン シッ レ グァ ベ ダン キ

[台湾華語] **很抱歉 我不能 去。**
hěn bào qiàn wǒ bù néng qù
ヘン バウ チェン ウォ ブ ネン チュイ

7 行きたくありません。

[台湾語] **我 無想 欲去。**
Góa bô siuⁿ beh khì
グァ ボ シュゥン ベッ キ

[台湾華語] **我不想 去。**
wǒ bù xiǎng qù
ウォ ブ シャン チュイ

8 また今度。〔次回にしましょう。〕

[台湾語] **另 choā。**　※「choā」は漢字で「逝」とも表す
Lēng choā　　　※「後擺啦」(Āu pái--lah) とも言う
リン ズゥァ

[台湾華語] **下次吧。**
xià cì ba
シャ ツ バ

5 誘いに対する返事 (2)

CD-1 [track15]

1 今、忙しいです。

台湾語 我無閒。
Góa bô-êng
グァ ボ イン

台湾華語 我沒空。 ※「我很忙」より「我沒空」のほうがよく使われる
wǒ méi kòng
ウォ メイ コン

2 ちょっと都合が悪いです。

台湾語 我無啥方便。
Góa bô siáⁿ hong-piān
グァ ボ シャン ホン ベン

台湾華語 我不太方便。
wǒ bú tài fāng biàn
ウォ ブ タイ ファン ビェン

3 明日はちょっと都合が悪いけど。

台湾語 我明仔載有代誌neh。
Góa bîn-á-chài ū tāi-chì neh
グァ ビン ア ザイ ウ ダイ ジ ネッ

台湾華語 我明天有事耶。 ※「有事」：直訳は「やることがある」
wǒ míng tiān yǒu shì ye
ウォ ミン ティェン ヨ ス イェ

4 夜はもう先約が入っています。

台湾語 我盈暗有約人a。
Góa êng-àm ū iok--lâng-a
グァ イン アム ウ ヨッ ラン ア

台湾華語 我晚上約人了。
wǒ wǎn shàng yuē rén le
ウォ ウァン サン ユェ レン ラ

52

5 今週はずっと忙しいけど。

[台湾語] 我這禮拜攏足無閒neh。
Góa chit lé-pài lóng chiok bô-êng neh
グァ ジッ レ パイ ロン ジョッ ボ イン ネッ

[台湾華語] 我這星期都很忙耶。
wǒ zhè xīng qí dōu hěn máng ye
ウォ ゼ シン チ ドゥ ヘン マン イェ

6 その日は出張です。

[台湾語] 我彼工欲出張。
Góa hit kang beh chhut-tiu^n
グァ ヒッ ガン ベッ ツウッ デュゥン

[台湾華語] 我那天要出差。
wǒ nà tiān yào chū chāi
ウォ ナ ティェンヤウ ツゥ ツァイ

7 その日は台湾にいません。

[台湾語] 我彼工無佇台灣。
Góa hit kang bô tī Tâi-ôan
グァ ヒッ ガン ボ ディ ダイ ウァン

[台湾華語] 我那天不在台灣。
wǒ nà tiān bú zài Tái wān
ウォ ナ ティェン ブ ザイ タイ ウァン

8 13日からいません。

[台湾語] 我 13 號起無佇咧。
Góa cha̍p-sa^n hō khí bô tī--leh
グァ ザプ サン ホ キ ボ ディ レッ

[台湾華語] 我 13 號起不在。
wǒ shí sān hào qǐ bú zài
ウォ ス サン ハウ チ ブ ザイ

社交

6 時間を決める

CD-1 [track16]

1 何時がいいですか？

台湾語 你幾點 方便？
Lí kúi-tiám hong-piān
リ グィディアム ホンベン

台湾華語 你幾點 方便？
nǐ jǐ diǎn fāng biàn
ニ ジ ディェン ファン ビェン

2 何時にしましょうか？

台湾語 咱約 幾點 較好咧？
Lán iok kúi-tiám khah hó--leh
ラン ヨッ グィディアム カッ ホ レッ

台湾華語 我們約 幾點 好呢？
wǒ mén yuē jǐ diǎn hǎo ne
ウォ メン ユェ ジ ディェン ハウ ナ

3 私は何時でもいいです。

台湾語 我幾點 攏會使。
Góa kúi-tiám lóng ē-sái
グァ グィディアム ロン エ サイ

台湾華語 我 幾點 都可以。
wǒ jǐ diǎn dōu kě yǐ
ウォ ジ ディェン ドゥ カ イ

4 そちらの（時間の）都合に合わせます。

台湾語 我配合你。
Góa phòe-ha̍p--lí
グァ ブェ ハプ リ

台湾華語 我配合你。
wǒ pèi hé nǐ
ウォ ペイ ハ ニ

5 君の都合のつく時間でいいよ。

台湾語 你看你當時方便。
Lí khòaⁿ lí tang-sî hong-piān
リ クァン リ ダン シ ホン ペン

台湾華語 你看你幾時方便。
nǐ kàn nǐ jǐ shí fāng biàn
ニ カン ニ ジ ス ファンビェン

6 7時頃はいかがですか？

台湾語 7 點 左右按怎？　※「左右」=彼腳踏仔（hit-kha-ta̍h-á）
Chhit-tiám chó-iū án-chóaⁿ
チッディァム ゾ ユ アンツゥァン

台湾華語 7 點 左右怎樣？
qī diǎn zuǒ yòu zěn yàng
チ ディェンズゥォ ヨ ゼン ヤン

7 8時にしていただけますか？

台湾語 改 8 點 好無？
Kái peh-tiám hó--bô
ガイ ベッディァム ホ ボ

台湾華語 能改 8 點嗎？
néng gǎi bā diǎn mā
ネン ガイ バ ディェン マ

8 迎えに行きます。　※デートのとき、男性が女性を迎えに行くのが普通

台湾語 我去接妳。
Góa khì chiap--lí
グァ キ ジャプ リ

台湾華語 我去接妳。
wǒ qù jiē nǐ
ウォ チュイ ジェ ニ

7 場所を決める

1 どこにする？

台湾語 　欲 約 佇佗位？ ※この「佗位」の発音「toeh」は「tó+ūi」の略
Beh iok tī toeh
ベッ ヨッ ディ ドゥェッ

台湾華語 　約哪裏？
yuē nǎ lǐ
ユェ ナ リ

2 どこで会いましょうか？

台湾語 　咱欲約佇佗位見面？
Lán beh iok tī toeh kì^n-bīn
ラン ベッ ヨッ ディ ドゥェッ ギン ビン

台湾華語 　我們約哪裏見？
wǒ mén yuē nǎ lǐ jiàn
ウォ メン ユェ ナ リ ジェン

3 西門町でどう？

台湾語 　西門町好無？
Se-mn̂g-teng hó--bô
セ メンディン ホ ボ

台湾華語 　西門町好嗎？
xī mén dīng hǎo mā
シ メン ディン ハウ マ

4 「誠品」って知ってる？

台湾語 　你知影「誠品」無？
Lí chai-iá^n *Chéng pin* bô
リ ザイ ヤン ツェン ピン ボ

台湾華語 　你知道「誠品」嗎？
nǐ zhī dào Chéng pǐn mā
ニ ズ ダウ ツェン ピン マ

5 どこかおいしい店を知ってる？

[台湾語] 你敢知影 佗一間店 有好食的？
Lí kám chai-iáⁿ tó chít keng tiàm ū hó-chiàh--ê
リ ガム ザイヤン ド ジッギンディァム ウ ホ ジャッ エ

[台湾華語] 你知道 哪間店 好吃嗎？
nǐ zhī dào nǎ jiān diàn hǎo chī mā
ニ ズ ダウ ナ ジェンディェン ハウ ツ マ

6 あの店なら知ってるよ。

[台湾語] 彼間 店 我知。
Hit keng tiàm góa chai
ヒッ ギン ディァム グァ ザイ

[台湾華語] 那間 店 我知道。
nà jiān diàn wǒ zhī dào
ナ ジェン ディェン ウォ ズ ダウ

7 着いたら電話して。

[台湾語] 若到位khà電話予我。 ※「khà」は漢字で「敲」「扣」とも表す
Nā kàu-ūi khà tiān-oē hō--góa
ナ ガウウィ カ デンウェ ホ グァ

[台湾華語] 到了 打電話 給我。
dào le dǎ diàn huà gěi wǒ
ダウ ラ ダ ディェンファ ゲイ ウォ

8 じゃ、MRT〔捷運〕の忠孝新生駅にしようか。

[台湾語] 按呢就約佇捷運 忠孝 新生 站 見面好 a。
Án-ne tō iok tī chiát-ūn Tiong-hàu Sin-seng chām kìⁿ-bīn hó--a
アン ネ ド ヨッディ ゼッウン ディオン ハウ シンセン ザム ギンビン ホ ア

[台湾華語] 那就約捷運 忠孝 新生站 見 好了。
nà jiù yuē jié yùn Zhōng xiào xīn shēng zhàn jiàn hǎo le
ナ ジョ ユェ ジェ ユィン ゾン シャウ シン セン ザン ジェン ハウ ラ

> **ひとことメモ** **4**の「誠品」は台北市内の有名な書店。通常、華語で発音。

8 待ち合わせに遅れたとき

1 道を間違えました。

[台湾語] 我 行 毋 著 路 a。
Góa kiâⁿ m̄-tio̍h lō--a
グァ ギャン ム ディオッ ロ ア

[台湾華語] 我走錯路了。
wǒ zǒu cuò lù le
ウォ ゾ ツゥォル ラ

2 道に迷いました。

[台湾語] 我 揣 無 路 a。
Góa chhoē bô lō--a
グァ ツゥェ ボ ロ ア

[台湾華語] 我迷路了。
wǒ mí lù le
ウォ ミ ル ラ

3 目覚まし時計が壊れて。

[台湾語] 我 亂鐘仔 歹去 a。
Góa loān-cheng-á pháiⁿ--khì-a
グァ ルゥアンジン ア パイン キ ア

[台湾華語] 我鬧鐘壞了。
wǒ nào zhōng huài le
ウォ ナウ ゾン ファイ ラ

4 寝過ごしました。

[台湾語] 我睏過頭 a。
Góa khùn kòe-thâu--a
グァ クン グェ タウ ア

[台湾華語] 我睡過頭了。
wǒ shuì guò tóu le
ウォ スェ グォ トゥ ラ

5 忘れちゃった。

[台湾語] **我袂記得 a。**
Góa bē-kì--tit-a
グァ ベ ギ ジッ ア

[台湾華語] **我忘了。**
wǒ wàng le
ウォ ウァン ラ

6 時間を間違えました。

[台湾語] **我記冊著 時間 a。**
Góa kì m̄-tio̍h sî-kan--a
グァ ギ ムディオッシ ガン ア

[台湾華語] **我記錯時間了。**
wǒ jì cuò shí jiān le
ウォ ジ ツゥオ ス ジェン ラ

7 すみません、到着が遅れます。

[台湾語] **失禮，我會較晏到。**
Sit-lé góa ē khah oàⁿ kàu
シッ レ グァ エ カッ ウァン ガウ

[台湾華語] **對不起，我會晚點到。**
duì bù qǐ wǒ huì wǎn diǎn dào
ドェ ブ チ ウォ フェ ウァン ディェン ダウ

8 ごめんなさい、遅れて。

[台湾語] **歹勢，我較晏到位。**
Pháiⁿ-sè góa khah oàⁿ kàu-ūi
パインセ グァ カ ウァン ガウウイ

[台湾華語] **不好意思，我遲到了。**
bù hǎo yì sī wǒ chí dào le
ブ ハウ イ ス ウォ ツ ダウ ラ

9 別れ際に

CD-1 [track19]

1 お会いできて良かったです。

台湾語 真正 足 歡喜佮你見面。
Chin-chiàⁿ chiok hoaⁿ-hí kap lí kìⁿ-bīn
ジン ジャン ジョッ ファン ヒ ガブ リ ギン ビン

台湾華語 真的很高興見到你。
zhēn de hěn gāo xìng jiàn dào nǐ
ゼン ダ ヘン ガウ シン ジェン ダウ ニ

2 お話できて楽しかったです。

台湾語 佮你開講 足 歡喜。
Kap lí khai-káng chiok hoaⁿ-hí
ガブ リ カイ ガン ジョッ ファン ヒ

台湾華語 跟你 聊天 很開心。
gēn nǐ liáo tiān hěn kāi xīn
ゲン ニ リャウ ティェン ヘン カイ シン

3 ご一緒できて楽しかったです。

台湾語 佮你做伙真 歡喜。
Kap lí chò-hoé chin hoaⁿ-hí
ガブ リ ゾ フェ ジン ファン ヒ

台湾華語 跟你在一起很開心。
gēn nǐ zài yi qǐ hěn kāi xīn
ゲン ニ ザイ イ チ ヘン カイ シン

4 またお会いするのを楽しみにしています。

台湾語 期待會當閣再佮你見面。
Kî-thāi ē-tàng koh-chài kap lí kìⁿ-bīn
ギ ダイ エ ダン ゴッ ザイ ガブ リ ギン ビン

台湾華語 期待能 夠再見到你。
qí dài néng gòu zài jiàn dào nǐ
チ ダイ ネン ゴ ザイ ジェン ダウ ニ

5 連絡を取り合いましょうね。

[台湾語] **愛保持連絡喔。**
Ài pó-chhî liân-lo̍k oh
アイ ボ チ レン ロッ オッ

[台湾華語] **要保持聯絡哦。**
yào bǎo chí lián luò o
ヤウ バウ ツ リェン ルォ オ

6 良い〔楽しい〕週末を。

[台湾語] **祝你有一個快樂的週末。**
Chiok lí ū chit-ê khoài-lo̍k ê chiu-boa̍t
ジョッ リ ウ ジッ レ クァイロッ エ ジュブァッ

[台湾華語] **祝你有個愉快的週末。**
zhù nǐ yǒu ge yú kuài de zhōu mò
ズウ ニ ヨ ガ ユィクァイダ ゾゥムォ

7 良い〔楽しい〕休暇を。

[台湾語] **祝你有一個快樂的歇睏日。**
Chiok lí ū chit-ê khoài-lo̍k ê hioh-khùn-ji̍t
ジョッ リ ウ ジッ レ クァイロッ エ ヒョックンジッ

[台湾華語] **祝你有個愉快的假日。**
zhù nǐ yǒu ge yú kuài de jià rì
ズウ ニ ヨ ガ ユィクァイダ ジャズ

8 あなたもね。

[台湾語] **你嘛是。**
Lí mā sī
リ マ シ

[台湾華語] **你也是。**
nǐ yě shì
ニ イェ ス

10 贈る言葉

1 お幸せに！ ※結婚式など

台湾語 祝你幸福！
Chiok lí hēng-hok
ジョッ リ ヒン ホッ

台湾華語 祝你幸福！
zhù nǐ xìng fú
ズウ ニ シン フ

2 ご健康でありますように。

台湾語 祝你身體健康。
Chiok lí sin-thé kiān-khong
ジョッ リ シン テ ゲン コン

台湾華語 祝你身體健康。
zhù nǐ shēn tǐ jiàn kāng
ズウ ニ セン ティ ジェン カン

3 100歳まで生きられますように。 ※高齢者の誕生日のときなど

台湾語 祝你食百二。
Chiok lí chiàh-pah-jī
ジョッ リ ジャッパッ ジ

※慣用表現で「百二」(120歳)と言う
※「二」は「ジ」とも「ギ」とも発音する

台湾華語 祝你長命百歲。
zhù nǐ cháng mìng bǎi suì
ズウ ニ ツァン ミン バイ スェ

4 合格しますように！ ※受験生に対する励ましの表現

台湾語 祝你金榜題名！
Chiok lí kim-pńg tê miâ
ジョッ リ ギム ペン テ ミャ

台湾華語 祝你金榜題名！
zhù nǐ jīn bǎng tí míng
ズウ ニ ジン バン ティ ミン

5 白髪になるまで仲良くいられますように。

※新婚の夫婦に贈る言葉。おめでたい時に使う表現。

[台湾語] 雙雙對對，萬年富貴。
Siang-siang-tùi-tùi　　bān-nî hù-kùi
シャンシャンドゥイドゥイ　バン ニ フ グイ

[台湾華語] 祝你們白頭偕老。
zhù nǐ mén bái tóu xié lǎo
ズウ ニ メン バイ トゥ シェ ラウ

6 早くお子さんが生まれますように。※新婚の夫婦に贈る言葉

[台湾語] 食甜甜，生後生。
Chiáh　tiⁿ-tiⁿ　　siⁿ　hāu-siⁿ
ジャッ ディン ディン　シン ハウ シン

[台湾華語] 祝你們早生貴子。
zhù nǐ mén zǎo shēng guì zǐ
ズウ ニ メン ザウ セン グェ ズ

7 商売が繁盛しますように。※開店する人に贈る言葉

[台湾語] 祝你人客滿滿是，輕可趁大錢。
Chiok lí lâng-kheh móa-móa-sī　khin-khó thàn tōa chîⁿ
ジョッ リ ラン ケ ムァムァ シ　キン コ タン ド ァ ジン

[台湾華語] 祝你生意興隆。
zhù nǐ shēng yi xīng lóng
ズウ ニ セン イ シン ロン

8 財が水のごとく湧き出てきますように。※商売を始める人に贈る言葉

[台湾語] 祝你生理大發展，趁錢若趁水。
Chiok lí seng-lí tōa hoat-tián　thàn-chîⁿ ná thàn-chúi
ジョッ リ シン リ ドァファッデン　タン ジン ナ タン ズィ

[台湾華語] 祝你財源滾滾而來。
zhù nǐ cái yuán gǔn gǔn ér lái
ズウ ニ ツァイ ユェン グン グン ア ライ

③ 感情を表す表現

「楽しい」「うれしい」「残念」「悲しい」など喜怒哀楽の表現や、「さすが」「がんばって」など、相手をほめたり、励ますときの表現を紹介します。ピッタリのフレーズで、あなたの気持ちを相手に伝えましょう。

1 プラスの感情 (1)

1 よかったね。

[台湾語] **足好的。**
Chiok hó--ê
ジョッ ホ エ

[台湾華語] **太好了。**
tài hǎo le
タイ ハウ ラ

2 イェイ！

[台湾語] **YA！**
I-é
イェ

[台湾華語] **YA！**
yè
イェ

3 やった！

[台湾語] **足讚！**
Chiok chán
ジョッ ザン

[台湾華語] **好棒！**
hǎo bàng
ハウ バン

4 気持ちいい！

[台湾語] **足爽快！**
Chiok sóng-khòai
ジョッ ソン クァイ

[台湾華語] **好爽！**
hǎo shuǎng
ハウ スゥァン

※「爽」：すっきり、スカッとした。本来は「セックスする快感」を意味する

5 幸せ！

[台湾語] **足 幸福的 neh！**
Chiok hēng-hok--ê neh
ジョッ ヒン ホッ エ ネッ

[台湾華語] **好幸福哦！** ※「私は幸せです」は「我很幸福」
hǎo xìng fú o
ハウ シン フ オ

6 すごい！

[台湾語] **好厲害！**
Hó lī-hāi
ホ リ ハイ

[台湾華語] **好厲害！**
hǎo lì hài
ハウ リ ハイ

7 ラッキー！

[台湾語] **誠好運喔！**
Chiâⁿ hó-ūn oh
ジャン ホ ウン オッ

[台湾華語] **運氣好好哦！**
yùn qì hǎo hǎo o
ユィン チ ハウ ハウ オ

8 おもしろいね。

[台湾語] **足好耍的 neh。**
Chiok hó-sńg--ê neh
ジョッ ホ スェン エ ネッ

[台湾華語] **好好玩哦。**
hǎo hǎo wán o
ハウ ハウ ウァン オ

感情を表す表現

2 プラスの感情 (2)

CD-1 [track22]

1 よかったぁ！

台湾語 **感謝 天公伯仔！** ※「天公伯仔」：神様
Kám-siā Thiⁿ-kong-peh--a
ガム シャ ディン ゴン ベッ ア

台湾華語 **感謝上帝！** ※直訳は「神様に感謝します」
gǎn xiè shàng dì
ガン シェ サン ディ

2 うれしい。

台湾語 **我足歡喜。**
Góa chiok hoaⁿ-hí
グァ ジョッ ファン ヒ

台湾華語 **我很高興。**
wǒ hěn gāo xìng
ウォ ヘン ガウ シン

3 楽しい。

台湾語 **我足快樂。**
Góa chiok khòai-lók
グァ ジョッ クァイ ロッ

台湾華語 **我很快樂。**
wǒ hěn kuài lè
ウォ ヘン クァイ ラ

4 もう待ちきれないよ。

台湾語 **我袂赴等 a。**
Góa bē-hù tán--a
グァ ベ フ ダン ア

台湾華語 **我等不及了。**
wǒ děng bù jí le
ウォ デン ブ ジ ラ

5 おもしろい。

[台湾語] 足 趣味的 neh。
Chiok chhù-bī--ê neh
ジョッ ツゥ ビ エ ネッ

[台湾華語] 好有趣哦。
hǎo yǒu qù o
ハウ ヨ チュィ オ

---

6 おもしろい。

[台湾語] 足有意思的 neh。
Chiok ū i-sù--ê neh
ジョッ ウ イ スゥ エ ネッ

[台湾華語] 好有意思哦。 ※意味のある、おもしろさ
hǎo yǒu yì si o
ハウ ヨ イ ス オ

---

7 ユニークだね。

[台湾語] 足 特別 neh。 ※「特別」は口語では「ディッベッ」と発音することもある
Chiok te̍k-piat neh
ジョッ デッ ベッ ネッ

[台湾華語] 好特別哦。
hǎo tè bié o
ハウ テ ビェ オ

---

8 いいね。

[台湾語] 袂 bái 喔。 ※「bē」は「獪」「袜」とも表す。
Bē-bái oh ※「bái」：悪い。漢字で「穤」「僫」とも表す。
ベ バイ オッ 「袂 bái」：悪くない（＝いい）

[台湾華語] 不錯啊。
bú cuò a
ブ ツゥォ ア

感情を表す表現

3 マイナスの感情 (1)

CD-1 [track23]

1 つまらない。

台湾語 **足無聊的。**
Chiok bô-liâu--ê
ジョッ ボ リャウ エ

台湾華語 **好無聊。**
hǎo wú liáo
ハウ ウ リャウ

2 退屈だ。

台湾語 **足無趣味的。**
Chiok bô chhù-bī--ê
ジョッ ボ ツウ ビ エ

台湾華語 **好悶哦。**
hǎo mèn o
ハウ メン オ

3 悲しい。

台湾語 **我足傷心。**
Góa chiok siong-sim
グァ ジョッ ション シム

台湾華語 **我很傷心。**
wǒ hěn shāng xīn
ウォ ヘン サン シン

4 悲しい。

台湾語 **我足艱苦。**
Góa chiok kan-khó͘
グァ ジョッ ガン コ

台湾華語 **我很難過。**
wǒ hěn nán guò
ウォ ヘン ナン グォ

5 苦しい。

[台湾語] **我足痛苦。**
Góa chiok thòng-khó͘
グァ ジョッ トン コ

[台湾華語] **我很痛苦。**
wǒ hěn tòng kǔ
ウォ ヘン トン ク

6 私、機嫌が悪いの。

[台湾語] **我心情bái。**
Góa sim-chêng bái
グァ シム ジン バイ

[台湾華語] **我心情不好。**
wǒ xīn qíng bù hǎo
ウォ シン チン ブ ハウ

7 落ち込んでいる。

[台湾語] **我khimo͘ bái。**
Góa khí-mo͘ bái
グァ キ モ バイ

[台湾華語] **我情緒低落。**
wǒ qíng xù dī luò
ウォ チン シュィ ディ ルォ

8 仕事が辛い。

[台湾語] **工課足辛苦。**
Khang-khòe chiok sin-khó͘
カン クェ ジョッ シン コ

[台湾華語] **工作很辛苦。**
gōng zuò hěn xīn kǔ
ゴン ズゥォ ヘン シン ク

ひとことメモ 7 の「khimo͘」(キモ) は台湾語の「心肝 sim-koaⁿ」(心) の「肝」の訓読み「きも」で、日本語の「気持ち」の「きも」はこれに由来。

4 マイナスの感情 (2)

1 寂しい。

[台湾語] 我 足 無伴。
Góa chiok bô-phōaⁿ
グァ ジョッ ボ プァン

[台湾華語] 我很寂寞。
wǒ hěn jí mò
ウォ ヘン ジ ムォ

2 むなしい。

[台湾語] 我 足 空虚。
Góa chiok khang-hi
グァ ジョッ カン ヒ

[台湾華語] 我很空虚。
wǒ hěn kòng xū
ウォ ヘン コン シュィ

3 泣きたい。

[台湾語] 足 想欲 哭。
Chiok siūⁿ beh khàu
ジョッ シュゥン ベッ カウ

[台湾華語] 好想哭。
hǎo xiǎng kū
ハウ シャン ク

4 心配だ。

[台湾語] 我 誠 煩惱。
Góa chiâⁿ hôan-ló
グァ ジャン ファン ロ

[台湾華語] 我很擔心。
wǒ hěn dān xīn
ウォ ヘン ダン シン

5 不安だ。

[台湾語] **我心情袂平靜。**
Góa sim-chêng bē pêng-chēng
グァ シム ジン ベ ピン ジン

[台湾華語] **我很不安。**
wǒ hěn bù ān
ウォ ヘン ブ アン

6 怖い。

[台湾語] **我會驚。**
Góa ē kiaⁿ
グァ エ ギャン

[台湾華語] **我怕。**
wǒ pà
ウォ パ

7 おそろしい。

[台湾語] **足 恐怖的 neh。**
Chiok khióng-pò--ê neh
ジョッ キョン ボ エ ネッ

[台湾華語] **好恐怖哦。** ※ちなみに「ホラー映画」は「恐怖片」(kǒng bù piàn)
hǎo kǒng bù o
ハウ コン ブ オ

8 頭が痛い。

[台湾語] **真頭殼 疼。**
Chin thâu-khak thiàⁿ
ジン タウ カッ ディァン

[台湾華語] **真頭痛。** ※「頭が痛い」は「困っている」という意味
zhēn tóu tòng
ゼン トゥ トン

感情を表す表現

5 相づち

1 そう。

台湾語 著。
Tio̍h
ディオッ

台湾華語 對。
duì
ドェ

2 そう、そう、そう。

台湾語 著，著，著。
Tio̍h tio̍h tio̍h
ディオッ ディオッ ディオッ

台湾華語 對，對，對。
duì duì duì
ドェ ドェ ドェ

3 そうね。

台湾語 著 a。
Tio̍h--a
ディオッ ア

台湾華語 對呀。
duì ya
ドェ ア

4 ごもっとも。

台湾語 就是 a。
Tō-sī--a
ド シ ア

台湾華語 就是。
jiù shì
ジョ ス

5 その通り！

[台湾語] **無錯！**
Bô-chhò
ボ ツゥォ

[台湾華語] **沒錯！**
méi cuò
メイ ツォ

6 あなたの言う通りです。

[台湾語] **你講了 著。**
Lí kóng liáu tiȯh
リ ゴン リャウ ディオッ

[台湾華語] **你說得對。**
nǐ shuō de duì
ニ スゥォ ダ ドェ

7 ごもっともです。 ※「有理」：理にかなっている

[台湾語] **你講了 誠有理。**
Lí kóng liáu chiaⁿ ū-lí
リ ゴン リャウ ジャン ウ リ

[台湾華語] **你說得很有理。**
nǐ shuō de hěn yǒu lǐ
ニ スゥォ ダ ヘン ヨ リ

8 なるほど。

[台湾語] **原來是按呢。**
Gôan-lâi sī án-ne
グァン ライ シ アン ネ

[台湾華語] **原來如此。**
yuán lái rú cǐ
ユェン ライ ル ツ

6 ほめる

CD-1 [track26]

1 すごい！

台湾語 **你足勇的！**
Lí chiok ióng--ê
リ ジョッ ヨン エ

台湾華語 **你好強哦！** ※「強」：すごい、優れている
nǐ hǎo qiáng o
ニ ハウ チャン オ

2 すばらしい。

台湾語 **你有夠讚的。**
Lí ū-kàu chán--ê
リ ウ ガウ ザン エ

台湾華語 **太優秀了。** ※人物が優れている、優秀である
tài yōu xiù le
タイ ヨ ショ ラ

3 仕事ができるね。

台湾語 **你足gâu的。** ※「gâu」は漢字で「賢」とも表す
Lí chiok gâu--ê
リ ジョッ ガウ エ

台湾華語 **你真能幹。** ※「能幹」：能力がある、やり手である
nǐ zhēn néng gàn
ニ ゼン ネン ガン

4 お目が高いですね。

台湾語 **你誠有眼光。**
Lí chiâⁿ ū gán-kong
リ ジャン ウ ガン ゴン

台湾華語 **你真有眼光。**
nǐ zhēn yǒu yǎn guāng
ニ ゼン ヨ イェン グァン

5 さすがですね。

台湾語 莫怪 人人 攏呵咾。
Bo̍k-kòai lâng-lâng lóng o-ló
ボッ グァイ ラン ラン ロン オ ロ

台湾華語 真是名不虛傳。 ※「名不虛傳」：名に恥じない
zhēn shì míng bù xū chuan
ゼン ス ミン ブ シュイ ツゥァン

6 頭が下がります。 ※「佩服」を2回繰り返して言うことが多い

台湾語 佩服，佩服！
Phòe-ho̍k phòe-ho̍k
プェ ホッ プェ ホッ

台湾華語 佩服，佩服。
pèi fú pèi fú
ペイ フ ペイ フ

7 かわいいね。

台湾語 有夠古錐的。
Ū-kàu kó-chui--ê
ウ ガウ ゴ ズィ エ

台湾華語 好可愛哦。
hǎo kě ài o
ハウ カ アイ オ

8 きれいだね。

台湾語 有夠媠的。
Ū-kàu súi--ê
ウ ガウ スィ エ

台湾華語 好漂亮哦。
hǎo piào liàng o
ハウ ピャウ リャン オ

7 けなす

1 気持ち悪い。

台湾語　**吐血。**　※直訳は「血を吐く」
Thò-hoeh
ト フェッ

台湾華語　**噁心。**
ě xīn
ア シン

2 最悪。／最低。

台湾語　**有夠爛。／有夠漚。**
Ū-kàu nōa　　Ū-kàu àu
ウ ガウ ヌァ　　ウ ガウ アウ

台湾華語　**好爛哦。／真差勁。**
hǎo làn o　　zhēn chā jìn
ハウ ラン オ　　ゼン ツァ ジン

3 使い物にならない。

台湾語　**有夠無路用。**
Ū-kàu bô-lō-ēng
ウ ガウ ボ ロ イン

台湾華語　**真沒用。**　※「有用」：役に立つ、使い物になる
zhēn méi yòng
ゼン メイ ヨン

4 君にはもう我慢できない。

台湾語　**實在無你法。**
Sit-chāi bô-li-hoat
シッ ザイ ボ リ ファッ

台湾華語　**真受不了你。**
zhēn shòu bù liǎo nǐ
ゼン ソ ブ リャウ ニ

5 けち。

台湾語 凍霜的。
Tàng-sng--ê
ダンスェンエ

台湾華語 小器鬼。
xiǎo qì guǐ
シャウチグェ

6 教養がないね。／しつけが悪いね。

台湾語 不受教。／無家教。
Put siū-kàu　　Bô ka-kàu
ブッシュゥガウ　　ボガガウ

台湾華語 沒教養。／沒家教。
méi jiào yǎng　　méi jiā jiào
メイジャウヤン　　メイジャジャウ

7 すけべ。

台湾語 痟豬哥。
Siáu ti-ko
シャウディゴ

※直訳は「発情期のオス豚」で、女性に対して見境がない男性のこと。きつい言葉なので注意。

台湾華語 色狼。
sè láng
セラン

8 くそ！

台湾語 可惡！
Khó-ò^n
コオン

台湾華語 可惡！
kě wù
カウ

感情を表す表現

8 うらやむ

CD-1 [track28]

1 いいな。

台湾語 足好的neh。
Chiok hó--ê neh
ジョッ ホ エ ネッ

台湾華語 好好哦。
hǎo hǎo o
ハウ ハウ オ

2 うらやましいね。

台湾語 足欣羨的neh。
Chiok him-siān--ê neh
ジョッ ヒム セン エ ネッ

台湾華語 好羨慕哦。
hǎo xiàn mù o
ハウ シェン ム オ

3 あなたがうらやましいよ。

台湾語 足欣羨你。
Chiok him-siān--lí
ジョッ ヒム セン リ

台湾華語 真羨慕你。
zhēn xiàn mù nǐ
ゼン シェン ム ニ

4 私もほしい。

台湾語 我嘛欲。
Góa mā beh
グァ マ ベッ

台湾華語 我也要。
wǒ yě yào
ウォ イェ ヤウ

5 私もほしい。

台湾語 **人嘛欲。**
Lâng mā beh
ラン マ ベッ

台湾華語 **人家也要。** ※「人家」は、女性や子供が甘える時に使う１人称
rén jiā yě yào
レン ジャ イェ ヤウ

6 ついてるね。

台湾語 **你真好運。**
Lí chin hó-ūn
リ ジン ホ ウン

台湾華語 **你運氣真好。**
nǐ yùn qì zhēn hǎo
ニ ユィン チ ゼン ハウ

7 何でいつも私に回ってこないの？

台湾語 **是 按怎 我攏無份？**
Sī án-chóaⁿ góa lóng bô-hūn
シ アン ツゥァン グァ ロン ボ フン

台湾華語 **為什麼都輪不到我？**
wèi shén me dōu lún bú dào wǒ
ウェ セン モ ドゥ ルン ブ ダウ ウォ

8 私だったらな。

台湾語 **彼若我就好 a。**
He nā góa tō hó--a
ヘ ナ グァ ド ホ ア

台湾華語 **要是我就好了。**
yào shì wǒ jiù hǎo le
ヤウ ス ウォ ジョ ハウ ラ

感情を表す表現

9 励ます

1 がんばって。

台湾語 加油。
Ka-iû
ガ ユ

台湾華語 加油。
jiā yóu
ジャ ヨ

2 元気を出して。

台湾語 較有元氣咧。
Khah ū gôan-khì--leh
カッ ウ グァン キ レッ

台湾華語 打起精神來。
dǎ qǐ jīng shén lái
ダ チ ジン セン ライ

3 しっかりして。 ※病気で倒れそうになった人や、やる気のない人に対して

台湾語 愛較振作咧。
Ài khah chín-chok--leh
アイ カッ ジン ゾッ レッ

台湾華語 振作一點。
zhèn zuò yì diǎn
ゼン ズゥォ イ ディェン

4 まだ若いんだから。

台湾語 你猶遮爾少年。
Lí iáu chiah-nī siàu-liân
リ ヤウ ジャッ ニ シャウ レン

台湾華語 你還這麼年輕。
nǐ hái zhè me nián qīng
ニ ハイ ゼ モ ニェン チン

5 くよくよしないで。

[台湾語] **看 較 開 咧。**
Khòaⁿ khah khui--leh
クァン カッ クィ レッ

[台湾華語] **想 開 點。**
xiǎng kāi diǎn
シャン カイ ディェン

6 良いほうに考えて。

[台湾語] **愛 較 樂觀 咧。**
Ài khah lȯk-koan--leh
アイ カッ ロッ グァン レッ

[台湾華語] **往 好 的 方 面 想。**
wǎng hǎo de fāng miàn xiǎng
ウァン ハウ ダ ファン ミェン シャン

7 不幸中の幸いです。

[台湾語] **這是不幸中的 萬幸。**
Che sī put-hēng tiong ê bān-hēng
ゼ シ ブッヒンディォンエ バンヒン

[台湾華語] **這是不幸中的 萬幸。**
zhè shì bú xing zhōng de wàn xing
ゼ ス ブ シン ゾン ダ ウァンシン

8 またがんばればいいじゃない。 ※金銭的な損失を被った人に対して

[台湾語] **錢閣趁就有 a。**
Chîⁿ koh thàn tō ū--a
ジン ゴッ タン ド ウ ア

[台湾華語] **錢 再 賺 就 有 了。**
qián zài zhuàn jiù yǒu le
チェン ザイ ズゥァン ジョ ヨ ラ

感情を表す表現

10 同情する

1 かわいそう。

台湾語 有夠苦憐的。
Ū-kàu khó-liân--ê
ウ ガウ コ レン エ

台湾華語 好可憐哦。
hǎo kě lián o
ハウ カ リェン オ

2 同情します。

台湾語 我足同情你。
Góa chiok tông-chêng--lí
グァ ジョッ ドン ジン リ

台湾華語 我很同情你。
wǒ hěn tóng qíng nǐ
ウォ ヘン トン チン ニ

3 私もとても悲しいです。

台湾語 我替你艱苦心。
Góa thè lí kan-khó-sim
グァ テ リ ガン コ シム

台湾華語 我替你難過。 ※直訳は「あなたのために私が悲しむ」
wǒ tì nǐ nán guò
ウォ ティ ニ ナン グォ

4 お気持ちはよく理解できます。

台湾語 我會當理解你的心情。
Góa ē-tàng lí-kái lí ê sim-chêng
グァ エ ダン リ ガイ リ エ シム ジン

台湾華語 我能理解你的心情。
wǒ néng lǐ jiě nǐ de xīn qíng
ウォ ネン リ ジェ ニ ダ シン チン

5 くじけないでほしいです。

台湾語 千萬 毋通認輸。 ※「認輸」：負けたと認めること
Chhian-bān m̄-thang jīn-su
ツェンバン ム タン ジン スウ

台湾華語 千萬 不要被打敗。 ※「打敗」：うち負かす
qiān wàn bú yào bèi dǎ bài
チェンウァン ブ ヤウ ベイ ダ バイ

6 ほんの気持ちです。

台湾語 這是我淡薄仔心意。
Che sī góa tām-pòh-á sim-ì
ゼ シ グァ ダム ボッ ア シム イ

台湾華語 這是我的一點 心意。
zhè shì wǒ de yì diǎn xīn yì
ゼ ス ウォ ダ イ ディェン シン イ

7 お力になれればと思います。

台湾語 希望有共你鬥相共著。 ※「鬥相共」：助ける
Hi-bāng ū kā lí tàu-saⁿ-kāng--tiòh
ヒ バン ウ ガ リ ダウ サン ガン ディォッ

台湾華語 希望可以幫到你。
xī wàng kě yǐ bāng dào nǐ
シ ウァン カ イ バン ダウ ニ

8 同情なんかされたくない。

台湾語 我無需要你的同情。
Góa bô su-iàu lí ê tông-chêng
グァ ボ スウ ヤウ リ エ ドン ジン

台湾華語 我不要你的同情。
wǒ bú yào nǐ de tóng qíng
ウォ ブ ヤウ ニ ダ トン チン

11 驚く

1 本当？

台湾語 **敢有影？**
Kám ū-iáⁿ
ガム ウ ヤン

台湾華語 **真的嗎？**
zhēn de mā
ゼン ダ マ

2 まじかよ？

台湾語 **有影無影？**
Ū-iáⁿ bô-iáⁿ
ウ ヤン ボ ヤン

台湾華語 **真的假的？**
zhēn de jiǎ de
ゼン ダ ジャ ダ

3 まさか!?

台湾語 **袂啦喔!?**
Bē--lah oh
ベ ラッ オッ

台湾華語 **不會吧!?**
bú huì ba
ブ フェ バ

4 そうなの？

台湾語 **敢按呢？**
Kám án-ne
ガム アン ネ

台湾華語 **是這樣嗎？**
shì zhè yàng mā
ス ゼ ヤン マ

5 うそだろ!? ※「騙」:だます

台湾語 你騙我的hoⁿh!?
Lí phiàn--góa-ê hoⁿh
リ ペン グァ エ ホンッ

台湾華語 你騙 我的hon!? ※「hon」(乎など)は台湾華語でよく使う語気詞
nǐ piàn wǒ de hon
ニ ピェン ウォ ダ ホン

6 間違いない?

台湾語 你確定?
Lí khak-tēng
リ カッ ディン

台湾華語 你確定? ※「確定」:直訳は「確か」
nǐ què ding
ニ チュェ ディン

7 びっくり。

台湾語 我chhoah一趒。 ※「chhoah」は漢字で「掣」とも表す
Góa chhoah-chi̍t-tiô
グァ ツゥア ジッ ディオ

台湾華語 嚇我一跳。
xià wǒ yí tiào
シャ ウォ イ ティャウ

8 寝耳に水だ。

台湾語 有影是當頭白日霆雷。 ※「霆雷」:雷が鳴る
Ū-iáⁿ sī tng-thâu pe̍h-ji̍t tân-lûi
ウ ヤンシ デン タウ ペッ ジッ ダン ルイ

台湾華語 真是晴天霹靂。
zhēn shì qíng tiān pì lì
ゼン ス チン ティェン ピ リ

12 怒る

1 怒ってる。

台湾語 我足氣的。
Góa chiok khì--ê
グァ ジョッ キ エ

台湾華語 我好生氣。
wǒ hǎo shēng qì
ウォ ハウ セン チ

2 頭に来た。

台湾語 氣死我。
Khì--sí-góa
キ シ グァ

台湾華語 氣死我了。
qì sǐ wǒ le
チ ス ウォ ラ

3 腹立つな。

台湾語 有夠氣 ló 的。 ※「ló」は漢字で「惱」とも表す
Ū-kàu khì-ló--ê
ウ ガウ キ ロ エ

台湾華語 真氣人。
zhēn qì rén
ゼン チ レン

4 むかつく。

台湾語 足袂爽的。
Chiok bē-sóng--ê
ジョッ ベ ソン エ

台湾華語 真不爽。 ※「爽」は本来「気持ちいい」という意味
zhēn bù shuǎng
ゼン ブ スゥァン

5 もう怒らないで。

台湾語 **莫 受氣a 啦。**
Mài siū-khì--a-lah
マイ シュウ キ ア ラッ

台湾華語 **不要氣了啦。**
bú yào qì le la
ブ ヤウ チ ラ ラ

6 私を怒らせないでね。 ※「惹」：気分を害する

台湾語 **莫惹我喔。**
Mài liá--góa oh
マイ リャ グァ オッ

台湾華語 **不要惹我哦。**
bú yào rě wǒ o
ブ ヤウ ラ ウォ オ

7 君にはイライラするよ。

台湾語 **你足 煩的neh。**
Lí chiok hôan--ê neh
リ ジョッ ファン エ ネッ

台湾華語 **你很煩耶。**
nǐ hěn fán ye
ニ ヘン ファン イェ

8 もう絶対彼を許さない。

台湾語 **我 絕對 無欲 放伊 煞。**
Góa chóat-tùi bô beh pàng i soah
グァ ズゥアッドゥイ ボ ベッ パン イ スゥアッ

台湾華語 **我絕不原諒他。** ※「原諒」：許す
wǒ jué bù yuán liàng tā
ウォ ジュェ ブ ユエン リャン タ

1 相手のことを尋ねる (1)

1 お名前は何とおっしゃいますか？
※正式な場所で、目上の人に対して

台湾語 請問你貴姓大名？
Chhián-mn̄g lí kùi-sèⁿ tōa-miâ
チァン メン リ グィ センドァ ミャ

台湾華語 請問您尊姓大名？
qǐng wèn nín zūn xìng dà míng
チン ウン ニン ズゥン シン ダ ミン

2 林です。名前は春嬌です。

台湾語 小姓姓林，名號做春嬌。
Sió-sèⁿ sèⁿ Lîm miâ hō-chò Chhun-kiau
ショセン センリム ミャ ホ ズォ ツゥン ギャウ

台湾華語 敝姓林，名春嬌。
※「敝」は「我」の謙遜語
bì xìn Lín míng Chūn jiāo
ビ シン リン ミン ツゥン ジャウ

3 名字は？ ※正式な場所で使う表現

台湾語 你貴姓？
Lí kùi-sèⁿ
リ グィ セン

台湾華語 您貴姓？
nín guì xìng
ニン グェ シン

4 張です。

台湾語 小姓 姓 張。
※「小姓」は自分の名字を言うときの謙遜語
Sió-sèⁿ sèⁿ Tiuⁿ
ショセン セン テュゥン

台湾華語 敝姓 張。
bì xìng Zhāng
ビ シン チャン

---

④人についての話題

台湾人はとても「好客」で、人と話すのが大好きです。初めて会った人とお互いに自己紹介したあと、家族のこと、学校・仕事のことなども話題にしてみましょう。より親しくなれますよ。

5 お名前は何ですか？ ※同じ世代や目下の人に対して使う表現

台湾語 你號做啥物名？
Lí hō-chò siáⁿ-mih miâ
リ ホ ゾ シャン ミッ ミャ

台湾華語 你叫什麼名字？
nǐ jiào shén me míng zi
ニ ジャウ セン モ ミン ズ

6 名前は志明です。

台湾語 我號做志明。
Góa hō-chò Chì-bêng
グァ ホ ゾ ジ ビン

台湾華語 我叫志明。
wǒ jiào Zhì míng
ウォ ジャウ ズ ミン

7 ご結婚されていますか？

台湾語 你敢結婚 a？
Lí kám kiat-hun--a
リ ガム ゲッ フン ア

台湾華語 你結婚了嗎？
nǐ jié hūn le mā
ニ ジェ フン ラ マ

8 彼氏募集中です。

台湾語 猶 teh 揣 男朋友 咧。
Iáu teh chhōe lâm-pêng-iú--leh
ヤウ デッ ツゥェ ラム ビン ユ レッ

彼女
女朋友
lú-pêng-iú
ル ビン ユ

※ teh：現在進行形を表す。漢字で「在」「著 (te)」とも書く。口語で「leh」と発音することもある。

台湾華語 還在找男朋友呢。
hái zài zhǎo nán péng yǒu ne
ハイ ザイ ザウ ナン ペン ヨ ナ

女朋友
nǚ péng yǒu
ニュィ ペン ヨ

人についての話題

2 相手のことを尋ねる (2)

1 今年、何歳ですか？

[台湾語] 你今年幾歲a？
Lí kin-nî kúi hòe--a
リ ギン ニ グィ フェ ア

[台湾華語] 你今年幾歲啦？
nǐ jīn nián jǐ suì la
ニ ジン ニェン ジ スェ ラ

2 私もあなたと同じ年の生まれです。

[台湾語] 我佮你仝年的。
Góa kap lí kâng-nî-ê
グァ ガプ リ ガン ニ エ

[台湾華語] 我跟你同一年出生的。
wǒ gēn nǐ tóng yì nián chū shēng de
ウォ ゲン ニ トン イ ニェン ツゥ セン ダ

3 私たちは同じ年代です。

[台湾語] 咱是仝沿的。
Lán sī kâng-iân--ê
ラン シ ガン エン エ

[台湾華語] 我們是同一個年代的。
wǒ mén shì tóng yí ge nián dài de
ウォ メン ス トン イ ガ ニェン ダイ ダ

4 今年18歳です。

[台湾語] 我今年 18 歲。
Góa kin-nî cha̍p-peh hòe
グァ ギン ニ ザプ ペッ フェ

[台湾華語] 我今年 18 歲。
wǒ jīn nián shí bā suì
ウォ ジン ニェン ス バ スェ

5 もう30になりました。

台湾語 30 a。
San-chạp--a
サンザブ ア

台湾華語 30了。
sān shí le
サンス ラ

6 何年ですか？〔干支〕

台湾語 你 肖 啥的？
Lí siùⁿ siáⁿ--ê
リ シュウン シャン エ

台湾華語 你屬什麼的？
nǐ shǔ shén me de
ニ スウ セン モ ダ

7 子年です。

台湾語 我 肖 鳥鼠的。
Góa siùⁿ niáu-chhí--ê
グァ シュウン ニャウ チ エ

台湾華語 我屬鼠。
wǒ shǔ shǔ
ウォ スウ スウ

＜干支（十二支）の言い方＞

	子	丑	寅	卯	辰	巳	午	未	申	酉	戌	亥
台湾語	鼠	牛	虎	兔	龍	蛇	馬	羊	猴	雞	狗	豬
	Chhí	gû	hóˈ	thòˈ	lêng	chôa	bé	iûⁿ	kâu	ke	káu	ti
	チ	グ	ホ	ト	レン	ズァ	ベ	ユゥン	ガウ	ゲ	ガウ	ディ

※「龍」（lêng）は口語では「リョン」と発音することが多い

台湾華語	鼠	牛	虎	兔	龍	蛇	馬	羊	猴	雞	狗	豬
	shǔ	niú	hǔ	tù	lóng	shé	mǎ	yáng	hóu	jī	gǒu	zhū
	スウ	ニョウ	フ	トゥ	ロン	セ	マ	ヤン	ホウ	ジ	ゴウ	ズウ

3 相手のことを尋ねる (3)

1 ご出身はどちらですか？

[台湾語] 你是佗位人？
Lí sī tó-ūi lâng
リ シ ド ウィ ラン

[台湾華語] 你是哪裏人？
nǐ shì nǎ li rén
ニ ス ナ リ レン

2 高雄の出身です。

[台湾語] 我是高雄人。
Góa sī Ko-hiông-lâng
グァ シ ゴ ヒョン ラン

[台湾華語] 我是高雄人。
wǒ shì Gāo xióng rén
ウォ ス ガウ ション レン

3 お国はどちらですか？

[台湾語] 你是佗一國人？
Lí sī tó chit kok lâng
リ シ ド ジッ ゴッ ラン

[台湾華語] 你是哪一國人？
nǐ shì nǎ yì guó rén
ニ ス ナ イ グォ レン

4 日本人です。

[台湾語] 我是日本人。
Góa sī Jit-pún-lâng
グァ シ ジップン ラン

※「日本」の発音は「ジップン」でも「リップン」でもOK

[台湾華語] 我是日本人。
wǒ shì Rì běn rén
ウォ ス ズ ベン レン

5 お仕事は何ですか？

台湾語 你是做佗一途的？
Lí sī chò tó chit tô--ê
リ シ ゾ ド ジッ ド エ

台湾華語 你是做什麼的？
nǐ shì zuò shén me de
ニ ス ズゥォセン モ ダ

6 会社員です。

台湾語 我是上班族。
Góa sī siōng-pan-chòk
グァ シ ション バン ゾッ

台湾華語 我是上班族。
wǒ shì shàng bān zú
ウォ ス サン バン ズウ

7 お父さんのお仕事は何ですか？

台湾語 恁老爸是做佗一途的？
Lin lāu-pē sī chò tó chit tô--ê
リン ラウ ペ シ ゾ ド ジッ ド エ

台湾華語 你爸爸是做什麼的？
nǐ bà bà shì zuò shén me de
ニ バ バ ス ズゥォセン モ ダ

8 会社を経営しています。

台湾語 伊家己開公司。
I ka-kī khui kong-si
イ ガ ギ クィ ゴン シ

台湾華語 自己開公司。
zì jǐ kāi gōng sī
ズ ジ カイ ゴン ス

4 相手のことを尋ねる (4)

1 ご専攻は何ですか？

台湾語 你是學啥物的？
Li sī oh siáⁿ-mih--ê
リ シ オッシャン ミッ エ

台湾華語 你是學什麼的？
nǐ shì xué shén me de
ニ スシュェセン モ ダ

---

2 ビジネスです。

台湾語 我是學商的。
Góa sī oh siong--ê
グァ シ オッ ションエ

台湾華語 我是學商的。
wǒ shì xué shāng de
ウォ スシュェサン ダ

---

3 ご家族は誰がいますか？

台湾語 你厝內有啥物人？
Lí chhù-lāi ū siáⁿ-mih lâng
リ ツウライ ウ シャン ミッ ラン

台湾華語 你家裏有誰？
nǐ jiā lǐ yǒu shuí
ニ ジャ リ ヨ スェ

---

4 父、母、兄です。

台湾語 阿爸, 阿母, 猶閣有一个阿兄。
A-pa a-bú iáu-koh ū chit ê a-hiaⁿ
ア バ ア ブ ヤウ ゴッ ウ ジッ レ アヒャン

台湾華語 爸爸, 媽媽, 還有一個哥哥。
bà ba mā mā hái yǒu yí ge gē ge
バ バ マ マ ハイ ヨ イ ガ ガ ガ

5 ご兄弟は何人いらっしゃいますか？

台湾語 你有幾个兄弟姐妹？
Lí ū kúi-ê hiaⁿ-tī-chí-mōe
リ ウ グィ エ ヒャンディ ジ ムェ

台湾華語 你有幾個兄弟姐妹？
nǐ yǒu jī ge xiōng dì jiě mèi
ニ ヨ ジ ガ ション ディ ジェ メイ

※「姐妹」は大陸では「zǐ mèi」と発音することもある

6 姉1人と弟1人です。

台湾語 有一个阿姐佮一个小弟。
Ū chit ê a-chí kap chit ê sió-tī
ウ ジッ レ ア ジ ガプ ジッ レ ショ ディ

台湾華語 有一個姐姐跟弟弟。
yǒu yí ge jiě jie gēn dì di
ヨ イ ガ ジェ ジェ ゲン ディ ディ

7 1ヶ月のお給料はいくらですか？

台湾語 你一個月 趁偌濟？
Lí chit-kò-goeh thàn lōa-chē
リ ジッ ゴ グェッ タン ルァ ゼ

※「偌」の発音は「lōa」「jōa」とも通じる

台湾華語 你一個月 賺 多少錢？
nǐ yí ge yuè zuàn duō shǎo qián
ニ イ ガ ユエ ズゥアン ドゥォ サウ チェン

8 普通です。

台湾語 無偌濟啦。
Bô lōa-chē--lah
ボ ルァ ゼ ラッ

台湾華語 不多不少。
bù duō bù shǎo
ブ ドゥォ ブ サウ

※あまり言いたくないときの曖昧な答え方

5 自分のことを話す (1)

CD-1
[track37]

1 私は高橋と申します。

台湾語 **我姓高橋。**
Góa sèⁿ Ko-kiô
グァ セン ゴ ギョ

台湾華語 **我姓高橋。**
wǒ xìng Gāo qiáo
ウォ シン ガウチャウ

※日本の固有名詞（人名、地名など）は日本語読みでもOK

2 「高雄」の「高」で、「橋を渡る」の「橋」です。

台湾語 **「高雄」的「高」,「過橋」的「橋」。**
Ko-hiông ê ko kòe-kiô ê kiô
ゴ ヒョン エ ゴ グェギョ エ ギョ

※自分の名前を漢字で説明する傾向がある

台湾華語 **「高雄」的「高」,「過橋」的「橋」。**
Gāo xióng de gāo guò qiáo de qiáo
ガウション ダ ガウ グォチャウ ダ チャウ

3 名前は秀樹です。

台湾語 **名號做秀樹。**
Miâ hō-chò Siù-chhiū
ミャ ホ ゾ シュチュ

台湾華語 **名字叫 秀樹。**
míng zi jiào Xiù shù
ミン ズ ジャウ ショスウ

4 友達からヒデと呼ばれています。

台湾語 **朋友攏叫我Hide。**
Pêng-iú lóng kiò góa Hí-teh
ビン ユ ロン ギョ グァ ヒデッ

※親しい間ではニックネームで呼び合うことが多い

台湾華語 **朋友都叫我Hide。**
péng yǒu dōu jiào wǒ Hide
ペン ヨ ドゥジャウウォ ヒデ

5 大阪に住んでいます。 ※日本語読みの「おおさか」でも通じる

[台湾語] 我 蹛佇大阪。
Góa tòa tī Tāi-pán
グァ ドァ ディ ダイ バン

[台湾華語] 我住在大阪。
wǒ zhù zài Dà bǎn
ウォ ズウ ザイ ダ バン

6 亜洲大学を卒業しました。

[台湾語] 我是亞洲大學畢業的。
Góa sī A-chiu tāi-ha̍k pit-gia̍p--ê
グァ シ ア ジュ ダイ ハッ ビッ ギャプ エ

[台湾華語] 我是亞洲大學畢業的。
wǒ shì Yǎ zhōu dà xué bì yè de
ウォ ス ヤ ゾ ダ シュエ ビ イェ ダ

7 独身です。〔男性〕

[台湾語] 是獨身仔。
Sī to̍k-sin-á
シ ドッ シン ア

[台湾華語] 單身漢一個。 ※「單身漢」は男性のみ使う
dān shēn hàn yí ge
ダン セン ハン イ ガ

8 今日は独身です。 ※お酒の席などで言うジョーク

[台湾語] 我今仔日是獨身仔。
Góa kin-á-ji̍t sī to̍k-sin-á
グァ ギン ア ジッ シ ドッ シン ア

[台湾華語] 我 今天是單身。 ※「單身」は男女とも使える
wǒ jīn tiān shì dān shēn
ウォ ジン ティエン ス ダン セン

人についての話題

6 自分のことを話す (2)

CD-1 [track38]

1 大学院まで勉強しました。

台湾語 我讀到研究所。
Góa thak kàu Gián-kiù-só
グァ タッ ガウ ゲン ギュ ソ

※「研」(gián)は口語では「i」が脱落して「ゲン」と発音することが多い

台湾華語 我唸到研究所。
wǒ niàn dào Yán jiù suǒ
ウォ ニエン ダウ イエン ジョ ソオ

2 修士号を取得しています。

台湾語 我有碩士學位。
Góa ū sek-sū hak-ūi
グァ ウ セッスウ ハッウィ

※「碩士」は口語では「ソッスウ」と発音することが多い

台湾華語 我有碩士學位。
wǒ yǒu suò shì xué wèi
ウォ ヨ ソォ ス シュエ ウェ

3 大学では経済を勉強していました。

台湾語 我大學的時是讀經濟的。
Góa tāi-hak ê sî sī thak keng-chè--ê
グァ ダイハッ エ シ シ タッ ギン ゼ エ

台湾華語 我大學時是唸經濟的。
wǒ dà xué shí shì niàn jīng jì de
ウォ ダ シュエ ス スニエン ジン ジ ダ

4 でも数字は苦手です。

台湾語 毋過我對數字無半撇。
M̄-koh góa tùi sò-jī bô-pòaⁿ phiat
ム ゴッ グァ ドゥィ ソ ジ ボ バン ペッ

※「無半撇」：苦手

台湾華語 不過我對數字一竅不通。
bú guò wǒ duì shù zì yí qiào bù tōng
ブ グォ ウォ ドェ スウ ズ イ チャウ ブ トン

※「一竅不通」：まったく不案内である

5 高校までしか行きませんでした。

台湾語 我讀到高中 niâ 。　※niâ:「而已」(ér yǐ)。「〜しかない」の意
Góa thák kàu ko-tiong niâ　※「niâ」は漢字で「兩」「耳」とも表す
グァ タッ ガウ ゴ ディオン ニャ

台湾華語 我唸到高中而已。
wǒ niàn dào Gāo zhōng ér yǐ
ウォニェンダウ ガウゾン ア イ

6 休学しました。

台湾語 我休學 a 。
Góa hiu-hák--a
グァ ヒュ ハッ ア

台湾華語 我休學了。
wǒ xiū xué le
ウォショシュェ ラ

7 学校には行っていません。

台湾語 我無去學校。
Góa bô khi hák-hāu
グァ ボ キ ハッ ハウ

台湾華語 我沒去上學。
wǒ méi qù shàng xué
ウォ メイチュイサンシュェ

8 自宅で勉強しました。

台湾語 我是佇厝自修的。
Góa sī tī chhù chū-siu--ê
グァ シ ディ ツゥ ズ シゥ エ

台湾華語 我是在家自修的。
wǒ shì zài jiā zì xiū de
ウォ ス ザイ ジャ ズ ショ ダ

人についての話題

7 家族について

CD-1
[track39]

1 4人家族です。

台湾語 阮兜有四个人。
Goán tau ū sì ê lâng
グァンダウ ウ シ エ ラン

台湾華語 我家有四個人。
wǒ jiā yǒu sì ge rén
ウォ ジャ ヨ ス ガ レン

2 家族は妻と2人暮らしです。

台湾語 阮兜干焦我佮阮某兩个人。
Goán tau kan-na góa kap goán bó͘ nn̄g ê lâng
グァンダウ ガン ナ グァ ガプ グァン ボ ヌン エ ラン

台湾華語 我家只有我和我老婆兩個人。
wǒ jiā zhǐ yǒu wǒ hàn wǒ lǎo pó liǎng ge rén
ウォ ジャ ズ ヨ ウォ ハン ウォ ラウ ポ リャン ガ レン

3 子供が2人おります。

台湾語 我有兩个囡仔。
Góa ū nn̄g ê gín-á
グァ ウ ヌン エ ギン ア

台湾華語 我有兩個小孩。
wǒ yǒu liǎng ge xiǎo hái
ウォ ヨ リャン ガ シャウ ハイ

4 両親と一緒に住んでいます。

台湾語 我佮阮爸母蹛做伙。
Góa kap goán pē-bú tòa chò-hóe
グァ ガプ グァン ベ ブ ドァ ゾ フェ

台湾華語 我和我爸我媽住在一起。
wǒ hàn wǒ bà wǒ mā zhù zài yì qǐ
ウォ ハン ウォ バ ウォ マ ズウ ザイ イ チ

5 父はもう定年です。

母

[台湾語] 阮老爸已經退休 a。
Goán lāu-pē í-keng thè-hiu--a
グァン ラウ ベ イ ギン テ ヒュ ア

老母
lāu-bú
ラウ ブ

[台湾華語] 我爸已經退休了。
wǒ bà yǐ jīng tuì xiū le
ウォ バ イ ジン トゥェ ショ ラ

媽
mā
マ

6 祖父〔母方〕はもういません。

祖母〔母方〕

[台湾語] 阮外公無佇咧 a。
Goán gōa-kong bô tī--leh-a
グァン グァ ゴン ボ ディ レッ ア

外媽
gōa-má
グァ マ

[台湾華語] 我外公不在了。
wǒ wài gōng bú zài le
ウォ ウァイ ゴン ブ ザイ ラ

外婆
wài pó
ウァイ ポ

7 小さな会社を経営しています。

店

[台湾語] 我家己開一間細間公司。
Góa ka-kī khui chit keng sè-keng kong-si
グァ ガ ギ クィ ジッ ギン セ ギン ゴン シ

店
tiàm
ディァム

[台湾華語] 我自己開了間小公司。
wǒ zì jǐ kāi le jiān xiǎo gōng sī
ウォ ズ ジ カイ ラ ジェン シャウ ゴン ス

店
diàn
ディェン

8 私は社長です。

[台湾語] 我家己是頭家。
Góa ka-kī sī thâu-ke
グァ ガ ギ シ タウ ゲ

※「頭家」:「老板」(lǎo bǎn)。
「社長、マスター」の意

[台湾華語] 我自己是老板。
wǒ zì jǐ shì lǎo bǎn
ウォ ズ ジ ス ラウ バン

8 兄弟姉妹について

CD-1 [track40]

1 うちは一男一女です。

台湾語 阮兜是一个查埔的，一个查某的。
Goán tau sī chit ê cha-po͘--ê　　chit ê cha-bó͘--ê
グァンダウ シ ジッ レ ザ ボ エ　　ジッ レ ザ ボ エ

台湾華語 我們家是一個男的，一個女的。
wǒ mén jiā shì yí ge nán de　　yí ge nǚ de
ウォメンジャ ス イ ガ ナン ダ　　イ ガ ニュィ ダ

2 兄弟で一番上です。／二番目

台湾語 我是厝內上大漢的囡仔。／排第二的
Góa sī chhù-lāi siōng tōa-hàn ê gín-á　　pâi tē-jī--ê
グァ シ ツウライションドァハン エ ギンア　　パイ デ ギ エ

台湾華語 我排行老大。／老二
wǒ pái háng lǎo dà　　lǎo èr
ウォ パイ ハン ラウ ダ　　ラウ ア

3 末っ子です。

台湾語 我是屘囝。
Góa sī ban-kiáⁿ
グァ シ バン ギャン

台湾華語 我是老么。
wǒ shì lǎo yāo
ウォ ス ラウ ヤウ

4 私の上に兄が1人おります。

台湾語 我頂面有一个阿兄。
Góa téng-bīn ū chit ê a-hiaⁿ
グァ ディンビン ウ ジッ レ ア ヒャン

台湾華語 我上面有一個哥哥。
wǒ shàng miàn yǒu yí ge gē ge
ウォ サン ミェン ヨ イ ガ ガ ガ

5 兄弟姉妹はいません。

[台湾語] 我無兄弟姐妹。
Góa bô hiaⁿ-tī-chí-mōe
グァ ボ ヒャンディ ジ ムェ

[台湾華語] 我沒有兄弟姐妹。
wǒ méi yǒu xiōng dì jiě mèi
ウォメイ ヨ ションディ ジェメイ

6 3人きょうだいです。〔男女両方いる場合〕

※男性のみは「三兄弟」、女性のみは「三姐妹」と言う

[台湾語] 阮兜是三兄弟姐妹。
Goán tau sī saⁿ hiaⁿ-tī chí-mōe
グァンダウ シ サン ヒャンディ ジ ムェ

[台湾華語] 我家是三兄弟姐妹。
wǒ jiā shì sān xiōng dì jiě mèi
ウォジャ ス サンションディ ジェメイ

7 一人っ子〔男性〕です。　　　　　　　　　一人っ子〔女性〕

[台湾語] 我是孤囝。　　　　　　　　　孤查某囝
Góa sī ko͘-kiáⁿ　　　　　　　　ko͘ cha-bó-kiáⁿ
グァ シ ゴ ギャン　　　　　　　ゴ ザ ボ ギャン

[台湾華語] 我是獨生子。　　　　　　　　獨生女
wǒ shì dú shēng zǐ　　　　　　　dú shēng nǚ
ウォ ス ドゥセン ズ　　　　　　　ドゥ センニュイ

8 双子です。

[台湾語] 我是雙生仔。
Góa sī siang-seⁿ-á
グァ シ シャン セン ア

[台湾華語] 我是雙胞胎。
wǒ shì shuāng bāo tāi
ウォ ス スゥァン バウ タイ

人についての話題

9 子供の話題

CD-1 [track41]

1 お子さんはいますか？

台湾語 **你有囡仔無？**
Lí ū gín-á--bô
リ ウ ギン ア ボ

台湾華語 **你有小孩嗎？**
nǐ yǒu xiǎo hái mā
ニ ヨ シャウハイ マ

2 います。／いません。

台湾語 **有。／無。**
Ū　　　Bô
ウ　　　ボ

台湾華語 **有。／沒有。**
yǒu　　　méi yǒu
ヨ　　　メイ ヨ

3 うちの娘は今、年少組です。

台湾語 **阮查某囝chit-má teh讀小班。** ※「chit-má」は漢字で「即満」とも表す
Goán cha-bó-kiáⁿ　chit-má　teh thák sió-pan
グァンザ ボギャン ジッ マ デッ タッ ショ バン

台湾華語 **我女兒現在在上小班。**
wǒ nǚ ér xiàn zài zài shàng xiǎo bān
ウォニュイ ア シェンザイ ザイ サンシャウバン

4 うちの息子は今年、小学校に入ります。

台湾語 **阮後生今年讀小學。**
Goán hāu-seⁿ　kin-nî　thák sió-hák
グァンハウ セン ギン ニ タッ ショ ハッ

台湾華語 **我兒子今年上小學。**
wǒ ér zi jīn nián shàng xiǎo xué
ウォ ア ズ ジンニェンサンシャウシュェ

5 一番大きい息子は今年、高校3年生になりました。

台湾語 大後生今年高三 a。
Tōa hāu-seⁿ kin-nî ko-saⁿ--a
ドァ ハウ センギン ニ コ サン ア

台湾華語 大兒子今年高三了。
dà ér zi jīn nián gāo sān le
ダ ア ズ ジンニェンガウ サン ラ

6 彼は今年の7月に卒業します。

※台湾では9月に入学、7月に卒業する

台湾語 伊今年七月 就畢業 a。
I kin-nî chhit--goéh tō pit-gia̍p --a
イ ギン ニ チッグェッ ド ビギャプ ア

台湾華語 他今年七月份就畢業了。
tā jīn nián qī yuè fèn jiù bì yè le
タ ジンニェン チ ユェフェンジョ ビ イェ ラ

7 彼は今年、大学受験します。

台湾語 伊今年欲考大學。
I kin-nî beh khó tāi-ha̍k
イ ギン ニ ベッ コ ダイ ハッ

台湾華語 他今年要考大學。
tā jīn nián yào kǎo dà xué
タ ジンニェンヤウ カウ ダ シュェ

8 大学を卒業したら海外留学を考えています。

台湾語 大學 畢業了後 按算 欲出國進修。
Tāi-ha̍k pit-gia̍p liáu-āu àn-sǹg beh chhut-kok chìn-siu
ダイ ハッ ビ ギャプ リャウ アウ アン スェン ベッツゥッゴッ ジン シュ

台湾華語 大學畢業後 打算 出國進修。
dà xué bì yè hòu dǎ suàn chū guó jìn xiū
ダ シュェ ビ イェ ホ ダ スゥァンツゥ グォ ジン ショ

10 印象について

CD-1 [track42]

1 彼はどんな人ですか？

台湾語 伊生做啥物形的？
I seⁿ-chò siáⁿ-mih hêng--ê
イ セン ゾ シャンミッ ヒン エ

台湾華語 他長得什麼樣？
tā zhǎng de shén me yàng
タ ザン ダ セン モ ヤン

2 彼は誰に似ていますか？

台湾語 伊較像啥人？
I khah sêng siáⁿ-lâng
イ カッ シン シャン ラン

台湾華語 他長得像誰？
tā zhǎng de xiàng shuí
タ ザン ダ シャン スェ

3 彼はとてもいい人ですよ。

台湾語 伊是一个真好的人。
I sī chi̍t ê chin hó ê lâng
イ シ ジッ レ ジン ホ エ ラン

台湾華語 他是個很好的人。
tā shì ge hěn hǎo de rén
タ ス ガ ヘン ハウ ダ レン

4 普通です。

台湾語 真 普通。
Chin phó-thong
ジン ポ トン

台湾華語 很平凡。 ※「平凡」：普通
hěn píng fán
ヘン ピン ファン

5 いい人に見えます。

[台湾語] **人看起來袂 bái。**
Lâng khòaⁿ--khí-lâi bē-bái
ランクァンキ ライ ベ バイ

[台湾華語] **人看起來不錯。**
rén kàn qǐ lái bú cuò
レン カン チ ライ ブ ツゥォ

6 どこにでもいそうな感じです。

[台湾語] **大眾面。**
Tāi-chiòng bīn
ダイジョンビン

[台湾華語] **大眾臉。**
dà zhòng liǎn
ダ ゾンリェン

※「大眾」：庶民
「大眾臉」：庶民的な顔（どこにでもいる顔）

7 感じのいい人です。

[台湾語] **看起來真順眼。**
Khòaⁿ--khí-lâi chin sūn-gán
クァンキ ライ ジンスゥンガン

[台湾華語] **看起來很順眼。**
kàn qǐ lái hěn shùn yǎn
カン チ ライ ヘンスゥンイェン

8 好かれそうな感じの人です。

[台湾語] **生做真得人疼的形。**
Seⁿ-chò chin tit-lâng-thiàⁿ ê hêng
セン ゾ ジンディッランティャン エ ヒン

[台湾華語] **長得很討喜。**
zhǎng de hěn tǎo xǐ
ザン ダ ヘン タウ シ

人についての話題

11 性格について (1)

1 明るい性格です。

台湾語 個性活跳。
Kò-sèng oah-thiàu
ゴ シン ウァッディァウ

台湾華語 個性活潑。
gè xìng huó pō
ガ シン フォ ポ

2 外向的な性格です。

台湾語 真外向。
Chin gōa-hiòng
ジン グァヒョン

台湾華語 很外向。
hěn wài xiàng
ヘン ウァイシャン

3 社交的な性格です。

台湾語 真gâu交朋友。　　※「gâu」は漢字で「賢」とも表す
Chin gâu kau pêng-iú
ジン ガウ ガウ ピン ュ

台湾華語 擅長 交朋友。　　※「擅長」：～が得意
shàn cháng jiāo péng yǒu 「交朋友」：友達を作ること
サン ツァン ジャウペン ヨ

4 朗らかな性格です。

台湾語 個性開朗。
Kò-sèng khai-lóng
ゴ シン カイ ロン

台湾華語 個性開朗。
gè xìng kāi lǎng
ガ シン カイ ラン

5 親しみやすいです。

[台湾語] **真好鬥陣。**
Chin hó tàu-tīn
ジン ホ ダウ ディン

[台湾華語] **很容易親近。**
hěn róng yì qīn jìn
ヘン ロン イ チン ジン

6 さっぱりしています。

[台湾語] **真爽直。**
Chin sóng-tit
ジン ソン ディッ

[台湾華語] **很直爽。**
hěn zhí shǎung
ヘン ズ スゥァン

7 気前がいいです。

[台湾語] **真大方。**
Chin tāi-hong
ジン ダイ ホン

[台湾華語] **很大方。**
hěn dà fāng
ヘン ダ ファン

8 物静かです。

[台湾語] **真恬。**
Chin tiām
ジン ディァム

[台湾華語] **很文靜。**
hěn wén jìng
ヘン ウン ジン

人についての話題

109

12 性格について (2)

1 人見知りです。

台湾語 真驚 生份。
Chin kiaⁿ chheⁿ-hūn
ジン ギャン ツェン フン

台湾華語 很怕生。
hěn pà shēng
ヘン パ セン

2 恥ずかしがり屋です。

台湾語 真閉思。
Chin pì-sù
ジン ビ スウ

台湾華語 很害羞。
hěn hài xiū
ヘン ハイ ショ

3 気性が激しいです。

台湾語 脾氣bái。 ※「bái」は漢字で「穤」「僫」「壞」とも表す
Phî-khì bái
ピ キ バイ

台湾華語 脾氣不好。
pí qì bù hǎo
ピ チ ブ ハウ

4 不器用です。

台湾語 笨腳笨 手。
Pūn-kha-pūn-chhiú
ブン カ ブン チュウ

台湾華語 笨手笨腳。
bèn shǒu bèn jiǎo
ベン ソ ベン ジャウ

5 いつも偉そうにしています。

[台湾語] **真gâu激大尾。** ※「激」:〜のようにふるまう
Chin gâu kek tōa-bóe 「大尾」:大物
ジン ガウ ギッ ドァ ブェ

[台湾華語] **很愛擺架子。** ※「擺架子」:もったいぶる
hěn ài bǎi jià zi
ヘン アイ バイ ジャ ズ

6 わがままです。

[台湾語] **真使性。**
Chin sái-sèng
ジン サイ シン

[台湾華語] **很任性。**
hěn rèn xìng
ヘン レン シン

7 お嬢さんです。

[台湾語] **真嬌。**
Chin kiau
ジン ギャウ

[台湾華語] **很嬌。** ※「嬌」は「嬌滴滴」(ちやほやされたお嬢さん気質)の略。
hěn jiāo 「大小姐」とも言う
ヘン ジャウ

8 ぼんぼんです。 ※「少爺」:御曹司

[台湾語] **真大少爺。**
Chin tōa-siàu-iâ
ジン ドァ シャウ ヤ

[台湾華語] **很大少爺。**
hěn dà shǎo yé
ヘン ダ サウ イェ

人についての話題

1 趣味について

1 趣味は読書です。

[台湾語] 我的趣味是 看 冊。
Góa ê chhù-bī sī khòaⁿ chheh
グァ エ ツウ ビ シ クァン ツェッ

[台湾華語] 我的興趣是看書。
wǒ de xìng qù shì kàn shū
ウォ ダ シン チュイ ス カン スゥ

2 インターネットをよくやります。

[台湾語] 我 定 上 網。
Góa tiāⁿ chiūⁿ-bāng
グァ ディアン ジュウン バン

[台湾華語] 我常上網。
wǒ cháng shàng wǎng
ウォ ツァン サン ウァン

3 台湾のトレンディドラマが好きです。 ※「偶像劇」は華語読み

[台湾語] 我愛看台灣的 偶像劇。
Góa ài khòaⁿ Tâi-ôan ê ǒu xiàng jù
グァ アイクァン ダイ ウァン エ オ シャンジュイ

[台湾華語] 我喜歡 看台灣的 偶像劇。
wǒ xǐ huān kàn Tái wān de ǒu xiàng jù
ウォ シ ファン カン タイウァンダ オ シャンジュイ

4 台湾のイケメンが好きです。 ※「帥哥」は華語的な表現

[台湾語] 我佮意 台灣的 帥 哥。
Góa kah-ì Tâi-ôan ê sóai ko
グァ ガッ イ ダイウァン エ スゥアイ ゴ

[台湾華語] 我喜歡 台灣的 帥 哥。
wǒ xǐ huān Tái wān de shuài gē
ウォ シ ファン タイ ウァン ダ スゥアイ ガ

⑤ 色々な話題

友人・知人と会ったとき、最近の出来事や会社のことなどがよく話題になりますね。趣味、身近なこと、うれしかったこと、ツイてないこと、雑談など、色々な話をするときの参考にしてみてください。

5 台湾に旅行に行くのが好きです。

台湾語 我愛去台灣旅行。
Góa ài khì Tâi-ôan lú-hêng
グァ アイ キ ダイウァン ル ヒン

台湾華語 我喜歡 去台灣 旅行。
wǒ xī huān qù Tái wān lǚ xíng
ウォ シ ファン チュィ タイ ウァン リュイ シン

6 台湾のおやつが大好きです。

台湾語 我真佮意台灣的點心。
Góa chin kah-i Tâi-ôan ê tiám-sim
グァ ジン ガッ イ ダイウァン エ ディァム シム

台湾華語 我很喜歡台灣的小吃。
wǒ hěn xǐ huān Tái wān de xiǎo chī
ウォ ヘン シ ファン タイ ウァン ダ ダ シャウ ツ

7 マンゴーのかき氷が好きです。

台湾語 我愛食 檨仔冰。
Góa ài chia̍h sōaiⁿ-á-peng
グァ アイ ジャッ スゥァン ア ビン

台湾華語 我喜歡吃芒果冰。
wǒ xī huān chī máng guǒ bīng
ウォ シ ファン ツ マン グォ ビン

8 カラオケが好きです。

台湾語 我愛唱 卡啦OK。
Góa ài chhiùⁿ Kha-lá-o̍-khe
グァ アイ チュゥン カ ラ オ ケ

台湾華語 我喜歡唱 卡啦OK。
wǒ xī huān chàng Kǎ lā OK
ウォ シ ファン ツァン カ ラ オケ

色々な話題

2 得意なこと、苦手なこと

CD-1 [track46]

1 私の料理はおいしいですよ。

台湾語 我真gâu做料理喔。
Góa chin gâu chò liāu-lí oh
グァ ジン ガウ ゾ リャウ リ オッ

台湾華語 我做菜很好吃哦。
wǒ zuò cài hěn hǎo chī o
ウォ ズゥォ ツァイ ヘン ハウ ツ オ

2 金儲けが好きです。

台湾語 我愛趁錢。
Góa ài thàn-chîⁿ
グァ アイ タン ジン

台湾華語 我喜歡賺錢。
wǒ xǐ huān zuàn qián
ウォ シ ファン ズゥァン チェン

3 パソコンが得意です。

台湾語 我電腦真gâu。
Góa tiān-náu chin gâu
グァ デン ナウ ジン ガウ

台湾華語 我電腦很行。
wǒ diàn nǎo hěn xíng
ウォ ディェン ナウ ヘン シン

4 機械類は苦手です。

台湾語 我對機器完全無法度。
Góa tùi ki-khì ôan-chôan bô-hoat-tō
グァ ドゥィ ギ キ ウァン ズゥァン ボ ファッ ド

台湾華語 我機器一點都不行。 ※「一點都不行」：全然だめ
wǒ jī qì yì diǎn dōu bù xíng
ウォ ジ チ イ ディェン ドゥ ブ シン

5 家事は嫌いです。

台湾語 我討厭做厝內的工課。
Góa thó-ià chò chhù-lāi ê khang-khòe
グァ トヤ ゾ ツウライ エ カンクェ

台湾華語 我討厭 做 家事。
wǒ tǎo yàn zuò jiā shì
ウォ タウイエン ズゥォ ジャ ス

6 私の中国語はまあまあです。

台湾語 我 中國話猶會使。
Góa Tiong-kok-oē iáu ē-sái
グァ ディォンゴッウェヤウ エ サイ

台湾華語 我 中文還可以。
wǒ Zhōngwén hái kě yǐ
ウォ ゾンウン ハイ カ イ

7 英語は全然だめです。

台湾語 我英文真魯。
Góa Eng-bûn chin ló
グァ イン ブン ジン ロ

台湾華語 我英文一點 都不行。
wǒ Yīngwén yì diǎn dōu bù xíng
ウォ イン ウン イ ディェンドゥ ブ シン

8 テニスはまあまあできます。

台湾語 我thiannisu 拍了袂bái。
Góa thian-ng-ní-suh phah liáu bē-bái
グァ テン ニ スウ パ リャウ ベ バイ

※「テニス」は台湾語では「テンニスゥ」と発音

台湾華語 我 網球 打得不錯。 ※「打網球」：テニスをする
wǒ wǎng qiú dǎ dé bú cuò
ウォ ウァンチョ ダ ダ ブ ツゥォ

3 グッド・ニュース (1)

1 仕事が見つかった。

台湾語 我 揣 著 頭路 a。
Góa chhōe tiȯh thâu-lō--a
グァ ツゥェ ディオッ タウ ロ ア

台湾華語 我找到工作了。
wǒ zhǎo dào gōng zuò le
ウォ ザウ ダウ ゴン ズゥォ ラ

2 昇進したよ！

台湾語 我升 a！
Góa seng--a
グァ シン ア

台湾華語 我昇官了！
wǒ shēng guān le
ウォ セン グァン ラ

3 受注した。

台湾語 我 接著 生理 a。 ※「生理」：商売、ビジネス
Góa chiap tiȯh seng-lí--a
グァ ジャプ ディオッ シン リ ア

台湾華語 我接到生意了。
wǒ jiē dào shēng yì le
ウォ ジェ ダウ セン イ ラ

4 大きな注文を受けた。

台湾語 我 接著 一 張 大 筆的 訂單。
Góa chiap tiȯh chı̍t tiuⁿ tōa-pit ê tēng-toaⁿ
グァ ジャプ ディオッ ジッ デュウン ドァ ビッ エ ディン ドゥアン

台湾華語 我接到一筆大訂單。
wǒ jiē dào yì bǐ dà dīng dān
ウォ ジェ ダウ イ ビ ダ ディン ダン

5 給料が上がったよ！

[台湾語] **我加薪 a！**
Góa ka sin--a
グァ ガ シン ア

[台湾華語] **我加薪了！**
wǒ jiā xīn le
ウォ ジャ シン ラ

6 今日は給料日だ。

[台湾語] **我今仔日領錢。**
Góa kin-á-jit niá chîⁿ
グァ ギン ア ジッ ニャ ジン

[台湾華語] **我 今天 領錢。**
wǒ jīn tiān lǐng qián
ウォ ジン ティェン リン チェン

7 当たった！ ※宝クジなど

[台湾語] **我 著 a！**
Góa tio̍h--a
グァ ディオッ ア

[台湾華語] **我中了！**
wǒ zhòng le
ウォ ゾン ラ

8 当てた！

[台湾語] **予我 臆著 a！**
Hō͘ góa ioh--tio̍h-a
ホ グァ ヨッ ディオッ ア

[台湾華語] **被我 猜中了！**
bèi wǒ cāi zhòng le
ベイ ウォ ツァイ ゾン ラ

4 グッド・ニュース (2)

1 受かったよ！

台湾語 我考牢a！
Góa khó tiâu--a
グァ コ ディァウ ア

台湾華語 我考上了！
wǒ kǎo shàng le
ウォ カウ サン ラ

2 パスした！

台湾語 我過關a！
Góa kòe-koan--a
グァ グェ グァン ア

台湾華語 我過關了！
wǒ guò guān le
ウォ グォ グァン ラ

※ゲームの場合、「過關」は「ステージをクリアする」

3 勝った！

台湾語 我贏a！
Góa iâⁿ--a
グァ ヤン ア

台湾華語 我贏了！
wǒ yíng le
ウォ イン ラ

4 株で儲かった！

台湾語 我股票趁錢a！
Góa kó͘-phiò thàn-chîⁿ--a
グァ ゴ ピョ タン ジン ア

台湾華語 我股票賺錢了！
wǒ gǔ piào zuàn qián le
ウォ グ ピャウ ズゥァン チェン ラ

5 彼女ができた！

台湾語 **我有女朋友 a！**
Góa ū lú pêng-iú--a
グァ ウ ル ビン ユ ア

台湾華語 **我交到女朋友了！**
wǒ jiāo dào nǔ péng yǒu le
ウォ ジャウ ダウ ニュィ ペン ヨ ラ

6 妊娠した！

台湾語 **我有身 a！**
Góa ū-sin--a
グァ ウ シン ア

台湾華語 **我懷孕了！**
wǒ huái yùn le
ウォ ファイ ユィン ラ

7 （子供が）できた！

台湾語 **我有 a！**
Góa ū--a
グァ ウ ア

台湾華語 **我有了！**
wǒ yǒu le
ウォ ヨ ラ

8 お父さんになるんだ！

台湾語 **我欲做老爸 a！**
Góa beh chò lāu-pē--a
グァ ベッ ゾ ラウ ベ ア

台湾華語 **我要做爸爸了！**
wǒ yào zuò bà ba le
ウォ ヤウ ズゥォ バ バ ラ

色々な話題

5 バッド・ニュース (1)

[track49]

1 悪いことに巻き込まれた。

台湾語 我 出 代誌 a。 ※「代誌」:「事情」(shì qíng)、こと
Góa chhut-tāi-chì--a
グァ ツウッ ダイ ジ ア

台湾華語 我出事了。
wǒ chū shì le
ウォ ツゥ ス ラ

2 首になった。

台湾語 我 hông 辭頭路 a。 ※「hông」は漢字で「予」とも表す
Góa hông sî thâu-lō--a ※「頭路」:仕事
グァ ホン シ タウ ロ ア

台湾華語 我被炒魷魚了。 ※「魷魚」は本来「イカ」で、「炒魷魚」で
wǒ bèi chǎo yóu yú le 「首になる」という意味のスラング
ウォ ベイ ツァウ ヨ ユィ ラ

3 罰金を取られた。

台湾語 我 hông 罰 錢 a。
Góa hông hoa̍t-chîⁿ--a
グァ ホン ファッ ジン ア

台湾華語 我被罰錢了。
wǒ bèi fá qián le
ウォ ベイ ファ チェン ラ

4 負けた。

台湾語 我輸 a。
Góa su--a
グァ スゥ ア

台湾華語 我輸了。
wǒ shū le
ウォ スゥ ラ

5 仕事を探しています。

台湾語 我teh 揣 頭路。
Góa teh chhōe thâu-lō
グァ デッ ツゥェ タウ ロ

台湾華語 我在找工作。
wǒ zài zhǎo gōng zuò
ウォ ザイ ザウ ゴン ズゥォ

6 (学校の) 単位を落とした。

台湾語 我hông當掉a。
Góa hông tǹg-tiāu--a
グァ ホン デンディァウ ア

台湾華語 我被當了。
wǒ bèi dàng le
ウォ ベイ ダン ラ

7 迷子になった。

台湾語 我揣無路a。
Góa chhōe-bô-lō--a
グァ ツゥェ ボ ロ ア

台湾華語 我迷路了。
wǒ mí lù le
ウォ ミ ル ラ

8 (私は) 最近ついてないな。

台湾語 我最近 足 衰的。
Góa chòe-kīn chiok soe--ê
グァ ズェ ギン ジョッ スェ エ

台湾華語 我最近好衰。
wǒ zuì jìn hǎo suī
ウォ ズェ ジン ハウ スェ

※「衰」の本来の発音は「shuāi」。台湾では「ついてない」の意味では「suī」と発音

6 バッド・ニュース (2)

CD-1 [track50]

1 強盗に遭った。

台湾語 我hông 搶 a。
Góa hông chhiúⁿ--a
グァ ホン チュウン ア

台湾華語 我被搶了。
wǒ bèi qiǎng le
ウォ ベイ チャン ラ

2 財布がなくなった。

台湾語 我錢袋仔無去 a。
Góa chîⁿ-tē-á bô--khì-a
グァ ジン デ ア ボ キ ア

台湾華語 我 錢 包不見了。
wǒ qián bāo bú jiàn le
ウォ チェン バウ ブ ジェン ラ

3 怪我した。

台湾語 我 著傷 a。
Góa tiȯh-siong--a
グァ ディオッ ション ア

台湾華語 我受傷了。
wǒ shòu shāng le
ウォ ソ サン ラ

4 パソコン壊れちゃった。

台湾語 我電腦 歹去 a。
Góa tiān-náu pháiⁿ--khì-a
グァ デン ナウ パイン キ ア

台湾華語 我 電 腦 壞 掉 了。
wǒ diàn nǎo huài diào le
ウォ ディェン ナウ ファイ ディァウ ラ

5 交通事故に遭った。

台湾語 我出車禍 a。
Góa chhut chhia-hō--a
グァ ツウッ チャ ホ ア

台湾華語 我出車禍了。
wǒ chū chē huò le
ウォ ツゥ ツェ フォ ラ

6 (私は) 病気だ。

台湾語 我破病 a。
Góa phòa-pēⁿ--a
グァ プァ ペン ア

台湾華語 我生病了。
wǒ shēng bìng le
ウォ セン ビン ラ

7 風邪を引きました。

台湾語 我感冒 a。
Góa kám-mō--a
グァ ガム モ ア

台湾華語 我感冒了。
wǒ gǎn mào le
ウォ ガン マウ ラ

8 入院しました。

台湾語 我蹛院 a。
Góa tòa-īⁿ--a
グァ ドァ イン ア

台湾華語 我住院了。
wǒ zhù yuàn le
ウォ ズゥ ユェン ラ

色々な話題

7 会社の話題 (1)

1 仕事は楽?

台湾語 工課 有輕鬆無?
Khang-khòe ū khin-sang--bô
カン クェ ウ キン サン ボ

台湾華語 工作輕鬆嗎?
gōng zuò qīng sōng mā
ゴン ズゥォ チン ソン マ

2 (仕事は) わりと暇。

台湾語 真 涼。
Chin liâng
ジン リャン

台湾華語 蠻涼的。
mán liáng de
マン リャン ダ

3 疲れる。

台湾語 真 忝。
Chin thiám
ジン ディァム

台湾華語 很累。
hěn lèi
ヘン レイ

4 毎日、残業でさ。

台湾語 逐工 攏愛加班。
Ta̍k-kang lóng ài ka-pan
ダッ ガン ロン アイ ガ バン

台湾華語 每 天 都要加班。
měi tiān dōu yào jiā bān
メイ ティェン ドゥ ヤウ ジャ バン

5 毎日、仕事が多くて終わらない。

台湾語　工課 逐工 濟到做袂了。
Khang-khòe ta̍k-kang chē kàu chò bē liáu
カン クェ ダッガン ゼ ガウ ゾ ベ リャウ

台湾華語　工作每 天 多到做不完。
gōng zuò měi tiān duō dào zuò bù wán
ゴン ズゥォ メイ ティェン ドゥォ ダウ ズゥォ ブ ウァン

6 今の仕事が好きですか？

台湾語　你敢佮意chit-má的頭路？
Lí kám kah-ì chit-má ê thâu-lō
リ ガム ガッ イ ジッ マ エ タウ ロ

台湾華語　你喜歡你現在的工作嗎？
nǐ xǐ huān nǐ xiàn zài de gōng zuò mā
ニ シ ファン ニ シェン ザイ ダ ゴン ズゥォ マ

7 まあ、そこそこ。

台湾語　袂bái啊。
Bē-bái--ah
ベ バイ アッ

台湾華語　不錯啊。
bú cuò a
ブ ツゥォ ア

8 仕事を変えたいな。

台湾語　我 想欲 換 頭路。
Góa siūⁿ beh oāⁿ thâu-lō
グァ シュゥン ベッ ウァン タウ ロ

台湾華語　我 想 換 工作。
wǒ xiǎng huàn gōng zuò
ウォ シャン ファン ゴン ズゥォ

8 会社の話題 (2)

CD-1 [track52]

1 (お給料は) 1ヶ月いくらもらってるの？

台湾語 你一個月 領偌濟？
Lí chit-kò-góeh niá lōa-chē
リ ジッ ゴ グェッ ニャ ルァ ゼ

台湾華語 你一個月領多少？
nǐ yí ge yuè lǐng duō shǎo
ニ イ ガ ユェ リン ドゥォ サウ

2 まあまあ (もらってる)。

台湾語 猶會使啦。
Iáu ē-sái--lah
ヤウ エ サイ ラッ

台湾華語 還可以啦。
hái kě yǐ la
ハイ カ イ ラ

3 あまり (もらってない)。

台湾語 真少啦。
Chin chió--lah
ジン ジョ ラッ

台湾華語 很少啦。
hěn shǎo la
ヘン サウ ラ

4 間に合ってるぐらいよ。

台湾語 有夠用niâ。
Ū-kàu ēng niâ
ウ ガウ イン ニャ

※「用」は口語では「ヨン」で発音することが多い

台湾華語 夠用而已。
gòu yòng ér yǐ
ゴ ヨン ア イ

5 今の会社にどうやって入社したの？

台湾語 你是 按怎 入去chit-má的公司的？
Lí sī án-chóaⁿ ji̍p-khì chit-má ê kong-si--ê
リ シ アンツゥァン ジプキ ジッマ エ ゴン シ エ

台湾華語 你怎麼進 現在的 公司的啊？
nǐ zěn me jìn xiàn zài de gōng si de a
ニ ゼン モ ジン シェンザイ ダ ゴン ス ダ ア

6 友達の紹介で。

台湾語 朋友紹介的。
Pêng-iú siāu-kài--ê
ビン ユ シャウ ガイ エ

台湾華語 朋友介紹的。
péng yǒu jiè shào de
ペン ヨ ジェ サウ ダ

7 新聞を見て。

台湾語 看報紙 揣的。
Khòaⁿ pò-chóa chhōe--ê
クァン ボ ズゥァ ツゥェ エ

台湾華語 看報紙找的。
kàn bào zhǐ zhǎo de
カン バウ ズ ザウ ダ

8 104 で探しました。

※「104」：台湾で一番利用者が多い仕事探しのサイト

台湾語 佇 104 揣的。
Tī It-khòng-sù chhōe--ê
ディ イッコンスウ ツゥェ エ

台湾華語 在 104 找的。
zài Yī líng sì zhǎo de
ザイ イ リン ス ザウ ダ

⑥ 観光・娯楽

1 市内観光 (1)

1 台北101ビルはどの方向ですか？

台湾語 台北101佇佗一个方向？
Tâi-pak It-khòng-it tī tó chit ê hong-hiòng
ダイ バッィッコンイッ ディ ド ジッ レ ホン ヒョン

台湾華語 台北101在哪個方向？
Tái běi Yī líng yī zài nǎ ge fāng xiàng
タイ ベイ イ リン イ ザイ ナ ガ ファン シャン

2 台北アリーナはどうやって行くのですか？

台湾語 小巨蛋欲按怎去？ ※「小巨蛋」は通常、華語発音
Xiǎo jù dàn beh án-chóaⁿ khì
シャウ ジュィ ダン ベッ アン ツウァン キ

台湾華語 小巨蛋怎麼去？
Xiǎo jù dàn zěn me qù
シャウ ジュィ ダン ゼン モ チュィ

3 ジェイチョウのCDが買いたいです。

台湾語 我想欲買周杰倫的CD。 ※「周杰倫」は通常、華語発音
Góa siuⁿ beh bé Zhōu jié lún ê CD
グァ シュュン ベッ ペ チョウ ジェ ルン エ シーディー

台湾華語 我想買周杰倫的CD。
wǒ xiǎng mǎi Zhōu jié lún de CD
ウォ シャン マイ チョウ ジェ ルン ダ シーディー

4 どこで売っていますか？

台湾語 佗位有teh賣？
Tó-ūi ū teh bē
ド ウイ ウ デッ ペ

台湾華語 哪裏有賣？
nǎ lǐ yǒu mài
ナ リ ヨ マイ

台湾の街を特に目的もなくブラブラ散歩しているだけでも楽しいものです。そのほかに有名な観光スポットを回ってみたり、名物グルメを堪能したり、しいことがいっぱい。ホテルでよく使うフレーズも盛り込んでみました。ぜひ役立ててください。

5 マッサージをしたいです。

台湾語 我 想 欲去 掠龍。 ※「掠龍」：マッサージ
Góa siuⁿ beh khì liȧh-lêng
グァ シュゥン ベッ キ リャリン

台湾華語 我 想 去 按摩。
wǒ xiǎng qù àn mó
ウォ シャン チュィ アン モ

6 どの店がいいですか？

台湾語 佗一 間 店 較好？
Tó chi̍t keng tiàm khah hó
ド ジッ ギン ディアム カッ ホ

台湾華語 哪一間 店 好？
nǎ yì jiān diàn hǎo
ナ イ ジェン ディェン ハウ

7 鼎泰豐（ディンタイフォン）を予約してもらいたいのですが。
※「鼎泰豐」は小籠包の名店で、台北市内に本店がある。通常、華語で発音することが多い

台湾語 敢會使共我 訂 鼎泰豐？
Kám ē-sái kā góa tēng Dǐng tài fēng
ガム エ サイ ガ グァ ディン ディン タイ ホン

台湾華語 可以幫我預約鼎泰豐嗎？
kě yǐ bāng wǒ yù yuē Dǐng tài fēng mā
カ イ バン ウォ ユィ ユェ ディン タイ フォン マ

8 マーラーホーグォの有名な店はどこですか？

台湾語 麻辣 火鍋有名的 店 是佗一 間？ ※「麻辣」は通常、華語発音
Má là hóe-ko ū-miâ ê tiàm sī tó chi̍t keng
マ ラ フェグォ ウ ミャ エ ディアム シ ド ジッ ギン

台湾華語 麻辣火鍋有名的 店 是哪間？
Má là huǒ guō yǒu míng de diàn shì nǎ jiān
マ ラ フォ グォ ヨ ミン ダ ディェンス ナ ジェン

2 市内観光 (2)

1 夜市に行ってみたいです。

台湾語 我 想欲 去踅 夜市。 ※「踅」：ぶらぶらする
Góa siūⁿ beh khì sėh iā-chhī
グァ シュゥンベッ キ セッ ヤ チ

台湾華語 我 想 去 逛 夜市。 ※「逛夜市」：夜市に行く
wǒ xiǎng qù guàng yè shì
ウォ シャン チュイ グァン イェ ス

2 夜市はだいたい何時から始まるのですか？

台湾語 夜市一般 幾點 開始？
Iā-chhī it-poaⁿ kúi-tiám khai-sí
ヤ チ イッブァン グイ ディァム カイ シ

台湾華語 夜市一般 幾點 開始？
yè shì yì bān jǐ diǎn kāi shǐ
イェ ス イ バン ジ ディエン カイ ス

3 今、台湾で流行っている食べ物は何ですか？

台湾語 Chit-má 台灣流行 啥 物 食的？
Chit-má Tâi-ôan liû-hêng siáⁿ-mih chiàh--ê
ジッ マ ダイ ウァン リュ ヒン シャン ミッ ジャッ エ

台湾華語 現在 台灣流行什麼吃的？
xiàn zài Tái wān liú xíng shén me chī de
シェン ザイ タイ ウァン リョ シン セン モ ツ ダ

4 運命を占ってもらいたいです。 ※日本語のわかる占い師が多い

台湾語 我 想欲 去算命。
Góa siūⁿ beh khì sǹg-miā
グァ シュゥンベッ キ スェン ミャ

台湾華語 我想 去 算 命。
wǒ xiǎng qù suàn mìng
ウォ シャン チュイ スゥアン ミン

5 変身写真を撮ってみたいと思います。

[台湾語] 我 想欲 去翕個人寫真。
Góa siuⁿ beh khì hip kò-jîn siá-chin
グァ シュウン ベッ キ ヒブ ゴ ジン シャ ジン

[台湾華語] 我 想去 拍 個人寫真。
wǒ xiǎng qù pāi gè rén xiě zhēn
ウォ シャン チュイ パイ ガ レン シェ ゼン

6 どこか温泉に入れるところはありませんか？

[台湾語] 佗位有浸溫 泉 的所在？
Tó-ūi ū chìm un-chôaⁿ ê só-chāi
ド ウイ ウ ジム ウン ズゥァン エ ソ ザイ

[台湾華語] 哪裏有泡溫 泉 的地 方呢？
nǎ lǐ yǒu pào wēn quán de dì fāng nē
ナ リ ヨ パウ ウン チュエン ダ ディ ファン ナ

7 九份はどうやって行くのですか？
※「九份」は映画「悲情城市」のロケ地で、「千と千尋の神隠し」のモデルの町でもある

[台湾語] 九份仔欲 按怎 去？
Káu-hūn-á beh án-chóaⁿ khì
ガウ フン ア ベッ アン ツゥァン キ

[台湾華語] 九份要怎麼去？
Jiǔ fèn yào zěn me qù
ジョ フェン ヤウ ゼン モ チュイ

8 九份の名物はタロイモ団子です。

[台湾語] 九份仔上有名的是芋圓。
Káu-hūn-á siōng ū-miâ--ê sī ō-îⁿ
ガウ フン ア ション ウ ミャ エ シ オ イン

[台湾華語] 九份最有名的是芋圓。
Jiǔ fèn zuì yǒu míng de shì ō-îⁿ
ジョ フェン ズェ ヨ ミン ダ ス オ イン

ひとことメモ **8** の「芋圓」：タロイモ団子。通常、台湾語発音

観光・娯楽

3 ホテル (1)

1 一晩を予約したいのですが。

[台湾語] 我 想欲訂一暗。
Góa siuⁿ beh tēng chi̍t àm
グァ シュウンベッディンジッ アム

[台湾華語] 我想訂一個晚上。
wǒ xiǎng dìng yí ge wǎn shàng
ウォシャンディンイ ガウァンサン

2 空いている部屋がありますか？

[台湾語] 敢有空房？
Kám ū khang pâng
ガム ウ カン バン

[台湾華語] 有空房間嗎？
yǒu kòng fáng jiān mā
ヨ コンファンジェンマ

3 シングル、2部屋です。

[台湾語] 一人房 兩間。
Chi̍t-lâng-pâng nn̄g keng
ジッ ラン バン ヌン ギン

[台湾華語] 單人房二間。
dān rén fáng liǎng jiān
ダン レンファンリャンジェン

4 2月10日、1泊です。

[台湾語] 二月初十 一暗。
Jī-go̍eh chhe-cha̍p chi̍t àm
ジッグェッ ツェジャプ ジッ アム

[台湾華語] 二月十號一個晚上。
èr yuè shí hào yí ge wǎn shàng
ア ユエ ス ハウ イ ガ ウァンサン

5 一晩いくらですか？

台湾語 一暗偌濟？
Chit àm lōa-chē
ジッ アム ルァ ゼ

台湾華語 一個晚上多少錢？
yí ge wǎn shàng duō shǎo qián
イ ガ ウァン サン ドゥォ サウ チェン

6 朝食はついていますか？

台湾語 敢有掛早頓？ ※「掛」：つく
Kám ū kòa chá-tǹg
ガム ウ グァ ザ デン

台湾華語 有附早餐嗎？
yǒu fù zǎo cān mā
ヨ フ ザウツァン マ

7 料金の割引はありませんか？

台湾語 房間錢敢無拍折？
Pâng-keng chîⁿ kám bô phah-chiat
バン ギン ジン ガム ボ パッジェッ

台湾華語 房費沒有打折嗎？ ※「房費」：部屋の料金
fáng fèi méi yǒu dǎ zhé mā
ファンフェイメイ ヨ ダ ザ マ

8 日本語のできるスタッフはいませんか？

台湾語 敢有會曉講日語的服務人員？ ※「會曉」：〜できる
Kám ū ē-hiáu kóng Ji̍t-gí ê ho̍k-bū jîn-ôan
ガム ウ エヒャウ ゴン ジッ ギ エ ホッブ ジン ウァン

台湾華語 有會說日文的服務人員嗎？
yǒu huì shuō Rì wén de fú wù rén yuán mā
ヨ フェ スゥォ ズ ウン ダ フ ウ レン ユェン マ

4 ホテル (2)

[track56]

1 クレジットカードは使えますか？

台湾語 **敢會使用信用卡？**
Kám ē-sái ēng sìn-iōng-khah
ガム エ サイ イン シン ヨン カッ

※「用」は口語では「ヨン」と発音することが多い

台湾華語 **可以刷卡嗎？**
kě yǐ shuā kǎ mā
カ イ スゥァ カ マ

※「刷卡」：カードをスライドする

2 前金が必要ですか？

台湾語 **敢愛事先納訂金？**
Kám ài sū-sian làp tiāⁿ-kim
ガム アイ スウ シン ラプ ディァン ギム

台湾華語 **要預付訂金嗎？** ※「預付」：前払いする
yào yù fù dìng jīn mā
ヤウ ユイ フ ディンジン マ

3 インターネットは使えますか？

台湾語 **敢會使上網？**
Kám ē-sái chiūⁿ-bāng
ガム エ サイ ジュゥンバン

台湾華語 **可以上網嗎？**
kě yǐ shàng wǎng mā
カ イ サン ウァン マ

4 もっと安い部屋がありませんか？

台湾語 **敢有閣較俗的房間？**
Kám ū koh-khah siòk ê pâng-keng
ガム ウ ゴッカッ ショッ エ バン ギン

台湾華語 **有沒有更便宜一點的房間？**
yǒu méi yǒu gèng pián yí yì diǎn de fǎng jiān
ヨ メイ ヨ ゲンピェンイ イディェンダ ファンジェン

5 チェックインは何時からですか？

台湾語 幾點 會使辦蹛入來的 手續？
Kúi-tiám ē-sái pān tòa--jip-lâi ê chhiú-siȯk
グイ ディァムエ サイ バン ドァ ジプ ライ エ チュウ ショッ

台湾華語 幾點可以辦理 住房手續？
jǐ diǎn kě yǐ bàn lǐ zhù fáng shǒu xù
ジ ディェンカ イ バン リ ズウファン ソ シュィ

6 チェックアウトは何時までですか？

台湾語 幾點 愛辦退房的 手續？
Kúi-tiám ài pān thè-pâng ê chhiú-siȯk
グイ ディァムアイ バン テ バン エ チュウショッ

台湾華語 幾 點 要辦理 退房手續？
jǐ diǎn yào bàn lǐ tuì fáng shǒu xù
ジ ディェンヤウ バン リ トェイファン ソ シュィ

7 空港までの送迎サービスはありますか？

台湾語 敢有機場 接 送的服務？
Kám ū ki-tiûⁿ chiap-sàng ê hȯk-bū
ガム ウ ギデュゥン ジャプ サン エ ホプ ブ

台湾華語 有機場接送服務嗎？
yǒu jī chǎng jiē sòng fú wù mā
ヨ ジ ツァンジェソン フ ウ マ

8 台北駅から近いですか、遠いですか？

台湾語 離台北車頭近抑是 遠？
Lī Tâi-pak chhia-thâu kīn iah-sī hn̄g
リ ダイ バッ チャ タウ ギン ヤッ シ フン

台湾華語 離台北車站近還是遠？
lí tái běi chē zhàn jìn hái shì yuǎn
リ タイ ベイ ツェ ザン ジン ハイ ス ユェン

5 ホテル (3)

1 本日からのお泊まりでいらっしゃいますか？

台湾語 你敢按算 對今仔日開始蹛？
Lí kám àn-sǹg uì kin-á-jit khai-sí tòa
リ ガム アンスェン ウイギン ア ジッカイ シ ドァ

※「對」：～から 「ui」は口語の発音

台湾華語 您打算 從今天 開始住宿嗎？
nín dǎ suàn cóng jīn tiān kāi shǐ zhù sù mā
ニン ダ スゥァン ツォンジンティェンカイ ス ズウスウ マ

2 何泊のご予定でしょうか？

台湾語 你按算蹛幾暗？
Lí àn-sǹg tòa kúi àm
リ アンスェンドァ グイアム

台湾華語 您打算 住幾個晚上？
nín dǎ suàn zhù jǐ ge wǎn shàng
ニン ダ スゥァン ズウ ジ ガ ウァン サン

3 申し訳ございませんが、満室でございます。

台湾語 失禮，攏無房間a。
Sit-lé lóng bô pâng-keng--a
シッ レ ロン ボ バン ギン ア

※「間」は口語では「ギン」と発音する ことが多い

台湾華語 對不起，房間 全 滿了。
duì bù qǐ fáng jiān quán mǎn le
ドェ ブ チ ファン ジェン チュェン マン ラ

4 何部屋が必要ですか？

台湾語 需要幾間房？
Su-iàu kúi keng pâng
スウ ヤウ グイ ギン バン

台湾華語 需要 幾間 房間呢？
xū yào jǐ jiān fáng jiān ne
シュィヤウ ジ ジェンファンジェン ナ

5 何名様でいらっしゃいますか？

台湾語 有幾位人客？
Ū kúi ūi lâng-kheh
ウ グイ ウイ ラン ケッ

台湾華語 是幾位客人呢？
shì jǐ wèi kè rén ne
ス ジ ウェイ カ レン ナ

6 シングルですか、ダブルですか？

台湾語 你欲 一人房抑是 兩人房？
Lí beh chit-lâng-pâng iah-sī nn̄g-lâng-pâng
リ ベッ ジッ ラン バン ヤッ シ ヌン ラン バン

台湾華語 您要單人房還是 雙 人房？
nín yào dān rén fáng hái shì shuāng rén fáng
ニン ヤウ ダン レン ファン ハイ ス スゥァン レン ファン

7 ただいまダブルの部屋しか残っていません。

台湾語 阮 chit-má干焦剩 兩人房 niâ。
Goán chit-má kan-na chhun nn̄g-lâng-pâng niâ
グァン ジッ マ ガン ナ ツゥン ヌン ラン バン ニャ

台湾華語 我們現在只剩 雙 人房 有空。
wǒ mén xiàn zài zhǐ shèng shuāng rén fáng yǒu kòng
ウォ メン シェンザイ ズ センスゥァンレンファン ヨ コン

8 ただいまシーズン価格になりますが。

台湾語 Chit-má愛 算大月的價數。　※「大月」：シーズン
Chit-má ài sǹg tōa-goe̍h ê kè-siàu
ジッ マ アイ スェンダ グェッ エ ゲ シャウ

台湾華語 現在是旺季價格。　※「旺季」：シーズン　「淡季」：シーズンオフ
xiàn zài shì wàng jì jià gé
シェンザイ ス ウァン ジ ジャ ガ

観光・娯楽

6 ホテル (4)

[track58]

1 クリーニングをお願いしたいのですが。

台湾語 我的衫欲送去洗。
Góa ê saⁿ beh sàng khì sé
グァ エ サン ベッ サン キ セ

台湾華語 我要送洗衣服。 ※「送洗衣服」：クリーニングに出す
wǒ yào sòng xǐ yī fú
ウォ ヤウ ソン シ イ フ

2 毛布をもう1枚いただけますか？

台湾語 敢會使加予我一條毯仔？
Kám ē-sái ke hō góa chit tiâu thán-á
ガム エ サイ ゲ ホ グァ ジッ デャウ タン ア

台湾華語 可以多給我一條毛毯嗎？
kě yǐ duō gěi wǒ yì tiáo máo tǎn mā
カ イ ドゥオ ゲイ ウォ イ テャウ マウ タン マ

3 明日の朝6時にモーニングコールをお願いします。

台湾語 明仔早起六點khà電話叫我起床。
Bîn-á chá-khí la̍k-tiám khà tiān-oē kiò góa khí-chhn̂g
ビン ア ザ キ ラッ ディアム カ デン ウェ ギョ グァ キ ツェン

台湾華語 明天早上六點打電話叫我起床。
míng tiān zǎo shàng liù diǎn dǎ diàn huà jiào wǒ qǐ chuáng
ミン ティェン ザ サン リョ ディェン ダ ディェン ファ ジャウ ウォ チ ツゥァン

4 タクシー1台を呼んでください。

台湾語 共我叫一台計程車。
Kā góa kiò chit tâi kè-thêng-chhia
ガ グァ ギョ ジッ ダイ ケ ティン チャ

台湾華語 幫我叫一台計程車。
bāng wǒ jiào yì tái jì chéng chē
バン ウォ ジャウ イ タイ ジ ツェン ツェ

5 どこでインターネットできますか？

台湾語 佗位會使 上 網？
Tó-ūi　ē-sái　chiūⁿ-bāng
ド ウィ エ サイ ジュゥン バン

台湾華語 哪裏可以上網？
nǎ　lǐ　kě　yǐ shàng wǎng
ナ リ カ イ サン ウァン

6 両替したいのですが。

台湾語 我 想 欲 換 錢。
Góa　siūⁿ　beh　oāⁿ　chîⁿ
グァ シュゥン ベッ ウァン ジン

台湾華語 我 想 換 錢。
wǒ　xiǎng　huàn　qián
ウォ シャン ファン チェン

7 うっかり鍵を部屋に置いてきました。

台湾語 我無細膩共鎖匙园佇房間a。
Góa bô　sè-jī　kā　só-sî　khǹg tī pâng-keng--a
グァ ボ セ ジ ガ ソ シ ケン ディ バン ギン ア

台湾華語 我不小心把鑰匙放在房 間了。
wǒ　bù xiǎo xīn bǎ yào shī fàng zài fáng jiān le
ウォ ブ シャウ シン バ ヤウ ス ファン ザイ ファン ジェン ラ

8 貴重品をこちらで預かっていただけますか？

台湾語 我敢會使共貴重的物件寄园佇遮？
Góa kám　ē-sái　kā　kùi-tiōng　ê　mı́h-kiāⁿ　kià khǹg tī chia
グァ ガム エ サイ ガ グイディォンエ ミッギャンギャ ケン ディ ジャ

台湾華語 我可以把貴重品寄放在這嗎？
wǒ　kě　yǐ　bǎ　guì zhòng pǐn　jì fàng zài zhè mā
ウォ カ イ バ グェ ゾン ピン ジ ファン ザイ ゼ マ

観光・娯楽

139

7 写真を撮る

CD-1 [track59]

1 いいホテルですね。

台湾語 這間 飯店 袂bái。
Chit keng png-tiàm bē-bái
ジッギン ペンディァム ベ バイ

台湾華語 這間 飯店 不錯。
zhè jiān fàn diàn bú cuò
ゼ ジェン ファン ディェン ブ ツウォ

2 ここで写真を撮りましょう。

台湾語 欲佇遮 翕相 一下無？
Beh tī chia hip-siōng--chit-ē-bô
ベッ ディ ジャ ヒプ ション ジッ レ ボ

台湾華語 要不要在這裏拍一下照片。
yào bú yào zài zhè lǐ pāi yí xià zhào piàn
ヤウ ブ ヤウ ザイ ゼ リ パイ イ シャ ザウ ピェン

3 写真を撮ってもらえませんか？ ※通行人に

台湾語 敢會使麻煩你共阮 翕相？
Kám ē-sái mâ-hoân lí kā goán hip-siōng
ガム エ サイ マ ファン リ ガ グァン ヒプ ション

台湾華語 可以麻煩你幫我們拍照嗎？
kě yǐ má fán nǐ bāng wǒ mén pāi zhào mā
カ イ マ ファン ニ バン ウォ メン パイ ザウ マ

4 ここを押すだけです。 ※通行人に

台湾語 Chhih遮就會使。 ※「chhih」は漢字で「擤」とも表す
Chhih chia tō ē-sái
チッ ジャ ド エ サイ

台湾華語 按這裏就可以了。
àn zhè lǐ jiù kě yǐ le
アン ゼ リ ジョ カ イ ラ

5 はい、チーズ。

台湾語 好，笑一下。
Hó chhiò--chi̍t-ē
ホ チョ ジッレ

台湾華語 好，笑一下。
hǎo xiào yí xià
ハウ シャウ イ シャ

6 いい記念になります。

台湾語 這一定會成做真好的記念。
Che it-tēng ē chiâⁿ-chò chin hó ê ki-liām
ゼ イッディン エ ジャンゾ ジン ホ エ ギリャム

台湾華語 這一定會成為好紀念的。
zhè yí dìng huì chéng wéi hǎo jì niàn de
ゼ イ ディン フェ ツェン ウェイ ハウ ジ ニェン ダ

7 今度、写真を送りますね。

台湾語 我會共相片寄予你。
Góa ē kā siòng-phìⁿ kià hō--lí
グァ エ ガ ション ピン ギャ ホ リ

台湾華語 我會把照片寄給你的。
wǒ huì bǎ zhào piàn jì gěi nǐ de
ウォ フェ バ ザウ ピェン ジ ゲイ ニ ダ

8 また来たいです。

台湾語 我猶想欲閣再來。
Góa iáu siūⁿ beh koh-chài lâi
グァ ヤウ シュウン ベッ ゴッ ザイ ライ

台湾華語 我還想再來。
wǒ hái xiǎng zài lái
ウォ ハイ シャン ザイ ライ

観光・娯楽

8 カラオケに行く

CD-1 [track60]

1 料金はどうなっているのでしょうか？

台湾語 恁 店 是 按怎 算 錢的？
Lín tiàm sī án-chóaⁿ sǹg chîⁿ--ê
リン ディアム シ アンツゥァン スェン ジン エ

台湾華語 你們 店 怎麼計費？　※「計費」：料金の計算
nǐ mén diàn zěn me jì fèi
ニ メン ディエン ゼン モ ジ フェイ

2 大きいボックスは1時間600元です。

台湾語 大間 房間 一 點 鐘 600。
Tōa-keng pâng-keng chit tiám-cheng la̍k-pah
ドァ ギン バン ギン ジッ ディアムジン ラッバッ

台湾華語 大包廂一小時600。
dà bāo xiāng yì xiǎo shí liù bǎi
ダ バウ シャン イ シャウ ス リョ バイ

3 サービス料は1割増しです。

台湾語 另外加服務費一成。
Lēng-gōa ka ho̍k-bū-hùi chi̍t siâⁿ
リン グァ ガ ホッブ フィ ジッシャン

台湾華語 外加服務費一成。
wài jiā fú wù fèi yì chéng
ウァイ ジャ フ ウ フェイ イ チェン

4 お客さん、申し訳ございません。

台湾語 人客，失禮。
Lâng-kheh sit-lé
ラン ケッ シッ レ

台湾華語 客人，對不起。
kè rén duì bù qǐ
カ レン ドェ ブ チ

5 身分証を見せていただけますか。
※台湾では未成年者の深夜遊びが多く、店に警察の立入検査が時々ある

[台湾語] 阮 愛 看 身份證。
Goán ài khòaⁿ sin-hun-chèng
グァン アイ クァン シン フン ジン

[台湾華語] 我們要看身份證。
wǒ mén yào kàn shēn fèn zhèng
ウォ メン ヤウ カン センフェンゼン

6 どうやって選曲するの？

[台湾語] 欲 按怎 點 歌？
Beh án-chóaⁿ tiám koa
ベッ アンツゥァン ディアム グァ

[台湾華語] 怎麼 點 歌啊？
zěn me diǎn gē a
ゼン モ ディエン ガ ア

7 もう時間です。

[台湾語] 時間到 a。
Sî-kan kàu--a
シ ガン ガウ ア

[台湾華語] 時間到了。
shí jiān dào le
ス ジェンダウ ラ

8 1時間延長したいのですが。

[台湾語] 阮 想欲 延長一 點 鐘。
Goán siūⁿ beh iân-tn̂g chi̍t tiám-cheng
グァン シュウン ベッ エン デン ジッディアム ジン

[台湾華語] 我們 想 延 長 一個 小 時。
wǒ mén xiǎng yán cháng yí ge xiǎo shí
ウォメン シャン イェンツァン イ ガ シャウ ス

観光・娯楽

9 レンタカー

CD-1
[track61]

1 車を借りたいのですが。

[台湾語] 我 想欲 租車。
Góa siuⁿ beh cho-chhia
グァ シュウンベッ ゾ チャ

[台湾華語] 我 想 租車。
wǒ xiǎng zū chē
ウォ シャン ズウ ツェ

2 会員さんですか？

[台湾語] 請 問，你敢是阮的會員？
Chhiáⁿ-mn̄g lí kám sī goán ê hōe-oân
チァン メン リ ガム シ グァン エ フェ ウァン

※「員」は口語で「グァン」と発音することもある

[台湾華語] 請問，你是我們的會員嗎？
qǐng wèn nǐ shì wǒ mén de huì yuán mā
チン ウン ニ ス ウォメン ダ フェユエン マ

3 会員になれば、割引料金をご利用できます。

[台湾語] 加入會員有拍折 喔。
Ka-jip hōe-oân ū phah-chiat oh
ガ ジブ フェウァン ウ パッジェッ オッ

[台湾華語] 加入會員的話有打折哦。 ※「打折」：割引
jiā rù huì yuán de huà yǒu dǎ zhé o
ジャ ル フェユエンダ ファ ヨ ダ ゼ オ

4 レンタカーの料金はどうなっているでしょうか？

[台湾語] 租車費 按怎 算？
Cho-chhia-huì án-chóaⁿ sǹg
ゾ チャフィ アンツゥアンスェン

[台湾華語] 租車費怎麼 算？
zū chē fèi zěn me suàn
ズウ ツェフェイゼン モ スゥアン

5 ガソリンも自分で入れなければならないでしょうか？

台湾語 油愛家己加，是無？
Iû ài ka-kī ka sī--bô
ユ アイ ガギガ シ ボ

台湾華語 油要自己加嗎？
yǒu yào zì jǐ jiā mā
ヨ ヤウ ズ ジ ジャ マ

6 身分証明書も預けなければならないでしょうか？

※「押」：担保として出すこと

台湾語 愛押 證件無？
Ài ah chèng-kiāⁿ--bô
アイ アッ ジン ギャン ボ

台湾華語 要押 證件嗎？
yào yā zhèng jiàn mā
ヤウ ヤ ゼン ジェン マ

7 車を返したいのですが。

台湾語 我欲還車。
Góa beh hâiⁿ chhia
グァ ベッ ハィン チャ

台湾華語 我要還車。
wǒ yào huán chē
ウォ ヤウ ファン ツェ

8 別の車に換えてください。

台湾語 我 想欲 換 別台車。
Góa siūⁿ beh oāⁿ pát tâi chhia
グァ シュゥン ベッ ウァン バッ ダイ チャ

台湾華語 我想 換 另一台車。
wǒ xiǎng huàn lìng yì tái chē
ウォ シャン ファン リン イ タイ ツェ

観光・娯楽

⑦ どこかに行く

いろいろな交通機関、例えば、列車、高鉄、飛行機、バス、タクシーなどを利用する際によく使われるフレーズを紹介しています。機内でのやりとり、チケットの買い方、MRTや列車の乗り方なども知っておくと便利です。

1 空港で (1)

1 台湾に来た目的は何ですか？

台湾語　**你來台灣的目的是啥物？**
Lí lâi Tâi-ôan ê bók-tek sī siáⁿ-mih
リ ライダイウァン エ ボッデッ シ シャンミッ

台湾華語　**你來台灣的目的是什麼？**
nǐ lái Tái wān de mù dì shì shén me
ニ ライ タイ ウァン ダ ム ディ ス セン モ

2 台湾に来た目的は商談です。

台湾語　**我來台灣的目的是為著公事。**
Góa lâi Tâi-ôan ê bók-tek sī ūi-tióh kong-sū
グァ ライ ダイウァン エ ボッデッ シ ウィディオッ ゴン スウ

台湾華語　**我來台灣的目的是洽公。**
wǒ lái Tái wān de mù dì shì qià gōng
ウォ ライ タイウァン ダ ム ディ ス チャ ゴン

3 観光です。／親族訪問です。／里帰りです。

台湾語　**觀光。／探親。／轉來厝。**
Koan-kong　　Thàm-chhin　　Tńg-lâi chhù
グァン ゴン　　タム チン　　デン ライ ツウ

台湾華語　**觀光。／探親。／回家。**
guān guāng　　tàn qīn　　huí jiā
グァン グァン　　タン チン　　フェ ジャ

4 禁制品など持っていますか？

台湾語　**敢有紮啥物違禁品？**
Kám ū chah siáⁿ-mih ûi-kim-phín
ガム ウ ザッシャンミッ ウイ ギム ピン

台湾華語　**有沒有帶任何違禁品？**
yǒu méi yǒu dài rèn hé wéi jìn pǐn
ヨ メイ ヨ ダイ レン ハ ウェ ジン ピン

146

5 この中に何が入っていますか？

台湾語 這內底貯啥物？
Chit lāi-té té siáⁿ-mih
ジッライ デ デシャンミッ

台湾華語 這裏面 裝 什麼？
zhè lǐ miàn zhuāng shén me
ゼ リ ミェン ズゥアン セン モ

6 着替えとか、おみやげです。 ※「送人」：人にあげる

台湾語 衫仔褲，閣有一寡欲送人的物件。
Saⁿ-á-khò koh ū chit-kóa beh sàng--lâng ê mih-kiāⁿ
サン ア コ ゴッ ウ ジッグァ ベッ サンラン エ ミッギャン

台湾華語 衣服，還有一些要送人的東西。
yī fú hái yǒu yì xiē yào sòng rén de dōng xī
イ フ ハイ ヨ イ シェ ヤウ ソン レン ダ ドン シ

7 お一人ですか？

台湾語 你家己一個來，是無？
Lí ka-kī chit ê lâi sī--bô
リ ガ ギ ジッ レ ライ シ ボ

台湾華語 你一個人來的嗎？
nǐ yí ge rén lái de mā
ニ イ ガ レン ライ ダ マ

8 友達と一緒に来ました。

台湾語 我佮朋友做伙來的。
Góa kap pêng-iú chò-hóe lâi--ê
グァ ガプ ピン ユ ゾ フェ ライ エ

台湾華語 我和朋友一起來的。
wǒ hàn péng yǒu yì qǐ lái de
ウォ ハン ペン ヨ イ チ ライ ダ

どこかに行く

2 空港で (2)

1 台湾に知り合いがいますか？

台湾語 佇台灣敢有熟似人？
Tī Tâi-ôan kám ū se̍k-sāi-lâng
ディ ダイウァン ガム ウ シッ サイ ラン

台湾華語 在台灣有認識的人嗎？
zài Tái wān yǒu rèn shì de rén mā
ザイ タイウァン ヨ レン ス ダ レン マ

2 どこのホテルにお泊まりですか？

台湾語 蹛佗一間飯店？
Tòa tó chi̍t keng pn̄g-tiàm
ドァ ド ジッ ギン ペン ディアム

台湾華語 住哪間 飯店？
zhù nǎ jiān fàn diàn
ズゥ ナ ジェン ファンディエン

3 台湾にはどのくらい滞在予定ですか？

台湾語 欲佇台灣蹛偌久？
Beh tī Tâi-ôan tòa lōa kú
ベッ ディ ダイウァン ドァ ルァ グ

台湾華語 要在台灣待多久？
yào zài Tái wān dāi duō jiǔ
ヤウ ザイ タイウァン ダイ ドゥォ ジョ

4 帰りのチケットを見せてください。 ※「機票」：航空券

台湾語 轉去的機票予我 看一下。
Tńg--khì ê ki-phiò hō͘ góa khòaⁿ--chi̍t-ē
デン キ エ ギ ピョ ホ グァ クァン ジッ レ

台湾華語 回程的機票給我看一下。
huí chéng de jī piào gěi wǒ kàn yí xià
フェ ツェン ダ ジ ピャウ ゲイ ウォ カン イ シャ

5 パスポートの写真はご本人ですか？

台湾語 護照 頂面的相片 敢是你本人？
Hō-chiàu　téng-bīn ê siòng-phìⁿ kám sī　lí pún-lâng
ホ ジャウ　ディン ピン エ ション ピン ガム シ　リ ブン ラン

台湾華語 護照 上的照片是你本人嗎？
hù zhào shàng de zhào piàn shì nǐ běn rén mā
フ ザウ サン ダ ザウ ピェンス ニ ベン レン マ

6 搭乗券を見せてください。

台湾語 你的登機證咧？
Lí ê teng-ki-chèng--leh
リ エ ディンギ ジンレッ

台湾華語 你的登機證呢？
nǐ de dēng jī zhèng nē
ニ ダ デン ジ ゼン ナ

7 この書類に記入してください。

台湾語 這張 單仔填一下。
Chit tiuⁿ　toaⁿ-á　thiⁿ--chit-ē
ジッ デュン ドゥァ ア ディン ジッレ

台湾華語 這張 單子 填一下。
zhè zhāng dān zi tián yí xià
ゼ ザン ダン ズ ティェン イ シャ

8 税金申告の必要なものがありますか？

台湾語 敢有欲報稅的物件？
Kám ū beh pò-sòe ê mih-kiāⁿ
ガム ウ ベッ ボ スェ エ ミッ ギャン

台湾華語 有要報稅的東西嗎？
yǒu yào bào shuì de dōng xī mā
ヨ ヤウ バウ スェ ダ ドン シ マ

どこかに行く

3 搭乗手続き

CD-1 [track64]

1 午後4時35分発、高雄行きの飛行機です。

台湾語 下晡 4 點 35 分 飛往高雄的班機。
Ē-po͘　sì-tiám　saⁿ-chȧp-gō-hun　poe óng Ko-hiông ê　pan-ki
エ　ボ　シ ディアム　サン ザプ ゴ フン　ブェ オン ゴ ヒョン エ バン ギ

台湾華語 下午4 點 35 分 飛 往 高 雄 的 班機。
xià wù sì　diǎn　sān shí wǔ　fēn　fēi wǎng Gāo xióng de bān jī
シャ ウ ス ディェン サン ス ウ フェン フェイ ウァン ガウ ション ダ バン ジ

2 日本アジア航空のカウンターはどこですか？

台湾語 日亞航的櫃台佇佗位？
Jȧt-a-hâng　ê　kūi-tâi　tī　tó-ūi
ジッ ア ハン エ グイ ダイ ディ ド ウイ

台湾華語 日亞航的櫃台在哪裏？
Rì　yǎ háng de　guì tái zài nǎ　lǐ
ズ ヤ ハン ダ グェ タイ ザイ ナ リ

3 パスポートと航空券をお願いいたします。

台湾語 你的護照佮機票。
Lí　ê　hō͘-chiàu kap ki-phiò
リ エ ホ ザウ ガプ ギ ピョ

台湾華語 您的護照跟機票。
nín de　hù zhào gēn　jī piào
ニン ダ フ ザウ ゲン ジ ピャウ

4 お預かりの荷物は以上ですか？

台湾語 你託運的行李就是遮的, 是無？
Lí thok-ūn　ê　hêng-lí　tō-sī　chia--ê　　sī--bô
リ トッ ウン エ ヒン リ ド シ ジャ エ　　シ ボ

台湾華語 您託 運的行李就這些嗎？
nín tuō　yùn de xíng lǐ　jiù zhè xiē mā
ニン トォ ユィン ダ シン リ ジョ ゼ シェ マ

150

5 座席は通路側にしますか、窓際にしますか？

[台湾語] 你欲倚路的抑是倚窗仔的座位？
Lí beh óa lō--ê iah-sī óa thang-á ê chē-ūi
リ ベッ ウァ ロ エ ヤッ シ ウァ タン ア エ ゼ ウイ

[台湾華語] 您要靠走道還是靠窗 的 坐 位 呢？
nín yào kào zǒu dào hái shì kào chuāng de zuò wèi nē
ニン ヤウ カウ ゾ ダウ ハイ ス カウ ツゥァン ダ ズゥオ ウェ ナ

6 お荷物は重量オーバーです。

[台湾語] 你行李 超重 喔。 ※「行」は口語では「ヒン」と発音することが多い
Lí hêng-lí chhiau-tāng oh
リ ヒン リ チャ ダン オッ

[台湾華語] 您行李超 重 哦。
nín xíng lǐ chāo zhòng o
ニン シン リ ツァウ ゾン オ

7 前よりの座席をお願いします。

[台湾語] 我欲較 頭前淡薄 的位。
Góa beh khah thâu-chêng--tām-poh ê ūi
グァ ベッ カッ タウ ジン ダム ボッ エ ウイ

[台湾華語] 我要 前 面一 點 的位子。
wǒ yào qián miàn yì diǎn de wèi zi
ウォ ヤウ チェン ミェン イ ディェン ダ ウェ ズ

8 私はベジタリアンです。

[台湾語] 我 食菜。
Góa chiah-chhài
グァ ジャッ ツァイ

[台湾華語] 我吃素。
wǒ chī sù
ウォ ツ スウ

4 機内で

CD-1
[track65]

1 シートベルトの着用をお願いいたします。

台湾語 請 共安全帶 繋予好。
Chhiáⁿ kā an-chôan-tòa hâ hō͘ hó
チャン ガ アンツゥァンドァ ハ ホ ホ

台湾華語 請繫好 安全帶。
qǐng xì hǎo ān quán dài
チン シ ハウ アンチュェンダイ

2 まもなく離陸いたします。

台湾語 飛機teh欲起飛 a。 ※「teh 欲〜」：まもなく〜する
Hui-ki teh-beh khí-poe--a
フェ ギ デッ ベッ キ ブェ ア

台湾華語 飛機快要起飛了。
fēi jī kuài yào qǐ fēi le
フェ ジ クァイ ヤウ チ フェイ ラ

3 お魚にしますか、ビーフにしますか？

台湾語 你欲魚仔抑是牛肉？
Lí beh hî-á iah-sī gû-bah
リ ベッ ヒ ア ヤッ シ グ バッ

台湾華語 您要魚還是牛肉呢？
nín yào yú hái shì niú ròu nē
ニン ヤウ ユィ ハイ ス ニョ ロ ナ

4 中華にしますか、和食にしますか？

台湾語 你欲愛 中國料理抑是日本料理？
Lí beh ài Tiong-kok liāu-lí iah-sī Jit-pún liāu-lí
リ ベッ アイ ディォン ゴッ リャウ リ ヤッ シ ジップン リャウ リ

台湾華語 您要 中式還是日式餐 點 呢？
nín yào Zhōng shì hái shì Rì shì cān diǎn nē
ニン ヤウ ゾン ス ハイ ス ズ ス ツァン ディェン ナ

5 お飲み物はいかがいたしましょうか？

[台湾語] **你欲啉 啥物 飲料無？**

Lí beh lim siá^n-mih ím-liāu--bô
リ ベッ リム シャン ミッ インリャウ ボ

[台湾華語] **您要喝點 什麼飲料嗎？**

nín yào hē diǎn shén me yīn liào mā
ニン ヤウ ハ ディェン セン マ インリャウ マ

6 毛布はいかがでしょうか？

[台湾語] **敢需要毯仔？**

Kám su-iàu thán-á
ガム スウ ヤウ タン ア

[台湾華語] **需要 毛毯嗎？**

xū yào máo tǎn mā
シュィ ヤウ マウ タン マ

7 まもなく着陸態勢に入ります。

[台湾語] **飛機 欲 準備降落 a。**

Hui-ki beh chún-pī kàng-lo̍h--a
フェイギ ベッ ズゥン ビ ガン ロッ ア

[台湾華語] **飛機要 準備下 降了。**

fēi jī yào zhǔn bèi xià jiàng le
フェ ジ ヤウ ズゥン ベイ シャ ジャン ラ

8 背もたれをまっすぐにしていただけますようお願いいたします。

[台湾語] **請 共椅仔撨 予好。** ※「撨」：調整する

Chhiá^n kā í-á chhiâu hō͘ hó
チャン ガ イ ア チャ ホ ホ

[台湾華語] **請把椅背放直。**

qǐng bǎ yǐ bèi fàng zhí
チン バ イ ベイファン ズ

153

5 案内所で

CD-1
[track66]

1 空港の待合室はどこですか？ ※「候機」：飛行機を待つ

台湾語 候機室佇佗位？
Hāu-ki-sek tī tó-ūi
ハウ ギ シッディ ド ウイ

台湾華語 候機室在哪裏？
hòu jī shǐ zài nǎ lǐ
ホ ジ ス ザイ ナ リ

2 案内所はどこですか？ ※「服務台」：サービスカウンター

台湾語 服務台佇佗位？
Ho̍k-bū-tâi tī tó-ūi
ホップ ブ ダイ ディ ド ウイ

台湾華語 服務台在哪裏？
fú wù tái zài nǎ lǐ
フ ウ タイ ザイ ナ リ

3 呼び出しのアナウンスをお願いしたいのですが。

台湾語 我 想 欲廣播 揣 人。
Góa siūⁿ beh kóng-pò chhōe--lâng
グァ シュゥン ベッゴン ボ ツゥエ ラン

台湾華語 我想 廣 播找人。
wǒ xiǎng guǎng bō zhǎo rén
ウォ シャン グァン ボ ザウ レン

4 木村様、案内所までお願い致します。
※男性に対して。女性には「～小姐」

台湾語 來賓 木村 先生 請到服務台。
Lâi-pin Bo̍k-chhoan sian-siⁿ chhiáⁿ kàu ho̍k-bū-tâi
ライ ビン ボッツゥァン セン シン チァンガウ ホッ ブ ダイ

台湾華語 來賓 木村 先生 請到服務台。
lái bīn Mù cūn xiān shēng qǐng dào fú wù tái
ライ ビン ム ツゥン シェンセン チン ダウ フ ウ タイ

5 台北行きの大型バスの乗り場はどこですか？

|台湾語| 到台北的大巴士佇佗位坐？
Kàu Tâi-pak ê tōa bá-suh tī tó-ūi chē
ガウ ダイ バッ エ ドァ バス ウッディ ド ウイ ゼ

|台湾華語| 到台北的大巴在哪裏搭？
dào Tái běi de dà bā zài nǎ lǐ dā
ダウ タイ ベイ ダ ダ バ ザイ ナ リ ダ

6 台中までのチケットは1枚いくらですか？ ※「票」：チケット

|台湾語| 到台中 一張票偌濟？
Kàu Tâi-tiong chit tiuⁿ phiò lōa-chē
ガウ ダイ ディオン ジッ デュゥン ピョ ルァ ゼ

|台湾華語| 到台中一張票多少錢？
dào Tái zhōng yì zhāng piào duō shǎo qián
ダウ タイ ゾン イ ザン ピャウ ドゥォ サウ チェン

7 南投までの直行バスはありますか？

|台湾語| 有直接到南投的車無？
Ū tit-chiap kàu Lâm-tâu ê chhia--bô
ウ ディッジャブ ガウ ラム ダウ エ チャ ボ

|台湾華語| 有到南投的直達車嗎？
yǒu dào Nán tóu de zhí dá chē mā
ヨ ダウ ナン トウ ダ ズ ダ ツェ マ

8 台中行きの統聯長距離バスは13番バス停になります。
※「統聯客運」：国内の長距離バスの会社

|台湾語| 往 台中 的統聯 客運佇 13 號牌 上車。
Óng Tâi-tiong ê thóng-liân kheh-ūn tī cha̍p-saⁿ hō pâi chiūⁿ-chhia
オン ダイ ディオン エ トン レン ケッ ウン ディ ザブ サン ホ バイ ジュゥン チャ

|台湾華語| 往台中的統聯客運在13號牌上車。
wǎng Tái zhōng de Tǒng lián kè yùn zài shí sān hào pái shàng chē
ウァンタイ ゾン ダ トン リェン カ ユィン ザイス サン ハウ パイ サン ツェ

6 駅で

CD-1 [track67]

1 悠遊カードはどうやってチャージするのですか?

台湾語 悠遊卡 愛按怎 加錢？
Yōu yóu kǎ ài án-chóaⁿ ka chîⁿ
ヨ ヨ カ アイ アンツゥァン ガ ジン

台湾華語 悠遊卡怎麼加值？ ※「加值」：チャージする
Yōu yóu kǎ zěn me jiā zhí
ヨ ヨ カ ゼン モ ジャ ズ

2 悠遊カードはどこで売っているのですか?

台湾語 悠遊卡佗位有teh賣？
Yōu yóu kǎ tó-ūi ū teh bē
ヨ ヨ カ ド ゥィ ウ デッ ベ

台湾華語 悠遊卡哪裏有賣？
Yōu yóu kǎ nǎ lǐ yǒu mài
ヨ ヨ カ ナ リ ヨ マイ

3 MRT〔捷運〕のチケットはどうやって買いますか?

台湾語 捷運的票欲 按怎買？
Chia̍t-ūn ê phiò beh án-chóaⁿ bé
ゼッ ウン エ ピョ ベッ アンツゥァン ベ

台湾華語 捷 運的票 要怎麼買？
Jié yùn de piào yào zěn me mǎi
ジェ ユィン ダ ピャウ ヤウ ゼン モ マイ

4 乗り越してしまいました。

台湾語 我坐過頭a。
Góa chē kòe-thâu--a
グァ ゼ グェ タウ ア

台湾華語 我 坐 過站了。
wǒ zuò guò zhàn le
ウォ ズゥォ グォ ザン ラ

156

5 精算したいのですが。

台湾語 我欲補票。
Góa beh pó-phiò
グァ ベッ ポ ピョ

台湾華語 我要補票。
wǒ yào bǔ piào
ウォ ヤウ ブ ピャウ

6 降りてからどこに行けばいいですか？

台湾語 落車 了後 欲 按怎 行？
Lo̍h-chhia liáu-āu beh án-chóaⁿ kiâⁿ
ロッ チャ リャウ アウ ベッ アン ツゥァン ギャン

台湾華語 下車後怎麼走？
xià chē hòu zěn me zǒu
シャ ツェ ホウ ゼン モ ゾ

7 今はどこですか？

台湾語 你chit-má佇佗位？
Lí chit-má tī tó-ūi
リ ジッ マ ディ ド ウイ

台湾華語 你現在在哪裏？
nǐ xiàn zài zài nǎ lǐ
ニ シェン ザイ ザイ ナ リ

8 改札口の近くで待っていますね。

台湾語 我佇鐽卡 出入口附近等你。 ※「鐽卡」：ICカードをタッチさせる
Góa tī lù-khah chhut-jip-kháu hù-kīn tán--lí
グァ ディ ル カッ ツゥッ ジプ カウ フ ギン ダン リ

台湾華語 我在剪票口附近等你。
wǒ zài jiǎn piào kǒu fù jin děng nǐ
ウォ ザイ ジェン ピャウ コウ フ ジン デン ニ

※昔は改札でチケットをパンチで打っていたので、その名残で「剪票」が使われている

ひとことメモ 「悠遊卡」は、台北市・台北県などで使用できるICカード
（日本のSuicaカードのようなもの） 通常、華語発音

どこかに行く

7 列車に乗る (1) MRT〔捷運〕

1 忠孝復興駅まではあと何駅ですか？

[台湾語] 忠孝 復興 站猶閣有幾站？
Tiong-hàu hók-heng chām iáu koh ū kúi chām
ディオン ハウ ホッヒン ザム ヤウ ゴッ ウ グイ ザム

[台湾華語] 忠孝 復興站還有幾站？
Zhōng xiào fù xīng zhàn hái yǒu jǐ zhàn
ゾン シャウ フ シン ザン ハイ ヨ ジ ザン

2 淡水線はどこで乗り換えますか？

[台湾語] 淡水 線 佇佗一站 盤車？
Tām-chúi sòaⁿ tī tó chit chām pôaⁿ-chhia
ダム ズイ スゥァン ディ ド ジッ ザム プァン チャ

[台湾華語] 淡水 線 在哪一站 換？
Dàn shuǐ xiàn zài nǎ yí zhàn huàn
ダン スェ シェン ザイ ナ イ ザン ファン

3 士林夜市は、どの駅で降りればいいでしょうか？

[台湾語] 士林夜市佇佗一 站 落車？
Sū-lîm iā-chhī tī tó chit chām lỏh-chhia
スゥリム ヤ チ ディ ド ジッ ザム ロッチャ

[台湾華語] 士林夜市在哪站下車？
Shì lín yè shì zài nǎ zhàn xià chē
ス リン イェ ス ザイ ナ ザン シャ ツェ

4 世界貿易センターはどの出口ですか？ ※「世貿」:「世界貿易中心」の略

[台湾語] 世貿是佗一个出口？
Sè-bō͘ sī tó chit ê chhut-kháu
セ ボ シ ド ジッ レ ツゥッ カウ

[台湾華語] 世貿是哪個出口？
Shì mào shì nǎ ge chū kǒu
ス マウ ス ナ ガ ツゥ コウ

158

5 台湾大学に行くには何線に乗ればいいでしょうか？

※「台大」:「台湾大学」の略

台湾語 去台大愛坐佗一條線？
Khì Tâi-tāi ài chē tó chit tiâu sòaⁿ
キ ダイ ダイ アイ ゼ ド ジッ ティアウ スゥアン

台湾華語 去台大要搭哪條 線？
qù Tái dà yào dā nǎ tiáo xiàn
チュイ タイ ダ ヤウ ダ ナ ティアウ シェン

6 この線は西門町に行きますか？

台湾語 這條線 敢有到西門町？
Chit tiâu sòaⁿ kám ū kàu Se-mn̂g-teng
ジッ ティアウ スゥアン ガム ウ ガウ セ メン ディン

台湾華語 這條線 有去西門町嗎？
zhè tiáo xiàn yǒu qù Xī mén dīng mā
ゼ ティャウ シェン ヨ チュイ シ メン ディン マ

7 台北駅はこの方向でいいでしょうか？

台湾語 往台北車頭敢是這个方向？
Óng Tâi-pak chhia-thâu kám sī chit ê hong-hiòng
オン ダイ バッ チャ タウ ガム シ ジッ レ ホン ヒョン

台湾華語 往 台北車站是這個 方向嗎？
wǎng Tái běi chē zhàn shì zhè ge fāng xiàng mā
ウァン タイ ベイ ツェ ザン ス ゼ ガ ファン シャン マ

8 もう右も左も全然わからなくなりました。

台湾語 我東西南北攏hut袂 清楚。 ※「hut」は漢字で「扔」とも表す
Góa tang sai lâm pak lóng hut bē chheng-chhó
グァ ダン サイ ラム バッ ロン フッ ベ チン ツォ

台湾華語 我東西南北都搞不清了。
wǒ dōng xī nán běi dōu gǎo bù qīng le
ウォ ドン シ ナン ベイ ドォ ガウ ブ チン ラ

ひとことメモ 士林夜市は、台北市内で屈指の夜市。
西門町は若者が集まる繁華街で、日本の原宿のようなところ。

8 列車に乗る (2)　高鉄

1 高雄まで1枚。

台湾語 高雄 一 張。
Ko-hiông chi̍t tiuⁿ
ゴ ヒョン ジッ デュウン

台湾華語 高雄一張。
Gāo xióng yì zhāng
ガウ ション イ ザン

2 子供1枚。 ※「半票」:子供用のチケット

台湾語 半票一 張。
Pòaⁿ-phiò chi̍t tiuⁿ
ブァン ピョ ジッ デュウン

台湾華語 半票一張。
bàn piào yì zhāng
バン ピャウ イ ザン

3 高鉄のホームはどこですか？ ※「高鉄」:台湾新幹線

台湾語 高鐵 月台佇佗位？
Ko-thih goéh-tâi tī tó-ūi
ゴ ディッ グェッ ダイ ディ ド ウイ

台湾華語 高鐵 月台在哪裏？
Gāo tiě yuè tái zài nǎ lǐ
ガウ ディェ ユェ タイ ザイ ナ リ

4 空港へ行く (連絡) バスはどこで乗れますか？

台湾語 欲去 機場 的公車佇佗位坐？
Beh khì ki-tiûⁿ ê kong-chhia tī tó-ūi chē
ベッ キ ギ デュウン エ ゴン チャ ディ ド ウイ ゼ

台湾華語 機場接駁公車在哪裏搭？
jī chǎng jiē bó gōng chē zài nǎ lǐ dā
ジ ツァン ジェ ボ ゴン ツェ ザイ ナ リ ダ

5 往復チケットを利用したほうがお得ですか？

[台湾語] 來回票有較會hô無？
Lâi-hôe-phiò ū khah ē hô--bô
ライフェピョウ ウ カッ エ ホ ボ

※「會hô」：「划算」(huá suàn)、割に合う
※「hô」は漢字で「和」とも表す

[台湾華語] 來回票有比較 划算 嗎？
lái huí piào yǒu bǐ jiào huá suàn mā
ライフェピャウ ヨ ビ ジャウ ファスゥアン マ

6 当日の往復チケットはありますか？

[台湾語] 有當日的來回票無？
Ū tng-jit ê lâi-hôe-phiò--bô
ウ デンジッ エ ライフェピョ ボ

[台湾華語] 有 當天 的來回票嗎？
yǒu dāng tiān de lái huí piào mā
ヨ ダンディエンダ ライフェピャウ マ

7 全部、指定席です。

[台湾語] 全攏是 有坐位的票。
Chôan lóng sī ū chē-ūi ê phiò
ズゥァンロン シ ウ ゼウイ エ ピョ

[台湾華語] 全部 是坐 票。
quán bù shì zuò piào
チュェンブ ス ズゥォピャウ

※「指定席」は「對號座」とも言う

8 自由席はもうありません。

[台湾語] 無倚票。
Bô khiā-phiò
ボ キャピョ

※「倚」：「站」(zhàn)、立つ

[台湾華語] 沒有站票。
méi yǒu zhàn piào
メイ ヨ ザンピャウ

※「站票」の直訳は「立ち席」

161

9 列車に乗る (3)

1 まもなく列車が発車いたします。 ※「火車」：列車、汽車

台湾語 火車欲起行 a 。
Hóe-chhia beh khí-kiâⁿ--a
フェ チャ ベッ キ ギャン ア

台湾華語 火車快開了。
huǒ chē kuài kāi le
フォ ツェ クァイ カイ ラ

2 お乗りになるお客様はお急ぎください。

台湾語 猶未 上車的旅客 請 趕緊 上車。
Iáu-bōe chiūⁿ-chhia ê lú-kheh chhiáⁿ kóaⁿ-kín chiūⁿ-chhia
ヤウ ブェ ジュゥン チャ エ ル ケッ チャン グァン ギン ジュゥン チャ

台湾華語 未上車的旅客請趕快 上車。
wèi shàng chē de lǚ kè qǐng gǎn kuài shàng chē
ウェ サン ツェ ダ リュィ カ チン ガン クァイ サン ツェ

3 まもなく上りの列車が到着いたします。

台湾語 上北的火車就欲進站 a 。
Chiūⁿ-pak ê hóe-chhia tō beh chin-chām--a
ジュゥン バッ エ フェ チャ ド ベッ ジン ザム ア

台湾華語 北上的火車就要進站了。
běi shàng de huǒ chē jiù yào jìn zhàn le
ベイ サン ダ フォ ツェ ジョ ヤウ ジン ザン ラ

4 下りの莒光号の到着が遅れます。

台湾語 落南的莒光號慢分 a 。
Lȯh-lâm ê Kí-kong-hō bān-hun--a
ロッ ラム エ ギ ゴン ホ バン フン ア

台湾華語 南下的莒光號誤 點 了。
nán xià de Jǔ guāng hào wù diǎn le
ナン シャ ダ ジュィ グァン ハウ ウ ディェン ラ

5 まもなく台中駅です。

> 台湾語 　**台中站 欲到 a。**
> Tâi-tiong chām beh　kàu--a
> ダイ ディォン ザム ベッ ガウ ア

> 台湾華語 　**台中站快到了。**
> Tái zhōng zhàn kuài dào le
> タイ ゾン ザン クァイ ダウ ラ

6 お降りになるお客様はご準備をお願いいたします。

> 台湾語 　**欲 落車的旅客 請 準備落車。**
> Beh　lȯh-chhia　ê　lú-kheh　chhiá^n　chún-pī　lȯh-chhia
> ベッ ロッチャ エ ル ケッチャン ズゥンビ ロッチャ

> 台湾華語 　**要下車的旅客請準備下車。**
> yào xià chē de lǚ kè qǐng zhǔn bèi xià chē
> ヤウ シャ ツェ ダ リュイ カ チンズゥン ベイ シャ ツェ

7 次は斗六駅です。

> 台湾語 　**後一 站是斗六。**
> Āu chı̍t chām sī Táu-la̍k
> アウ ジッ ザム シ ダウラッ

> 台湾華語 　**下一站是斗六。**
> xià yí zhàn shì Dǒu liù
> シャ イ ザン ス ドォリョ

8 下りの列車は2番線ホームのご乗車となります。

> 台湾語 　**落南的火車佇第二月台 上車。**
> Lȯh-lâm　ê　hóe-chhia　tī　tē-jī　gȯeh-tâi　chiūⁿ-chhia
> ロッラム エ フェチャ ディ デ ジ グェッダイ ジュゥンチャ

> 台湾華語 　**南下的火車在第二月台上車。**
> nán xià de huǒ chē zài dì èr yuè tái shàng chē
> ナン シャ ダ フォ ツェ ザイ ディ ア ユエタイ サン ツェ

163

10 バスに乗る

CD-2 [track1]

1 龍山寺には行きますか？ ※「龍山寺」：台北市内の観光名所

台湾語　敢有到龍山寺？
Kám ū kàu Liông-san-sī
ガム ウ ガウ リョン サン シ

台湾華語　有到龍山寺嗎？
yǒu dào Lóng shān sì mā
ヨ ダウ ロン サン ス マ

2 故宮博物館には何番のバスに乗ればいいでしょうか？

台湾語　到故宮愛坐幾號的？
Kàu Kò-kiong ài chē kúi-hō-ê
ガウ ゴ ギョンアイ ゼ グイ ホ エ

台湾華語　到故宮要搭幾號車？
dào Gù gōng yào dā jǐ hào chē
ダウ グ ゴン ヤウ ダ ジ ハウ ツェ

3 運転手さん。〔呼びかけ〕 ※日本語由来の「運將」（うんちゃん）も通じる

台湾語　司機先生。
Su-ki sian-siⁿ
スウ ギ セン シン

台湾華語　司機先生。
sī jī xiān shēng
ス ジ シェン セン

4 着いたら教えていただけますか？

台湾語　到位敢會使共我講？
Kàu-ūi kám ē-sái kā góa kóng
ガウ ウィ ガム エ サイ ガ グァ ゴン

台湾華語　到了可以告訴我嗎？
dào le kě yǐ gào sù wǒ mā
ダウ ラ カ イ ガウ スウ ウォ マ

5 乗る前にチケットを買うのでしょうか？

[台湾語] 上車買票，是無？
Chiūⁿ-chhia bé-phiò sī--bô
ジュゥンチャ ベ ピョ シ ボ

[台湾華語] 上車買票嗎？
shàng chē mǎi piào mā
サン ツェ マイ ピャウ マ

6 それとも降りる際に料金を払うのでしょうか？

[台湾語] 抑是落車 才囥錢？ ※「囥」：投入する
Iah-sī lȯh-chhia chiah lok chîⁿ
ヤ シ ロッチャ ジャッ ロッジン

[台湾華語] 還是下車付錢？
hái shì xià chē fù qián
ハイ ス シャ ツェ フ チェン

7 細かいのを持っていませんが。

[台湾語] 我無零星的neh。 ※「零星的」：小銭
Góa bô lan-san--ê neh
グァ ボ ランサン エ ネッ

[台湾華語] 我沒有零錢耶。
wǒ méi yǒu líng qián ye
ウォ メイ ヨ リン チェン イェ

8 おつりは出ますか？

[台湾語] 敢會使找錢？
Kám ē-sái chāu-chîⁿ
ガム エ サイ ザウ ジン

[台湾華語] 可以找零嗎？
kě yǐ zhǎo líng mā
カ イ ザウ リン マ

ひとことメモ 台湾のバスはおつりが出ないことが多く、小銭を用意しておくと便利

11 タクシーに乗る

1 シェラトンホテルまで。

台湾語 到Sheraton 飯店。
Kàu Sheraton pñg-tiàm
ガウ シェラトン ペン ディアム

台湾華語 到喜來登飯店。
dào Xǐ lái dēng fàn diàn
ダウ シ ライ デン ファンディェン

2 急いでいます。

台湾語 我趕時間。
Góa kóaⁿ-sî-kan
グァ グァン シ ガン

台湾華語 我趕時間。
wǒ gǎn shí jiān
ウォ ガン ス ジェン

3 もう少しスピードを出してください。

台湾語 駛較緊咧。
Sái khah kín--leh
サイ カッ ギン レッ

台湾華語 開快一點。
kāi kuài yì diǎn
カイ クァイ イ ディェン

4 もう少し前に（進んでください）。

台湾語 閣較頭前咧。
Koh-khah thâu-chêng--leh
ゴッ ガッ タウ ジン レッ

台湾華語 再往前一點。
zài wǎng qián yì diǎn
ザイ ウァン チェン イ ディェン

5 はい、こちらです。

[台湾語] 著，就是遮。
Tiòh tō-sī chia
ディオッ ド シ ジャ

[台湾華語] 對，就是這裏。
duì jiù shì zhè lǐ
ドゥェ ジョ ス ゼ リ

6 ここで結構です。

[台湾語] 遮就會使 a。
Chia tō ē-sái--a
ジャ ド エ サイ ア

[台湾華語] 這裏就行了。
zhè lǐ jiù xíng le
ゼ リ ジョ シン ラ

7 おつりは結構です。

[台湾語] 免找 a。
Bián chāu--a
ベン ザウ ア

[台湾華語] 不用找了。
bú yòng zhǎo le
ブ ヨン ザウ ラ

8 後ろのトランクを開けてもらえますか？

[台湾語] 敢會使開後斗一下？ ※「後斗」：トランク
Kám ē-sái khui āu-táu--chi̍t-ē
ガム エ サイ クイ アウ ダウ ジッレ

[台湾華語] 可以開一下後車廂嗎？
kě yǐ kāi yí xià hòu chē xiāng mā
カ イ カイ イ シャ ホウ ツェ シャン マ

どこかに行く

⑧ 食べる・飲む

1 食事に誘う

1 一緒にお昼を食べに行こう。

台湾語 做伙去 食中晝啦。
Chò-hóe khì　chiáh tiong-tàu--lah
ゾ フェ キ　ジャッ ディオン ダウ ラッ

台湾華語 一起去吃午飯吧。
yì qǐ qù chī wǔ fàn ba
イ チ チュィツ ウ ファン バ

2 一緒に食事に行かない？

台湾語 欲做伙來去食飯無？
Beh chò-hóe lâi-khì chiáh-pñg--bô
ベッ ゾ フェ ライ キ ジャッ ペン ボ

台湾華語 要不要一起去吃飯？
yào bú yào yì qǐ qù chī fàn
ヤウ ブ ヤウ イ チ チュィツ ファン

3 さあ、俺のおごりだ。

台湾語 行，我請。
Kiâⁿ　góa chhiáⁿ
ギャン　グァ チァン

台湾華語 走，我請客。　※通常、男性が使う
zǒu　wǒ qǐng kè
ゾ　ウォ チン カ

4 さあ、飲みに行こう。

台湾語 行，來去啉一杯。
Kiâⁿ　lâi-khì lim--chi̍t-poe
ギャン　ライ キ リム ジッ ブェ

台湾華語 走，去喝一杯。　※通常、男性同士で使う
zǒu　qù hē yì bēi
ゾ　チュィ ハ イ ベイ

美食の都、台湾。食べることが大好きな台湾人。食事も友人とのコミュニケーションで大切です。台湾の食べ物というと、なにより魅力的なのは安くておいしい庶民料理、小吃です。安くて庶民の味を堪能できるので、レストランだけでなく、ぜひ夜市や市場で小吃にもチャレンジしてみてください。

5 集まろうよ。

[台湾語] 出來 見面開講一下嘛。
Chhut-lâi kìⁿ-bīn khai-káng--chit-ē-mah
ツゥッライ ギンビン カイガン ジッ レ マッ

[台湾華語] 出來 聚 聚嘛。
chū lái jù jù mǎ
ツゥライ ジュィジュィ マ

6 コーヒーをおごるよ。

[台湾語] 我 請你啉咖啡。
Góa chhiáⁿ lí lim ka-pi
グァ チャン リ リム カ ピ

[台湾華語] 我請你喝咖啡。
wǒ qǐng nǐ hē kā fēi
ウォチン ニ ハ カ フェイ

7 いつか一緒に食事でもしましょう。

[台湾語] 有時間做伙 食飯啦。
Ū sî-kan chò-hóe chiȧh-pn̄g--lah
ウ シ ガン ゾ フェ ジャッ ペン ラッ

[台湾華語] 有時間一起吃飯吧。
yǒu shí jiān yì qǐ chī fàn ba
ヨ ス ジェン イ チ ツ ファン バ

8 台湾そうめんのおいしい店を知ってるんだけど。

[台湾語] 我知影一間 足 好食的 麵線店。
Góa chai-iáⁿ chı̍t keng chiok hó-chiȧh ê mī-sòaⁿ-tiàm
グァ ザイ ヤン ジッ ギン ジョッ ホ ジャッ エ ミ スゥァン ディアム

[台湾華語] 我知道一間 很好吃的 麵線店。
wǒ zhī dào yì jiān hěn hǎo chī de miàn xiàn diàn
ウォ ズ ダウ イ ジェン ヘン ハウ ツ ダ ミェン シェン ディェン

食べる・飲む

2 レストランに入る

1 どこで食事する？

台湾語 **欲去佗位 食飯？**
Beh khì tó-ūi chiȧh-pn̄g
ベッ キ ド ウィ ジャッ ペン

台湾華語 **要去哪裏吃飯？**
yào qù nǎ lǐ chī fàn
ヤウ チュィ ナ リ ツ ファン

2 どこで食事したいですか？

台湾語 **你想欲去佗位 食飯？**
Lí siūⁿ beh khì tó-ūi chiȧh-pn̄g
リ シュゥン ベッ キ ド ウィ ジャッ ペン

台湾華語 **你想去 哪裏吃飯？**
nǐ xiǎng qù nǎ lǐ chī fàn
ニ シャン チュィ ナ リ ツ ファン

3 どこか良いレストランを知っていますか？

台湾語 **你敢知影佗位有好 餐廳？**
Lí kám chai-iáⁿ tó-ūi ū hó chhan-thiaⁿ
リ ガム ザイ ヤン ド ウィ ウ ホ ツァン ティアン

台湾華語 **你知道哪裏有好 餐廳嗎？**
nǐ zhī dào nǎ lǐ yǒu hǎo cān tīng mā
ニ ズ ダウ ナ リ ヨ ハウ ツァン ティン マ

4 何を食べますか？

台湾語 **你想 欲食 啥物？**
Lí siūⁿ beh chiȧh siáⁿ-mih
リ シュゥン ベッ ジャッ シャン ミッ

台湾華語 **你想吃什麼？**
nǐ xiǎng chī shén me
ニ シャン ツ セン モ

5 何でもいいです。

[台湾語] 啥 物攏好。
Siáⁿ-mih lóng hó
シャン ミッ ロン ホ

[台湾華語] 什麼都好。
shén me dōu hǎo
セン モ ドゥ ハウ

6 ここにしましょう。

[台湾語] 按呢這間 按怎。
Án-ne chit-keng án-chóaⁿ
アン ネ ジッ ギン アン ツゥァン

[台湾華語] 那這間 怎樣。
nà zhè jiān zěn yàng
ナ ゼ ジェン ゼン ヤン

7 何名様ですか？

[台湾語] 請 問 幾位？
Chhiáⁿ-mñg kúi ūi
チャン メン グィ ウィ

[台湾華語] 請問幾位？
qǐng wèn jǐ wèi
チン ウン ジ ウェ

8 3人です。

[台湾語] 三个人。
Saⁿ ê lâng
サン エ ラン

[台湾華語] 三個人。
sān ge rén
サン ガ レン

3 レストランで

CD-2 [track5]

1 メニューをください。 ※「菜單」：メニュー

[台湾語] 我敢會使看　菜單　一下？
Góa kám　ē-sái　khòaⁿ　chhài-toaⁿ--chit-ē
グァ ガム　エ サイ　クァン　ツァイドゥアン ジッ　レ

[台湾華語] 我可以看一下 菜單嗎？
wǒ kě yǐ kàn yí xià　cài dān mā
ウォ カ イ カン イ シャ　ツァイダン マ

2 何がおいしいですか？

[台湾語] 恁店　啥 物好食？
Lín tiàm　siáⁿ-mih　hó-chiah
リン ディアム　シャン ミッ　ホ ジャッ

[台湾華語] 你們店 什麼好吃？
nǐ mén diàn　shén me hǎo chī
ニ メン ディエン セン モ ハウ ツ

3 何がこのお店のおすすめですか？

[台湾語] 恁店的手路菜是啥 物？
Lín tiàm ê chhiú-lō-chhài sī siáⁿ-mih
リン ディアム エ チュウ ロ ツァイ シ シャン ミッ

[台湾華語] 你們店 的招牌 菜是什麼？
nǐ mén diàn de zhāo pái cài shì shén me
ニ メン ディエン ダ ザウ パイ ツァイス セン モ

4 ターアーミは食べたことがありますか？

[台湾語] 你敢有 食過 擔仔麵？
Lí kám ū chiah kòe Tàⁿ-á-mī
リ ガム ウ ジャッグェ ダン ア ミ

[台湾華語] 你吃過担仔 麵嗎？
nǐ chī guò Dàn zǎi miàn mā
ニ ツ グォ ダン ザイ ミェン マ

5 私たちの注文はまだですか？

台湾語 阮點的菜 猶未好喔？
Goán tiám ê chhài iáu-bōe hó oh
グァン ディァム エ ツァイ ヤウブェ ホ オッ

台湾華語 我們 點 的菜 還沒好嗎？
wǒ mén diǎn de cài hái méi hǎo mā
ウォ メン ディェン ダ ツァイ ハイ メイ ハウ マ

6 これは注文していません。

台湾語 阮無點這。
Goán bô tiám che
グァン ボ ディァム ゼ

台湾華語 我們沒點這個。
wǒ mén méi diǎn zhè ge
ウォ メン メイ ディェン ゼ ガ

7 これを包んでください。

台湾語 這個共我包起來。
Chit-ê kā góa pau--khí-lâi
ジッ レ ガ グァ バウ キ ライ

台湾華語 幫我把這個包起來。
bāng wǒ bǎ zhè ge bāo qǐ lái
バン ウォ バ ゼ ガ バウ チ ライ

8 精算をお願いします。

台湾語 算賬。
Sǹg-siàu
スェン シャウ

台湾華語 買單。
mǎi dān
マイ ダン

食べる・飲む

4 台湾料理を注文 (1)

1 この近くにおいしい牛肉麺の店がありますか？

台湾語 這附近敢有好食的牛肉麵？
Chit hù-kīn kám ū hó-chiáh ê Gû-bah-mī
ジッ フ ギンガム ウ ホ ジャッ エ グ バッ ミ

※「～的」を省略しても通じる

台湾華語 這附近有好吃的牛肉麵嗎？
zhè fù jìn yǒu hǎo chī de Niú ròu miàn mā
ゼ フ ジン ヨ ハウ ツ ダ ニョ ロ ミェン マ

2 牛肉スープ麺を1人前。

台湾語 牛肉湯麵，一碗。
Gû-bah thng-mī chit oá^n
グ バッ テン ミ ジッ ウァン

※「牛肉湯麵」はスープと麺のみで、肉は入っていないのが普通

台湾華語 牛肉湯麵，一碗。
Niú ròu tāng miàn yì wǎn
ニョ ロ タン ミェン イ ウァン

3 麺は少なめで。

台湾語 麵較少咧。
Mī khah chió--leh
ミ カッ ジョ レッ

台湾華語 麵少一點。
miàn shǎo yì diǎn
ミェン サウ イ ディェン

4 スープは多めで。

台湾語 湯較濟咧。
Thng khah chē--leh
テン カッ ゼ レッ

台湾華語 湯多一點。
tāng duō yì diǎn
タン ドゥオ イ ディェン

5 ねぎは多めで。

[台湾語] **蔥仔較濟咧。**
Chhang-á khah chē--leh
ツァン ア カッ ゼ レッ

[台湾華語] **蔥花多一點。** ※「蔥花」：刻みネギ
cōng huā duō yì diǎn
ツォン ファ ドゥォ イ ディェン

6 味つけ卵も入れて。

[台湾語] **加一粒滷卵。**
Ka chi̍t lia̍p ló-nn̄g
ガ ジッ リャプ ロ ヌン

[台湾華語] **加個滷蛋。**
jiā ge lǔ dàn
ジャ ガ ル ダン

7 シャンツァイは食べられません。

[台湾語] **我毋敢食芫荽。** ※「芫荽」：シャンツァイ
Góa m̄-káⁿ chia̍h iân-sui
グァ ム ガン ジャッ エン スイ

[台湾華語] **我不敢吃香菜。** ※「香菜」：コリアンダー、中国パセリ
wǒ bù gǎn chī xiāng cài
ウォ ブ ガン ツ シャン ツァイ

8 シャンツァイを入れないでください。

[台湾語] **毋通囥芫荽。** ※「囥」：入れる、置く
M̄-thang khǹg iân-sui
ム タン ケン エン スイ

[台湾華語] **不要放香菜。**
bú yào fàng xiāng cài
ブ ヤウ ファン シャン ツァイ

食べる・飲む

5 台湾料理を注文 (2)

CD-2 [track7]

1 オアミスァンの大を1人前。 ※「碗」：茶碗

[台湾語] **蚵仔麵線，大碗的一碗。**
Ô-á mī-sòaⁿ tōa-oáⁿ--ê chit-oáⁿ
オ ア ミ スゥァン ドァウァン エ ジッ ウァン

[台湾華語] **蚵仔麵線，大，一碗。**
Ô-á mī-sòaⁿ dà yì wǎn
オ ア ミ スゥァン ダ イ ウァン

2 バーワンを2つ。 ※「肉圓」：肉入り餅。彰化県のものが一番有名。

[台湾語] **肉圓兩粒。**
Bah-ôan nñg-liȧp
バッ ウァン ヌン リャプ

[台湾華語] **肉圓兩顆。**
Ròu yuán liǎng kē
ロウ ユェン リャン カ

3 チョードウフを1人前。

[台湾語] **臭豆腐一份。**
Chhàu-tāu-hū chit-hūn
ツァウ ダウ フ ジッフン

[台湾華語] **臭豆腐一份。**
Chòu dòu fǔ yí fèn
ツォ ドォ フ イ フェン

4 辛くします？

[台湾語] **欲加薟無？** ※「薟」：辛い
Beh ka hiam--bô
ベッ ガ ヒャム ボ

[台湾華語] **加辣？ 不加辣？** ※「加」：入れる、加える
jiā là bù jiā là
ジャ ラ ブ ジャ ラ

5 辛さのお好みは？

[台湾語] 欲足 薟？ 普通 薟？ 小可 薟？
Beh chiok hiam　　Phó-thong hiam　　Sió-khóa hiam
ベッ ジョッ ヒャム　　ポ トン ヒャム　　ショ クァ ヒャム

[台湾華語] 大辣？ 中辣？ 小辣？
dà là　　zhōng là　　xiǎo là
ダ ラ　　ゾン ラ　　シャウ ラ

※「大辣、中辣、小辣」の直訳は「とても辛い、普通に辛い、少し辛い」

6 辛くしないでください。

[台湾語] 我無愛 薟。
Góa bô-ài hiam
グァ ボ アイ ヒャム

[台湾華語] 我不要辣。
wǒ bú yào là
ウォ ブ ヤウ ラ

7 テイクアウトで。

[台湾語] 欲包，紮走。 ※「紮走」：持って行く
Beh pau　chah cháu
ベッ バウ　ザッ ザウ

[台湾華語] 帶走。
dài zǒu
ダイ ゾ

8 店内で食べます。

[台湾語] 佇遮 食。
Tī chia chiȧh
ディ ジャ ジャッ

[台湾華語] 店 裏吃。
diàn lǐ chī
ディェン リ ツ

ひとこと メモ　「蚵仔麵線」：牡蠣入りそうめん。通常、台湾語発音。
「臭豆腐」：発酵した豆腐で、匂いが強烈。庶民の代表的な食べ物の1つ

食べる・飲む

6 台湾料理を注文 (3)

1 小皿のおかずは別途料金がかかりますか？

※「小菜」は、メイン料理の前にちょっとした腹ごしらえのための小皿料理。店によって有料・無料の所がある

台湾語 小菜 敢另外 算錢？

Sió-chhài kám lēng-gōa sǹg chîⁿ
ショ ツァイ ガム リン グァ スェン ジン

台湾華語 小菜 另外 算錢嗎？

xiǎo cài lìng wài suàn qián mā
シャウ ツァイ リン ウァイ スゥァン チェン マ

2 スープの追加はできますか？

台湾語 敢會使加湯？

Kám ē-sái ka thng
ガム エ サイ ガ テン

台湾華語 可以加湯嗎？

kě yǐ jiā tāng mā
カ イ ジャ タン マ

3 パーコー弁当を1つ包んでください。 ※持ち帰り

台湾語 包一个排骨便當。

Pau chi̍t ê Pâi-kut piān-tong
バウ ジッ レ バイ グッ ベン ドン

台湾華語 包一個排骨便當。

bāo yí ge Pái gǔ biàn dāng
バウ イ ガ パイ グ ビェン ダン

4 食べきれないものは持って帰ってもいいですか？ ※台湾では持ち帰りは普通

台湾語 食袂了 敢會使紮走？

Chia̍h bē liáu kám ē-sái chah cháu
ジャッ ベ リャウ ガム エ サイ ザッ ザウ

台湾華語 吃不完可以帶走嗎？

chī bù wán kě yǐ dài zǒu mā
ツ ブ ウァン カ イ ダイ ゾ マ

5 袋を1ついただけますか？

台湾語 敢會使予我一个袋仔？

Kám ē-sái hō góa chı̍t ê tē-á
ガム エ サイ ホ グァ ジッ レ デ ア

※「袋仔」は「袋」の総称。店で言う「袋仔」は「手提げ袋」を指すことが多い。

台湾華語 可以給我一個袋子嗎？

kě yǐ gěi wǒ yí ge dài zi mā
カ イ ゲイ ウォ イ ガ ダイ ズ マ

6 割り箸を1膳ください。

台湾語 予我一雙 免洗的箸。

Hō góa chı̍t siang bián-sé ê tī
ホ グァ ジッ シャン ベン セ エ ディ

台湾華語 給我一雙 免洗筷。 ※「免洗筷」：割り箸。
直訳は「洗わなくてもよい箸」

gěi wǒ yi shuāng miǎn xǐ kuài
ゲイ ウォ イ スゥアン ミェン シ クァイ

7 持ち帰りで（包装を）お願いします。

台湾語 這我欲包起來。

Che góa beh pau--khí-lâi
ゼ グァ ベッ バウ キ ライ

台湾華語 我要打包。 ※「打包」：梱包する

wǒ yào dǎ bāo
ウォ ヤウ ダ バウ

8 あとで取りに来ます。

台湾語 我等一下來提。

Góa tán--chı̍t-ē lâi the̍h
グァ ダン ジッ レ ライ テッ

台湾華語 我待會來拿。

wǒ dāi huì lái ná
ウォ ダイ フェ ライ ナ

7 お酒の席で (1)

1 何を飲みますか？

台湾語 你啉 啥？　　※「啉」：飲む

Lí lim siáⁿ
リ リム シャン

台湾華語 你喝什麼？

nǐ hē shén me
ニ ハ セン モ

2 ふだんは何を飲みますか？

台湾語 你普通時 攏啉 啥？

Lí phó-thong-sî lóng lim siáⁿ
リ ポ トン シ ロン リム シャン

台湾華語 你平常都喝什麼？

nǐ píng cháng dōu hē shén me
ニ ピン ツァン ドゥ ハ セン モ

3 赤ワインが好きです。　　白ワイン

台湾語 我愛啉紅酒。　　白酒

Góa ài lim âng-chiú　　pe̍h-chiú
グァ アイ リム アン ジュ　　ベッ ジュ

台湾華語 我喜歡喝紅酒。　　白酒

wǒ xǐ huān hē hóng jiǔ　　bái jiǔ
ウォ シ ファン ハ ホン ジョ　　バイ ジョ

4 ビールはいかがですか？

台湾語 欲 bì-lù 無？　　※「ビール」を「麥仔酒」とも言う

Beh bì-lù--bô
ベッ ビ ル ッ ボ

台湾華語 來 點 啤酒嗎？

lái diǎn pí jiǔ mā
ライ ディエン ピ ジョ マ

5 少しだけいただきます。

[台湾語] **淡薄仔就好a。**
Tām-póh-á tō hó--a
ダム ボッ ア ド ホ ア

[台湾華語] **一 點 點 就好了。**
yì diǎn diǎn jiù hǎo le
イ ディェンディェン ジョ ハウ ラ

6 飲めないんです。

[台湾語] **我袂曉啉酒。** ※「袂曉＋動詞」：〜できない
Góa bē-hiáu lim-chiú
グァ ベ ヒャ リム ジュ

[台湾華語] **我不會喝酒。**
wǒ bú huì hē jiǔ
ウォ ブ フェ ハ ジョ

7 もうお酒はやめたんですよ。

[台湾語] **我改酒a。** ※「改酒」：お酒をやめること
Góa kái-chiú--a
グァ ガイ ジュ ア

[台湾華語] **我戒酒了。**
wǒ jiè jiǔ le
ウォ ジェ ジョ ラ

8 今日は車で来たので。

[台湾語] **我今仔日 駛車 來。**
Góa kin-á-jit sái-chhia lâi
グァ ギン ア ジッ サイ チャ ライ

[台湾華語] **我 今天 開車來。**
wǒ jīn tiān kāi chē lái
ウォ ジン ティェン カイ ツェ ライ

8 お酒の席で (2)

1 盛り上がってるよ。

[台湾語] 足 鬧熱。
Chiok lāu-jia̍t
ジョッ ラウ ゼッ

[台湾華語] 好熱鬧。
hǎo rè nào
ハウ ラ ナウ

2 一気！ 一気！

[台湾語] 予乾啦！予乾啦！
Hō ta--lah　　Hō ta--lah
ホ ダ ラッ　　ホ ダ ラッ

[台湾華語] 乾啦！乾啦！
gān la　　gān la
ガン ラ　　ガン ラ

3 遠慮しないで。

[台湾語] 免細膩。 ※「細膩」を口語で「セギ」と発音することもある
Bián sè-jī
ベン セ ジ

[台湾華語] 不要客氣。
bú yào kè qì
ブ ヤウ カ チ

4 もう一軒、行こう。

[台湾語] 閣去別間啉啦。
Koh khì pa̍t keng lim--lah
ゴッ キ バッ ギン リム ラッ

[台湾華語] 再去別間喝吧。
zài qù bié jiān hē ba
ザイ チュィ ビェ ジェン ハ バ

5 タクシーを呼ぼう。

[台湾語] **叫計程車啦。** ※「タクシー」のスラングは「小黄」

Kiò kè-têng-chhia--lah
ギョ ケディン チャ ラッ

[台湾華語] **叫 台計程車吧。**

jiào tái jì chéng chē ba
ジャウ タイ ジ ツェン ツェ バ

6 そろそろ帰らないと。

[台湾語] **我好來走a。**

Góa hó lâi-cháu--a
グァ ホ ライ ザウ ア

[台湾華語] **我差不多 該走了。**

wǒ chā bù duō gāi zǒu le
ウォ ツァ ブ ドゥォ ガイ ゾ ラ

7 私も帰ります。

[台湾語] **我嘛欲來走a。**

Góa mā beh lâi-cháu--a
グァ マ ベッ ライ ザウ ア

[台湾華語] **我也要走了。**

wǒ yě yào zǒu le
ウォ イェ ヤウ ゾ ラ

8 楽しかったよ。

[台湾語] **我耍 甲真 歡喜。** ※「耍」：遊ぶ

Góa sńg kah chin hoaⁿ-hí
グァ スェン カッ ジン ファン ヒ

[台湾華語] **我 玩得很開心。**

wǒ wán de hěn kāi xīn
ウォ ウァン ダ ヘン カイ シン

食べる・飲む

9 支払う

1 マスター、全部でいくらですか？

台湾語 頭家，攏總偌濟錢？
Thâu-ke lóng-chóng lōa-chē chîⁿ
タウ ゲ ロン ゾン ルァ ゼ ジン

台湾華語 老板，總共多少錢？
lǎo bǎn zǒng gòng duō shǎo qián
ラウ バン ゾン ゴン ドゥォ サウ チェン

2 一緒で結構です。

台湾語 做伙算。
Chò-hóe sǹg
ゾ フェ スェン

台湾華語 一起算。
yì qǐ suàn
イ チ スゥァン

3 割り勘で（お願いします）。

台湾語 分開算。
Hun-khui sǹg
フン クィ スェン

台湾華語 分開算。
fēn kāi suàn
フェン カイ スゥァン

4 別々で（お願いします）。

台湾語 各人算各人的。
Kok-lâng sǹg kok-lâng ê
コッ ラン スェン コッ ラン エ

台湾華語 各算各的。
gè suàn gè de
ガ スゥァン ガ ダ

5 レシートをお願いします。 ※「開收據」：レシートを出す

台湾語 我欲開收據。
Góa beh khui siu-ki
グァ ベッ クィ シュゥ ギ

台湾華語 我要開收據。
wǒ yào kāi shōu jù
ウォ ヤウ カイ ソ ジュィ

6 おつりは取っておいてください。〔おつりは結構です。〕

台湾語 免找。
Bián chāu
ベン ザウ

台湾華語 零錢不用找。
líng qián bú yòng zhǎo
リン チェン ブ ヨン ザウ

7 このカードは使えますか？

台湾語 這張卡敢會使用？
Chit tiuⁿ khah kám ē-sái ēng
ジッ デュウン カッ ガム エ サイ イン

※「用」は華語の影響で、口語で「ヨン」と発音することもある

台湾華語 這張卡可以用嗎？
zhè zhāng kǎ kě yī yòng mā
ゼ ザン カ カ イ ヨン マ

8 こちらにサインをお願い致します。

台湾語 請佇遮簽名。
Chhiáⁿ tī chia chhiam-miâ
チャン ディ ジャ チャム ミャ

台湾華語 請在這裏簽名。
qǐng zài zhè lǐ qiān míng
チン ザイ ゼ リ チェン ミン

ひとことメモ 台湾では友達や恋人同士の間であまり割り勘はしない

⑨ ショッピング

1 市場で

1 これは何ですか？

台湾語 這是啥？
Che sī siáⁿ
ゼ シ シャン

台湾華語 這個是什麼？
zhè ge shì shén me
ゼ ガ ス セン モ

2 これはどうやって食べるのですか？

台湾語 這按怎食？
Che án-chóaⁿ chiảh
ゼ アン ツゥアン ジャッ

台湾華語 這個怎麼吃？
zhè ge zěn me chī
ゼ ガ ゼン モ ツ

3 甘いですか？

台湾語 有甜無？
Ū tiⁿ--bô
ウ ディン ボ

台湾華語 甜不甜？
tián bù tián
ティェン ブ ティェン

4 いいのを選んでください。

台湾語 揀較好的。 ※「揀」：選ぶ
Kéng khah hó--ê
ギン カッ ホ エ

台湾華語 挑好一點的。 ※「挑」：選ぶ
tiāo hǎo yì diǎn de
テャウ ハウ イ ディェン ダ

現地でのショッピングも旅の醍醐味の一つです。市場で初めて見た果物を指さしながら、お店の人に「這是什麼？」（これは何？）と聞いてみたり、「算便宜一點啦」（安くして）とかけ合ってみたり…。きっと旅の楽しさも倍増するはずです。ぜひ台湾らしい土産物も見つけてください。

5 もう少し安くしてよ。

台湾語 算 較 俗的。 ※「俗」：安い
Sǹg khah sio̍k--ê
スェン カッ ショッ エ

台湾華語 算 便宜一點 啦。
suàn pián yí yì diǎn la
スゥアン ピェン イ イ ディェン ラ

6 もう少し安くできませんか？

台湾語 袂當閣較俗的喔？
Bē-tàng koh-khah sio̍k--ê-o͘h
ベ ダン ゴッ カッショッ エ オッ

台湾華語 不可以再 便宜一 點 嗎？
bù kě yǐ zài pián yí yì diǎn mā
ブ カ イ ザイ ピェン イ イ ディェン マ

7 ご主人、これ1斤（600グラム）いくらですか？

※「一斤」＝16両＝600グラム

台湾語 頭家，這一斤偌濟？
Thâu-ke che chi̍t kin lōa-chē
タウ ゲ ゼ ジッ ギン ルァ ゼ

台湾華語 老板，這個一斤多少錢？
lǎo bǎn zhè ge yì jīn duō shǎo qián
ラウ バン ゼ ガ イ ジン ドゥォ サウ チェン

8 1斤（600グラム）ください。

台湾語 予我一斤。
Hō͘ góa chi̍t kin
ホ グァ ジッ ギン

台湾華語 給我一斤。
gěi wǒ yì jīn
ゲイ ウォ イ ジン

2 お茶を買う (1)

1 おいしいお茶を買いたいです。

台湾語 我 想 欲買好啉的茶。
Góa siuⁿ beh bé hó-lim ê tê
グァ シュウン ベッ ベ ホ リム エ デ

台湾華語 我 想 買好喝的茶。 ※「好喝」：（飲み物が）おいしい
wǒ xiǎng mǎi hǎo hē de chá
ウォ シャン マイ ハウ ハ ダ ツァ

2 このお茶はいくらですか？

台湾語 這茶 按怎 賣？
Che tê án-chóaⁿ bē
ゼ デ アン ツゥァン ベ

台湾華語 這個茶怎麼賣？
zhè ge chá zěn me mài
ゼ ガ ツァ ゼン モ マイ

3 これは何のお茶ですか？

台湾語 這是 啥 物茶？
Che sī siáⁿ-mih tê
ゼ シ シャン ミッ デ

台湾華語 這是什麼茶？
zhè shì shén me chá
ゼ ス セン モ ツァ

4 試飲できますか？

台湾語 敢會使試啉？
Kám ē-sái chhì lim
ガム エ サイ チ リム

台湾華語 可以試喝嗎？
kě yǐ shì hē mā
カ イ ス ハ マ

5 このお茶のいれ方は？

台湾語 這茶 按怎泡？
Che tê án-chóaⁿ phàu
ゼ デ アン ツゥァン パウ

台湾華語 這個茶怎麼泡？
zhè ge chá zěn me pào
ゼ ガ ツァ ゼン モ パウ

6 このお茶は甘みのある味ですよ。

台湾語 這茶有回甘喔。
Che tê ū hoê-kam o͘h
ゼ デ ウ フェ ガム オッ

台湾華語 這茶有回甘耶。
zhè chá yǒu huí gān ye
ゼ ツァ ヨ フェ ガン イェ

7 ちょっと苦みがあるかな。

台湾語 我感覺啉起來 苦苦。
Góa kám-kak lim--khí-lâi khó͘-khó͘
グァ ガム ガッ リム キ ライ コ コ

台湾華語 我覺得喝起來 有點苦。
wǒ jué de hē qǐ lái yǒu diǎn kǔ
ウォ ジュェ ダ ハ チ ライ ヨ ディエン ク

8 お店で一番売れているお茶はどれですか？

台湾語 恁 店 上 有銷的茶是佗一款？
Lín tiàm siōng ū-siau ê tê sī tó chit khoán
リン ディアム ション ウ サウ エ デ シ ド ジックァン

※「有銷」：売れ行き上々

台湾華語 你們 店 賣得最好的茶是哪種？
nǐ mén diàn mài de zuì hǎo de chá shì nǎ zhǒng
ニ メン ディエン マイ ダ ズェ ハオ ダ ツァ ス ナ ゾン

ひとことメモ 6 の「回甘」はお茶の専門用語で「渋めの味から甘みのある味に変わる」(おいしいお茶の形容詞)

3 お茶を買う (2)

1 香りがとてもいい。

台湾語 真 芳。 ※「芳」：香ばしい
Chin phang
ジン パン

台湾華語 很 香。
hěn xiāng
ヘン シャン

2 このお茶の特徴は何でしょうか？

台湾語 這 款 茶的特色是啥 物？
Chit khoán tê ê ték-sek sī siáⁿ-mih
ジックァン デ エ ディッシッシ シ シャン ミッ

台湾華語 這個茶的特色是什麼？
zhè ge chá de tè sè shì shén me
ゼ ガ ツァ ダ タ サ ス セン モ

3 じゃあ、半斤 (300 グラム) いただきます。 ※「半斤」：300 グラム

台湾語 予我 半 斤 好 a。
Hō góa poàⁿ kin Hó--a
ホ グァ ブァン ギン ホ ア

台湾華語 給我半斤好了。
gěi wǒ bàn jīn hǎo le
ゲイ ウォ バン ジン ハウ ラ

4 東方美人茶はありますか？

台湾語 有膨風茶無？ ※「膨風茶」：「東方美人茶」の台湾語
Ū Phòng-hong-tê--bô
ウ ポン ホン デ ボ

台湾華語 有 東 方 美人茶嗎？
yǒu Dōng fāng měi rén chá mā
ヨ ドン ファン メイ レン ツァ マ

5 この茶梅はお茶にとても合うんですよ。

台湾語 這个茶梅仔配茶真好食喔。
Chit ê tê-muî-á phoè tê chin hó-chiah oh
ジッ レ デムェア ブェ デ ジン ホジャッオッ

台湾華語 這個茶梅配茶很好吃哦。
zhè ge chá méi pèi chá hěn hǎo chī o
ゼ ガ ツァメイ ペイ ツァ ヘン ハウ ツ オ

6 このお茶はおみやげにするつもりです。

台湾語 這茶我是欲買轉去送人的。
Che tê góa sī beh bé tńg-khì sàng--lâng-ê
ゼ デ グァ シ ベッ ベ デン キ サン ラン エ

台湾華語 這個茶我是要買回去送人的。
zhè ge chá wǒ shì yào mǎi huí qù sòng rén de
ゼ ガ ツァ ウォ ス ヤウ マイ フェ チュイ ソン レン ダ

7 何かおいしいお茶をすすめてもらえますか？

台湾語 敢會使共我介紹好啉的茶？
Kám ē-sái kā góa kài-siāu hó-lim ê tê
ガム エ サイ ガ グァ ガイ シャウ ホ リム エ デ

台湾華語 可以推薦我好喝的茶嗎？
kě yǐ tuī jiàn wǒ hào hē de chá mā
カ イ トェ ジェン ウォ ハウ ハ ダ ツァ マ

8 お時間のあるとき、うちにお茶しに来ませんか。

台湾語 有閒來阮兜泡茶啦。 ※「阮兜」：私の家
Ū êng lâi goán tau phàu-tê--lah
ウ イン ライ グァン ダウ パウ デ ラッ

台湾華語 有空來我家泡茶啦。
yǒu kòng lái wǒ jiā pào chá la
ヨ コン ライ ウォ ジャ パウ ツァ ラ

4 おみやげを買う (1)

1 パイナップルケーキ、1ケース。

[台湾語] 王梨酥一盒。
Ông-lâi-so͘ chi̍t a̍p
オンライ ソ ジッ アプ

[台湾華語] 鳳梨酥一盒。
Fèng lí sū yì hé
フォン リ スウ イ ハ

2 どの店のものがおいしいですか？

[台湾語] 佗一牌較好食？
Tó chi̍t pâi khah hó-chia̍h
ド ジッ パイ カッ ホ ジャッ

[台湾華語] 哪一牌比較好吃？ ※「牌」：ブランド、商標
nǎ yì pái bǐ jiào hǎo chī
ナ イ パイ ビジャウ ハウ ツ

3 おみやげです。

[台湾語] 我欲送人的。 ※「送人」：人にあげる
Góa beh sàng--lâng-ê
グァ ベッ サン ラン エ

[台湾華語] 我要送人的。
wǒ yào sòng rén de
ウォ ヤウ ソン レン ダ

4 きれいに包んでいただけますか。

[台湾語] 包較媠咧。 ※「媠」：きれい
Pau khah súi--leh
バウ カッ スイ レッ

[台湾華語] 包漂亮一點。
bāo piào liàng yì diǎn
バウ ピャウ リャン イ ディェン

5 高山茶1両 (37.5グラム) はいくらですか？

※「一兩」＝ 37.5 グラム。台湾ではこのように独自の単位を使っていることが多い

台湾語 高山茶一 兩 偌濟？
Ko-soaⁿ-tê　chit　niú　lōa-chē
コ スゥァン デ　ジッ　ニュウ　ルァ ゼ

台湾華語 高山茶一兩 多少錢？
Gāo shān chá　yì　liǎng　duō shǎo qián
ガウ サン ツァ　イ　リャン　ドゥオ サウ チェン

6 日本人の口に合いますか？

台湾語 日本人敢 食會慣勢？　※「慣勢」：慣れる
Jit-pún-lâng　kám chia̍h　ē　kòan-si
ジップン ラン　ガム ジャッ　エ　グァン　シ

台湾華語 日本人吃得慣嗎？
Rì běn rén chī de guàn mā
ズ ベン レン ツ　ダ グァン マ

7 試食していいですか？

台湾語 敢會使試 食？
Kám　ē-sái　chhì chia̍h
ガム　エ サイ　チ ジャッ

台湾華語 可以試吃嗎？
kě　yǐ　shì　chī　mā
カ　イ　ス　ツ　マ

8 どんな味ですか？

台湾語 是 啥 款 的味？
Sī　siáⁿ khoán　ê　bī
シ　シャン クァン　エ　ビ

台湾華語 是怎樣的味道？
shì zěn yàng de wèi dào
ス ゼン ヤン ダ ウェ ダウ

ひとことメモ 1 の「鳳梨酥」は昔からポピュラーなパイナップル餡入りの焼菓子。

5 おみやげを買う (2)

1 これは何か意味があるのですか？

台湾語 這 代表 啥物 意思？
Che tāi-piáu siáⁿ-mih i-sù
ゼ ダイピャウ シャン ミッ イ スウ

台湾華語 這個是 代表 什麼意思？
zhè ge shì dài biǎo shén me yì sì
ゼ ガ ス ダイピャウ セン モ イ ス

2 友達に買って帰りたいと思います。

台湾語 我 想 欲 買轉去 送 朋友。
Góa siūⁿ beh bé tńg-khì sàng pêng-iú
グァ シュウンベッ ベ デン キ サン ピン ユ

台湾華語 我 想 買回去 送 朋友。
wǒ xiǎng mǎi huí qù sòng péng yǒu
ウォ シャン マイ フェ チュイ ソン ペン ヨ

3 最近、服がバーゲンになっています。

台湾語 最近衫teh拍折。 ※「拍折」：割引
Chòe-kīn saⁿ teh phah-chiat
ズェ ギン サン デッ パッ ゼッ

台湾華語 最近衣服在打折。
zuì jìn yī fú zài dǎ zhé
ズェ ジン イ フ ザイ ダ ゼ

4 今がお買い得ですよ。

台湾語 Chit-má買真會hô喔。 ※「會 hô」：お得
Chit-má bé chin ē hô oh
ジッ マ ベ ジン エ ホ オッ

台湾華語 現在買很划算 哦。
xiàn zài mǎi hěn huá suàn o
シェン ザイ マイ ヘン ファ スゥァン オ

5 台湾の名産は何ですか？

台湾語 台灣的名產是啥物？
Tâi-ôan ê bêng-sán sī siáⁿ-mih
ダイ ウァン エ ビン サン シ シャン ミッ

台湾華語 台灣的名產是什麼？
Tái wān de míng chǎn shì shén me
タイ ウァン ダ ミン ツァン ス セン モ

6 たくさん買うと安くなりますか？

台湾語 加買幾个敢會使 算我 較俗 咧？
Ke bé--kúi-ê kám ē-sái sǹg góa khah sio̍k--leh
ゲ ベ グイ エ ガム エ サイ スェングァ カッ ショッ レッ

台湾華語 多買幾個可以 算我 便宜一 點 嗎？
duō mǎi jǐ ge kě yǐ suàn wǒ pián yí yì diǎn mā
ドゥォ マイ ジ ガ カ イ スゥァン ウォ ピェン イ イ ディェン マ

7 予約はできますか？ ※商品の取り寄せなど

台湾語 會使共我訂無？
Ē-sái kā góa tēng--bô
エ サイ ガ グァ ディン ボ

台湾華語 可以訂貨嗎？ ※「訂貨」：商品の予約をする
kě yǐ dìng huò mā
カ イ ディン フォ マ

8 そのうち取りに来てもいいですか？

台湾語 我敢會使另工 才 來提？ ※「另工」：別の日に
Góa kám ē-sái lēng-kang chiah lâi the̍h
グァ ガム エ サイ リン ガン ジャッ ライ テッ

台湾華語 我可以改天 再來拿嗎？
wǒ kě yǐ gǎi tiān zài lái ná mā
ウォ カ イ ガイ ディェン ザイ ライ ナ マ

6 洋服を選ぶ

1 1つ大きいサイズのものはありませんか？

台湾語 有較大的無？
Ū khah tōa--ê-bô
ウ カッドァ エ ボ

台湾華語 有沒有大一號的？
yǒu méi yǒu dà yí hào de
ヨ メイ ヨ ダイ ハウ ダ

2 別の色のものはありませんか？

台湾語 有別色的無？
Ū pa̍t sek--ê-bô
ウ バッ シッ エ ボ

台湾華語 有沒有別的顏色的？
yǒu méi yǒu bié de yán sè de
ヨ メイ ヨ ビェ ダ イェン セ ダ

3 このズボンはちょっときついです。

台湾語 這領褲傷絚a。 ※「絚」：サイズがきつい
Chit niá khò͘ siuⁿ ân--a
ジッ ニャ コ シュゥン アン ア

台湾華語 這件褲子太緊了。
zhè jiàn kù zi tài jǐn le
ゼ ジェン ク ズ タイ ジン ラ

4 着心地がいいです。

台湾語 穿起來真爽快。 ※「爽快」：すっきりして気持ちいい
Chhēng--khí-lâi chin sóng-khoài
チン キ ライ ジン ソン クァイ

台湾華語 穿起來很舒服。
chuān qǐ lái hěn shū fú
ツゥアン チ ライ ヘン スゥ フ

5 似合わないです。 ※「好看」：きれい、似合う、見やすい

台湾語 無好看。
Bô hó-khòaⁿ
ボ ホ クァン

台湾華語 不好看。
bù hǎo kàn
ブ ハウ カン

6 醜い。

台湾語 足 bái 的。 ※「bái」：悪い、醜い
Chiok bái--ê
ジョッ バイ エ

台湾華語 好醜。
hǎo chǒu
ハウ ツォ

7 しっくりこないね。

台湾語 足 礙虐。
Chiok gāi-gio̍h
ジョッ ガイ ギョッ

台湾華語 好彆扭。
hǎo biè niǔ
ハウ ビェ ニョ

8 なんか変。

台湾語 足袂慣勢。
Chiok bē koàn-sì
ジョッ ベ クァン シ

台湾華語 好不習慣。 ※直訳は「着慣れない」（着てみて不自然な感じがする）
hǎo bù xí guàn
ハウ ブ シ グァン

⑩ 緊急事態

1 助けを求める

1 助けて！

台湾語 救命！
Kiù-miā
ギュウ ミャ

台湾華語 救命！
jiù ming
ジョ ミン

2 警察を呼んで。

台湾語 叫警察。
Kiò kéng-chhat
ギョ ギン ツァッ

台湾華語 叫警察。
jiào jǐng chá
ジャウ ジン ツァ

3 110番に電話して。

台湾語 Khà 110。
Khà it-it-khòng
カ イッイッコン

台湾華語 打110。
dǎ Yī yī ling
ダ イ イ リン

4 119番に電話して。

台湾語 Khà 119。
Khà it-it-kiú
カ イッイッギュ

台湾華語 打119。
dǎ Yāo yao jiǔ
ダ ヤウ ヤウ ジョ

※「110」と「119」の「1」の読み方が違うので注意

トラブルに巻き込まれたとき、困ったときなど、周りの人に助けを求めたり、相談するときの表現を知っているだけでも状況は違ってきます。自分が当事者にならないとも限りません。イザというときに使える表現を覚えておくと安心です。

5 早く医者を呼んで。

[台湾語] **緊叫醫生。** ※「緊」:早く

Kín kiò i-seng
ギン ギョ イ シン

[台湾華語] **快 叫醫生。**

kuài jiào yī shēng
クァイ ジャウ イ セン

6 早く救急車を呼んで。

[台湾語] **叫 救 護 車。**

Kiò kiù-hō-chhia
ギョ ギュウ ホ チャ

[台湾華語] **叫 救護車。**

jiào jiù hù chē
ジャウ ジョ フ ツェ

7 この電話番号にかけていただけますか？

[台湾語] **會使替我khà這个電話無？**

Ē-sái thè góa khà chit ê tiān-oē--bô
エ サイ テ グァ カ ジッ レ デン ウェ ボ

[台湾華語] **可以幫我打這個 電話 嗎？**

kě yǐ bāng wǒ dǎ zhè ge diàn huà mā
カ イ バン ウォ ダ ゼ ガ ディェン ファ マ

8 日本大使館〔領事館〕に通報したいです。

[台湾語] **我欲通知日本大使館。**

Góa beh thong-ti Ji̍t-pún tāi-sài-koán
グァ ベッ トン ディ ジップン ダイ サイ グァン

[台湾華語] **我要通知日本領事館。**

wǒ yào tōng zhī Rì běn lǐng shì guǎn
ウォ ヤウ トン ズ ズ ベン リン ス グァン

緊急事態

199

2 紛失・災難 (1)

1 泥棒！

台湾語 賊仔！
Chha̍t-á
ツァッ ア

台湾華語 小偷！
xiǎo tōu
シャウ トウ

2 すりに遭いました。

台湾語 我 拄著剪紐仔。
Góa tú-tio̍h chián-liú-á
グァ ドゥ ディオッ ゼン リュ ア

台湾華語 我遇到扒手。
wǒ yù dào pá shǒu
ウォ ユィ ダウ パ ソ

3 ひったくりに遭いました。

台湾語 我 拄著搶錢袋仔的。
Góa tú-tio̍h chhiúⁿ chîⁿ-tē-á--ê
グァ ドゥ ディオッチュウン ジン デ ア エ

台湾華語 我遇到 搶 錢包的。
wǒ yù dào qiǎng qián bāo de
ウォ ユィ ダウ チャン チェン バウ ダ

4 財布を盗まれました。

台湾語 我錢袋仔予人偷提去 a。
Góa chîⁿ-tē-á hō͘ lâng thau the̍h--khì-a
グァ ジン デ ア ホ ラン タウ テッ キ ア

※口語では「予人」の発音がくっついて「hông」と発音することが多い

台湾華語 我 錢包 被偷了。
wǒ qián bāo bèi tōu le
ウォ チェン バウ ベイ トオ ラ

5 強盗に遭いました。

[台湾語] 我hông 搶劫。
Góa hông chhiúⁿ-kiap
グァ ホン チュゥン ギャップ

[台湾華語] 我被搶了。
wǒ bèi qiǎng le
ウォ ベイ チャン ラ

6 パスポートをなくしました。

[台湾語] 我護照拍毋見a。
Góa hō-chiàu phah-m̄-kiⁿ--a
グァ ホ ジャウ パン ム ギン ア

[台湾華語] 我護照搞丟了。
wǒ hù zhào gǎo diū le
ウォ フ ザウ ガウ ディオ ラ

7 携帯をなくしました。

[台湾語] 我手機仔拍毋見a。
Góa chhiú-ki-á phah-m̄-kiⁿ--a
グァ チュウ ギ ア パン ム ギン ア

[台湾華語] 我手機不見了。
wǒ shǒu jī bú jiàn le
ウォ ソ ジ ブ ジェン ラ

8 警察に通報してください。

[台湾語] 報警啊。
Pò-kéng ah
ボ ギン アッ

[台湾華語] 報警啊。
bào jǐng a
バウ ジン ア

3 紛失・災難 (2)

1 助けてください。

台湾語 救人喔。
Kiù lâng oh
ギュウ ラン オッ

台湾華語 救命啊。
jiù mìng a
ジョ ミン ア

2 電話をかけてくれますか？

台湾語 會使替我 khà 電話無？
Ē-sái thè góa khà tiān-oē--bô
エ サイ テ グァ カ デン ウェ ボ

台湾華語 可以幫我 打電話 嗎？
kě yǐ bāng wǒ dǎ diàn huà mā
カ イ バン ウォ ダ ディェン ファ マ

3 家族に知らせたいのですが。

台湾語 我欲通知阮兜的人。
Góa beh thong-ti goán tau ê lâng
グァ ベッ トン ディ グァン ダウ エ ラン

台湾華語 我要通知我家人。
wǒ yào tōng zhī wǒ jiā rén
ウォ ヤウ トン ズ ウォ ジャ レン

4 パスポートが盗まれました。

台湾語 我的 passport hông 偷提去。
Góa ê phasuphoutou hông thau thẻh--khi
グァ エ パスウポードォ ホン タウ テッ キ

※英語の passport を使うこともある。

台湾華語 我護照被偷了。
wǒ hù zhào bèi tōu le
ウォ フ ザウ ベイ トォ ラ

5 財布がなくなりました。

台湾語 我的錢袋仔無去a。
Góa ê chîⁿ-tē-á bô--khì-a
グァ エ ジン デ ア ボ キ ア

台湾華語 我 錢包 不見了。
wǒ qián bāo bú jiàn le
ウォ チェンバウ ブ ジェン ラ

6 お金がなくなった。

台湾語 我的錢 拍見去a。
Góa ê chîⁿ phàng-kiàn--khì-a
グァ エ ジン パン ゲン キ ア

台湾華語 我 錢丟了。　※「丟」：なくす、なくなる
wǒ qián diū le
ウォ チェン ディオ ラ

7 航空券が見つかりません。

台湾語 我 揣無我的機票。
Góa chhoē bô góa ê ki-phiò
グァ ツゥェ ボ グァ エ ギ ピョ

台湾華語 我找不到我的機票。　※「機票」：航空券
wǒ zhǎo bú dào wǒ de jī piào
ウォ ザウ ブ ダウ ウォ ダ ジ ピャウ

8 だまされた。

台湾語 我hông騙去a。
Góa hông phiàn--khì-a
グァ ホン ペン キ ア

台湾華語 我被騙了。
wǒ bèi piàn le
ウォ ベイ ピェン ラ

4 地震・被害

1 地震だ。

台湾語 地動。
Tē tāng
デ ダン

台湾華語 地震。
dì zhèn
ディ ゼン

2 揺れがすごい。

台湾語 幌 甲 (足厲害)。 ※口語では通常「足厲害」は省略される
Hàiⁿ kah (chiok lī-hāi)
ハイン ガッ (ジョッ リ ハイ)

台湾華語 搖得好厲害。
yáo de hǎo lì hài
ヤウ ダ ハウ リ ハイ

3 早く隠れよう。

台湾語 緊覕起來。 ※「覕」：隠れる
Kín bih--khí-lâi
ギン ビッ キ ライ

台湾華語 快 躲起來。
kuài duǒ qǐ lái
クァイ ドォ チ ライ

4 マグニチュード3以上だってよ。

台湾語 聽 講 有芮式三級以上。
Thiaⁿ-kóng ū Jōe-sek saⁿ kip í-siōng
ティァン ゴン ウ ズェ シッ サン ギプ イ ション

台湾華語 聽 說 有芮式三級以上。
tīng shuō yǒu Ruì shì sān jí yī shàng
ティン スゥォ ヨ ルェ ス サン ジ イ サン

5 今日も何回か余震があった。

[台湾語] 今仔日閣幾若擺較輕的（地動）。
Kin-á-ji̍t koh kúi-nā pái khah khin--ê (tē-tāng)
ギン ア ジッゴッグイ ナ バイ カッ キン エ (デ ダン)

※口語では通常「地動」は省略される

[台湾華語] 今天 又有好幾次餘震。
jīn tiān yòu yǒu hǎo jǐ cì yú zhèn
ジン ティェン ヨウ ヨ ハウ ジ ツ ユィ ゼン

6 怖いね。

[台湾語] 有夠 恐怖的。
Ū-kàu khióng-pò--ê
ウ ガウ キョン ボ エ

[台湾華語] 好恐怖哦。
hǎo kǒng bù o
ハウ コン ブ オ

7 被害は深刻だったでしょうか？

[台湾語] 災害 狀況 有 嚴重無？
Chai-hāi chōng-hóng ū giâm-tiōng--bô
ザイ ハイ ゾン ホン ウ ギャムディォン ボ

[台湾華語] 災情 嚴重 嗎？
zāi qíng yán zhòng mā
ザイ チン イェン ゾン マ

8 おうちは大丈夫だったでしょうか？

[台湾語] 恁厝內無代誌啦 ho^{n}h？
Lín chhù-lāi bô tāi-chì--lah ho^{n}h
リン ツゥライ ボ ダイ ジ ラッ ホンッ

[台湾華語] 你家裏沒事吧？
nǐ jiā lǐ méi shì ba
ニ ジャ リ メイ ス バ

緊急事態

5 急用・トラブル

1 渋滞に巻き込まれて。

[台湾語] 路裏塞車。
Lō--nih that-chhia
ロ ニッ タッ チャ

[台湾華語] 路上塞車。
lù shàng sāi chē
ル サン サイ ツェ

2 列車が遅れて。

[台湾語] 火車慢分。
Hoé-chhia bān-hun
フェ チャ バン フン

[台湾華語] 火車慢點。
huǒ chē màn diǎn
フォ ツェ マン ディェン

3 車がレッカーされて。

[台湾語] 我車 hông 拖去 a。
Góa chhia hông thoa--khì-a
グァ チャ ホン トゥァ キ ア

[台湾華語] 我車被拖吊了。
wǒ chē bèi tuō diào le
ウォ ツェ ベイ トォ ディァウ ラ

4 パンクして。

[台湾語] 我車輪 破去。
Góa chhia-lián phoà--khì
グァ チャ レン プァ キ

[台湾華語] 我車子爆胎。
wǒ chē zi bào tāi
ウォ ツェ ズ バウ タイ

5 飛行機が欠航した。

台湾語 飛機無飛 a。
Hui-ki bô poe--a
フィ ギ ボ ブェ ア

台湾華語 飛機停飛了。
fēi jī tíng fēi le
フェ ジ ティン フェ ラ

6 会社に急な用事ができて。

台湾語 公司臨時有代誌。
Kong-si lîm-sî ū tāi-chì
ゴン シ リム シ ウ ダイ ジ

台湾華語 公司臨時有事。
gōng sī lín shí yǒu shì
ゴン ス リン ス ヨ ス

7 急には離れられないんで。

台湾語 我一時行袂開跤。 ※「跤」:足
Góa chit-sî kiâⁿ bē khui kha 「開跤」:席から離れる
グァ ジッ シ ギャン ベ クィ カ

台湾華語 我臨時走不開。
wǒ lín shí zǒu bù kāi
ウォ リン ス ゾ ブ カイ

8 急な用事で行けなくなった。

台湾語 我臨時有代誌無法度去 a。 ※「無法度+動詞」:〜できない
Góa lîm-sî ū tāi-chì bô-hoat-tō͘ khì--a
グァ リム シ ウ ダイ ジ ボ ファッド キ ア

台湾華語 我臨時有事去不了了。 ※「去不了」:行けない
wǒ lín shí yǒu shì qù bù liǎo le
ウォ リン ス ヨ ス チュィ ブ リャウ ラ

207

6 大変なことが起きたとき

1 どうしよう。

台湾語 欲 按怎 才好？
Beh án-chóaⁿ chiah hó
ベッ アン ツウァン ジャッ ホ

台湾華語 怎麼辦？
zěn me bàn
ゼン モ バン

2 やばい。

台湾語 害 a。
Hāi--a
ハイ ア

台湾華語 糟糕。
zāo gāo
ザウ ガウ

3 やばい。

台湾語 慘 a。
Chhám--a
ツァム ア

台湾華語 慘了。
cǎn le
ツァン ラ

4 やべえ。 ※使う時に注意

台湾語 死啦。
Sí--lah
シ ラッ

台湾華語 死啦。
sǐ le
ス ラ

5 大変だ！

台湾語 代誌毋好 a！ ※「代誌」：こと

Tāi-chì m̄-hó--a
ダイ ジ ム ホ ア

台湾華語 大事不好了！

dà shì bù hǎo le
ダ ス ブ ハウ ラ

6 おおごとだ！

台湾語 代誌 大條 a！

Tāi-chì tōa-tiâu--a
ダイ ジ ドァ ディァウ ア

台湾華語 事情 大條了！

shì qíng dà tiáo le
ス チン ダ ティァウ ラ

7 あわてないで。

台湾語 免緊張。

Bián kín-tiuⁿ
ベン ギン デュゥン

台湾華語 不要 慌 張。

bú yào huāng zhāng
ブ ヤウ ファン ザン

8 何かいい考えはない？

台湾語 你有啥物 idea 無？ ※「idea」は英語読み

Lí ū siáⁿ-mih ai-ti-ah--bô
リ ウ シャン ミッ アイディア ッボ

台湾華語 你有沒有什麼好辦法？

nǐ yǒu méi yǒu shén me hǎo bàn fǎ
ニ ヨ メイ ヨ セン モ ハウ バン ファ

緊急事態

209

⑪ 学校

台湾に留学して、大学や専門学校などで学ぶとき、事前準備や書類提出などの手続きが必要になります。また、学生同士でよく話題になる、授業・試験・レポートなどに関する表現も集めてみました。

1 台湾に留学 (1)

1 申込書を1部ほしいのですが。

台湾語 我欲愛一份報名表。
Góa beh ài chit hūn pò-miâ-pió
グァ ベッ アイ ジッ フン ボ ミャ ビョ

台湾華語 我要一份報名單。
wǒ yào yí fèn bào míng dān
ウォ ヤウ イ フェン バウ ミン ダン

2 入学願書を1部いただけますか？

台湾語 敢會使予我一份入學申請書？
Kám ē-sái hō góa chit hūn jip-ha̍k sin-chhéng-su
ガム エ サイ ホ グァ ジッ フン ジブ ハッ シン チン スゥ

台湾華語 可以給我一份入學申請書嗎？
kě yǐ gěi wǒ yí fèn rù xué shēn qǐng shū mā
カ イ ゲイ ウォ イ フェン ルゥ シュェ セン チン スゥ マ

3 1ヶ月のコースに申し込みたいのですが。

台湾語 我欲報名一個月的課程。
Góa beh pò-miâ chit kò góeh ê khò-thêng
グァ ベッ ボ ミャ ジッ ゴ グェッ エ コ ディン

台湾華語 我要報名一個月的課程。
wǒ yào bào míng yí ge yuè de kè chéng
ウォ ヤウ バウ ミン イ ガ ユェ ダ カ ツェン

4 1期の期間はどれくらいですか？

台湾語 一期偌久？
Chit kî lōa kú
ジッ ギ ルァ グ

台湾華語 一期多久？
yì qí duō jiǔ
イ チ ドゥォ ジョ

5 1期の学費はいくらですか？

台湾語 一期學費偌濟錢？
Chit kî hák-huì lōa-chē chîⁿ
ジッ ギ ハッフィルァ ゼ ジン

台湾華語 一期學費多少錢？
yì qí xué fèi duō shǎo qián
イ チ シュェ フェ ドゥォ サウ チェン

6 学生寮はありますか？

台湾語 有學生宿舍無？
Ū hák-seng sok-sià--bô
ウ ハッシン ソッシャ ボ

台湾華語 有學生宿舍嗎？
yǒu xué shēng sù shè mā
ヨ シュェ セン スゥ サ マ

7 午前中のクラスがいいのですが。

台湾語 我想欲上早起班。
Góa siūⁿ beh siōng chá-khí pan
グァ シュウン ベッション ザ キ バン

台湾華語 我想上上午班。
wǒ xiǎng shàng shàng wǔ bān
ウォ シャン サン サン ウ バン

8 奨学金はどうやって申し込むのですか？

台湾語 獎學金欲按怎申請？
Chióng-hák-kim beh án-chóaⁿ sin-chhéng
ジョン ハッギム ベッアン ツゥァン シン チン

台湾華語 獎學金怎麼申請？
jiǎng xué jīn zěn me shēn qǐng
ジャン シュェ ジン ゼン モ セン チン

2 台湾に留学 (2)

CD-2 [track25]

1 申し込むのにどんな書類が必要ですか？

台湾語 申請 需要 啥物 證件？
Sin-chhéng su-iàu siáⁿ-mih chèng-kiāⁿ
シン チン スウ ヤウ シャン ミッ ジン ギャン

台湾華語 申請需要什麼證件？
shēn qǐng xū yào shén me zhèng jiàn
セン チン シュィ ヤウ セン モ ゼン ジェン

2 学校はいつ始まりますか？

台湾語 啥物時陣 開學？
Siáⁿ-mih sî-chūn khai-ha̍k
シャン ミッ シ ズゥン カイ ハッ

台湾華語 什麼時候開學？
shén me shí hòu kāi xué
セン モ ス ホウ カイ シュェ

3 いつまでに行かなければならないのですか？ ※「報到」：到着を報告する

台湾語 啥物 時陣 愛去報到？
Siáⁿ-mih sî-chūn ài khì pò-tò
シャン ミッ シ ズゥン アイ キ ボ ド

台湾華語 什麼時候要去報到？
shén me shí hòu yào qù bào dào
セン モ ス ホウ ヤウ チュイ バウ ダウ

4 時間割はどこでもらうのですか？

台湾語 課表愛去佗位提？
Khò-pió ài khì tó-ūi the̍h
コ ビョ アイ キ ド ウィ テッ

台湾華語 課表 要去 哪裏拿？
kè biǎo yào qù nǎ lǐ ná
カ ビャウ ヤウ チュイ ナ リ ナ

5 午後のクラスに変更してもいいですか？

[台湾語] 我 想 欲調下晝班，敢會使？
Góa siūⁿ beh tiàu ē-tàu pan　kám ē-sái
グァ シュゥン ベッ ダウ エ ダウ バン　ガム エ サイ

[台湾華語] 我 想 調到 下午班，可以嗎？
wǒ xiǎng diào dào xià wǔ bān　kě yǐ mā
ウォ シャン ディァウ ダウ シャ ウ バン　カ イ マ

6 私は日本から来た交換留学生です。

[台湾語] 我是日本來的交換 留學生。
Góa sī Jit-pún lâi ê kau-oāⁿ liû-ha̍k-seng
グァ シ ジップン ライ エ ガウ ウァン リュ ハッ シン

[台湾華語] 我是日本來的交 換 留 學生。
wǒ shì Rì běn lái de jiāo huàn liú xué shēng
ウォ ス ズ ベン ライ ダ ジャウ ファン リョ シュェ セン

7 準備していったほうがいいものは何でしょうか？

[台湾語] 我需要 準備 啥物物件無？
Góa su-iàu chún-pī siáⁿ-mih mih-kiāⁿ--bô
グァ スゥ ヤウ ズゥン ビ シャン ミッ ミッ ギャン ボ

[台湾華語] 我需要 準備 什麼東西嗎？
wǒ xū yào zhǔn bèi shén me dōng xī mā
ウォ シュィ ヤウ ズゥン ベイ セン モ ドン シ マ

8 教科書はどこで買えますか？

[台湾語] 課本愛去佗位買？
Khò-pún ài khì tó-ūi bé
コ ブン アイ キ ド ウィ ベ

[台湾華語] 教科書在哪裏可以買到？
jiào kē shū zài nǎ lǐ kě yǐ mǎi dào
ジャウ カ スゥ ザイ ナ リ カ イ マイ ダウ

学校

213

3 台湾の言葉について

1 台湾では普通、何語を話していますか？

[台湾語] 台灣一般講啥物話？
Tâi-ôan it-poaⁿ kóng siá°-mih oē
ダイ ウァン イップァンゴン シャン ミッ ウェ

[台湾華語] 台灣一般說什麼話？
Tái wān yì bān shuō shén me huà
タイ ウァン イ バン スゥォ セン モ ファ

2 普通は「華語」と「台湾語」です。

[台湾語] 一般是「華語」佮「台語」。
It-poaⁿ sī Hoâ-gí kap Tâi-gí
イップァン シ ファ ギ ガブ ダイ ギ

[台湾華語] 一般是「華語」跟「台語」。
yì bān shì Huá yǔ gēn Tái yǔ
イ バン ス ファ ユィ ゲン タイ ユィ

3 「華語」とは何ですか？

[台湾語] 「華語」是啥物？
Hoâ-gí sī siáⁿ-mih
ファ ギ シ シャン ミッ

[台湾華語] 「華語」是什麼？
Huá yǔ shì shén me
ファ ユィ ス セン モ

4 「華語」とは台湾版北京語のことです。

[台湾語] 「華語」就是台灣版北京話。
Hoâ-gí tō-sī Tâi-ôan pán Pak-kiaⁿ-oē
ファ ギ ド シ ダイ ウァン バン バッ ギャン ウェ

[台湾華語] 「華語」就是台灣說的北京話。
Huá yǔ jiù shì Tái wān shuō de Běi jīng huà
ファ ユィ ジョ ス タイ ウァン スゥォ ダ ベイ ジン ファ

5 教育は普通、「華語」で受けます。

台湾語 一般 教育是用「華語」接受的。
It-poaⁿ kàu-io̍k sī ēng Hoâ-gí chiap-siū--ê
イッブァン ガウヨッ シ イン ファ ギ ジャプシュエ

台湾華語 一般 教育 是用「華語」接受的。
yì bān jiào yù shì yòng Huá yǔ jiē shòu de
イ バン ジャウユィ ス ヨン ファユィ ジェ ソ ダ

6 南に行けば行くほど、台湾語を使用する人が増えます。

台湾語 愈到南部，講台語的人愈濟。
Lú kàu lâm-pō͘ kóng Tâi-gí ê lâng lú chē
ル ガウ ラム ボ ゴン ダイ ギ エ ラン ル ゼ

台湾華語 越到南部，說 台語的人越多。
yuè dào nán bù shuō Tái yǔ de rén yuè duō
ユェ ダウ ナン ブ スゥォ タイ ユィ ダ レン ユェ ドゥォ

7 台湾には他の言葉も存在しています。

台湾語 台灣 猶閣有其他的語言。
Tâi-ôan iáu-koh ū kî-tha ê gí-giân
ダイ ウァン ヤウ ゴッ ウ ギ タ エ ギ ゲン

台湾華語 台灣 還 存在 其他的語言。
Tái wān hái cún zài qí tā de yǔ yán
タイ ウァン ハイ ツゥン ザイ チ タ ダ ユィ イェン

8 例えば、客家語と高砂族の言葉があります。
※「高砂族」は台湾の「原住民」のことを意味する

台湾語 可比講客語佮 原住民語。
Khó-pí kóng Kheh-gí kap Gôan-chū-bîn-gí
コ ビ ゴン ケッ ギ ガプ グァンジュ ビン ギ

台湾華語 例如客家話跟 原住民話。
lì rú Kè jiā huà gēn Yuán zhù mín huà
リ ル カ ジャ ファ ゲン ユェンズゥ ミン ファ

学校

215

4 台湾語・中国語を勉強する (1)

1 台湾語教室に申し込みたいです。

台湾語 我 想欲去 報名學台語。
Góa siūⁿ beh khì pò-miâ o̍h Tâi-gí
グァ シュゥンベッキ ボ ミャオッダイ ギ

台湾華語 我想去 報名 學 台語。
wǒ xiǎng qù bào míng xué Tái yǔ
ウォシャンチュイ バウ ミン シュェ タイ ユィ

2 どこかに中国語教室はありませんか？

台湾語 佗位有教 中文的 課程？
Tó-ūi ū kà Tiong-bûn ê khò-thêng
ド ウイ ウ ガ ディォンブン エ コ ティン

台湾華語 哪裏有教 中文的 課程呢？
nǎ lǐ yǒu jiāo Zhōng wén de kè chéng ne
ナ リ ヨ ジャウ ゾン ウン ダ カ チェン ナ

3 1期の時間はどのくらいですか？

台湾語 一期偌久的時間？
Chi̍t kî lōa kú ê sî-kan
ジッ ギ ルァ グ エ シ ガン

台湾華語 一期 多長時間？
yì qí duō cháng shí jiān
イ チ ドゥオツァン ス ジェン

4 教材は別途で購入しなければならないでしょうか？

台湾語 教材愛另外買無？
Kàu-chhài ài lēng-gōa bé--bô
ガウ ザイ アイ リン グァ ベ ボ

台湾華語 教 材 要另 外 買嗎？
jiào cái yào lìng wài mǎi mā
ジャウ ツァイ ヤウ リン ウァイ マイ マ

5 学費はどうなっていますか？

台湾語 學費 按怎 算？
Ha̍k-hùi án-chóaⁿ sǹg
ハッフイ アンツゥアン スェン

台湾華語 學費怎麼 算？
xué fèi zěn me suàn
シュェフェ ゼン モ スゥァン

6 午前のクラスにしたいのですが。

台湾語 我 想 欲上早起的班。
Góa siūⁿ beh siōng chá-khí ê pan
グァ シュゥン ベッション ザ キ エ バン

台湾華語 我想 上 上午班。
wǒ xiǎng shàng shàng wǔ bān
ウォ シャン サン サン ウ バン

7 午前のクラスは満員ですが。

台湾語 早起的班攏滿 a。
Chá-khí ê pan lóng bóan--a
ザ キ エ バン ロン ブァン ア

台湾華語 上午班 全 滿了。
shàng wǔ bān quán mǎn le
サン ウ バン チュェン マン ラ

8 中国語を教えていただけますか？

台湾語 敢會使 請你教我 中文？
Kám ē-sái chhiáⁿ lí kà góa Tiong-bûn
ガム エ サイ チャン リ ガ グァ ディオンブン

台湾華語 可以請你教 我 中文嗎？
kě yǐ qǐng nǐ jiào wǒ Zhōng wén mā
カ イ チン ニ ジャウ ウォ ゾン ウン マ

5 台湾語・中国語を勉強する (2)

CD-2 [track28]

1 台湾は(中国の)ピンインを使いません。

台湾語 台灣無用拼音。
Tâi-ôan bô ēng pheng-im
ダイウァン ボ イン ピンイム

※この「拼音」は中国のピンインを意味する
※台湾では発音表記するときに注音符号や通用拼音を使用している

台湾華語 台灣 不用拼音。
Tái wān bú yòng Pīn yīn
タイウァン ブ ヨン ピン イン

2 注音符号は難しいと思います。

台湾語 我感覺注音符號真歹學。
Góa kám-kak chù-im-hû-hō chin pháiⁿ ȯh
グァ ガム ガッ ズウイム フ ホ ジンパインオッ

台湾華語 我覺得注音符號很難。
wǒ jué de Zhù yīn fú hào hěn nán
ウォ ジュエ ダ ズウ イン フ ハウ ヘン ナン

3 中国語の発音は難しいと思います。

台湾語 我感覺 中文發音 真歹學。
Góa kám-kak Tiong-bûn hoat-im chin pháiⁿ ȯh
グァ ガム ガッ ディオンブン ファッ イム ジン パイ オッ

台湾華語 我 覺得中文發音 很難。
wǒ jué de Zhōng wén fā yīn hěn nán
ウォ ジュエ ダ ゾン ウン ファ イン ヘン ナン

4 私の四声の発音はあやふやです。

台湾語 我四聲 定 發袂標準。
Góa Sì-siaⁿ tiāⁿ hoat bē phiau-chún
グァ シ シャン ディアン ファッ ベ ピャウズゥン

台湾華語 我四聲老是發不標準。
wǒ Sì shēng lǎo shì fā bù biāo zhǔn
ウォ ス セン ラウ ス ファ ブ ビャウ ズゥン

5 もう一度、言っていただけますか？

[台湾語] 敢會使閣請你講一遍？
Kám ē-sái koh chhiáⁿ li kóng--chi̍t-piàn
ガム エ サイ ゴッ チァン リ ゴン ジッ ベン

[台湾華語] 可以請你再說一遍嗎？
kě yǐ qǐng nǐ zài shuō yí biàn mā
カ イ チン ニ ザイ スゥォ イ ビェン マ

6 もう少しゆっくり言っていただけますか？

[台湾語] 敢會使講較慢淡薄？
Kám ē-sái kóng khah bān--tām-po̍h
ガム エ サイ ゴン カッ バン ダム ボッ

[台湾華語] 可以說慢一點嗎？
kě yǐ shuō màn yì diǎn mā
カ イ スゥォ マン イ ディェン マ

7 書いていただけますでしょうか？

[台湾語] 敢會使寫落來予我看？
Kám ē-sái siá lo̍h-lâi hō góa khòaⁿ
ガム エ サイ シャ ロッ ライ ホ グァ クァン

[台湾華語] 可以寫下來給我看嗎？
kě yǐ xiě xià lái gěi wǒ kàn mā
カ イ シェ シャ ライ ゲイ ウォ カン マ

8 このセンテンスはどういう意味ですか？

[台湾語] 這句話是啥物意思？
Chit kù oē sī siáⁿ-mih ì-sù
ジック ウェ シ シャンミッ イ スウ

[台湾華語] 這句話是什麼意思？
zhè jù huà shì shén me yì sì
ゼ ジュイ ファ ス セン モ イ ス

6 台湾語・中国語を勉強する (3)

CD-2 [track29]

1 私は今、中国語を勉強しています。

台湾語 我 chit-má teh 學 中文。
Góa　chit-má　　teh　ȯh　Tiong-bûn
グァ　ジッ　マ　　デッ　オッ　ディオンブン

台湾華語 我現在在學中文。
wǒ xiàn zài zài xué Zhōng wén
ウォ シェン ザイ ザイ シュェ ゾン ウン

2 私は台湾で3ヶ月間、中国語を勉強したことがあります。

台湾語 我佇台灣學過三個月的中文。
Góa tī Tâi-ôan ȯh kòe saⁿ-kò-goȯh ê Tiong-bûn
グァ ディ ダイウァン オッ グェ サン ゴ グェッ エ ディオンブン

台湾華語 我在台灣學過三個月的中文。
wǒ zài Tái wān xué guò sān ge yuè de Zhōng wén
ウォ ザイ タイ ウァン シュェ グォ サン ガ ユエ ダ ゾン ウン

3 でもあまり（中国語が）できません。

台湾語 毋過學了無好。
M̄-koh ȯh liáu bô-hó
ム ゴッ オッ リャウ ボ ホ

台湾華語 可是學得不好。
kě shì xué de bù hǎo
カ ス シュェ ダ ブ ハウ

4 私は台湾語を勉強するのが好きです。

台湾語 我愛學台語。
Góa ài ȯh Tâi-gí
グァ アイ オッ ダイ ギ

台湾華語 我喜歡學台語。
wǒ xǐ huān xué Tái yǔ
ウォ シ ファン シュェ タイ ユィ

5 台湾語に親しみを感じます。

[台湾語] 我感覺講台語較親切。
Góa kám-kak kóng Tâi-gí khah chhin-chhiat
グァ ガム ガッ ゴン ダイ ギ カッ チンツェッ

[台湾華語] 我覺得說台語比較親切。
wǒ jué de shuō Tái yǔ bǐ jiào qīn qiè
ウォ ジュェ ダ スゥォ タイ ユィ ビジャウ チン チェ

6 でも台湾語の勉強は難しいです。

[台湾語] 毋過台語真歹學。
M̄-koh Tâi-gí chin pháiⁿ o̍h
ム ゴッ ダイ ギ ジンパインオッ

[台湾華語] 不過台語很難學。
bú guò Tái yǔ hěn nán xué
ブ グォ タイ ユィ ヘン ナン シュェ

7 台湾人はホスピタリティ精神が豊富です。

[台湾語] 台灣人真好客。
Tâi-ôan-lâng chin hòⁿ-kheh
ダイウァンラン ジン ホンケッ

[台湾華語] 台灣人很好客。
Tái wān rén hěn hǎo kè
タイ ウァン レン ヘン ハウ カ

8 できれば永久に台湾に住みたいと思います。

[台湾語] 我希望會當永遠蹛佇台灣。
Góa hi-bāng ē-tàng éng-óan tòa tī Tâi-ôan
グァ ヒ バン エ ダン インウァンドァ ディ ダイウァン

[台湾華語] 我希望能永遠住在台灣。
wǒ xī wàng néng yǒng yuǎn zhù zài Tái wān
ウォ シ ウァン ネン ヨン ユェンズウ ザイ タイウァン

7 授業・テスト (1)

1 ネットで履修科目を決めます。

※台湾の大学では学生がネットで履修科目を決めるのが一般的。

[台湾語] 我欲 上網 選課。
Góa beh chiūⁿ-bāng sóan-khò
グァ ベッ ジュウンバン スゥアンコ

[台湾華語] 我要上網 選課。
wǒ yào shàng wǎng xuǎn kè
ウォ ヤウ サン ウァン シュェン カ

2 選択科目としてドイツ語を取りたいな。

[台湾語] 我 想欲 選修 德語。
Góa siūⁿ beh sóan-siu Tek-gí
グァ シュゥンベッスァンシュウ ディッ ギ

[台湾華語] 我 想 選修 德語。
wǒ xiǎng xuǎn xiū Dé yǔ
ウォ シャン シュェンショ ダ ユィ

3 あの先生の教え方はどう？

[台湾語] 彼个老師 教了 啥 款？
Hit-ê lāu-su kà liáu siáⁿ-khoán
ヒッ レ ラウスウ ガ リャウシャンクァン

[台湾華語] 那個老師教得怎樣？
nà ge lǎo shī jiāo de zěn yàng
ナ ガ ラウ ス ジャウダ ゼンヤン

4 あの先生は教え方が上手だよ。

[台湾語] 彼个老師真gâu教。
Hit-ê lāu-su chin gâu kà
ヒッ レ ラウスウジン ガウ ガ

[台湾華語] 那個老師很 會 教。
nà ge lǎo shī hěn huì jiāo
ナ ガ ラウ ス ヘン フェジャウ

5 あの先生はよく落とす。

台湾語 彼个老師真gâu當人。
Hit-ê　lāu-su　chin gâu　tǹg--lâng
ヒッ　レ　ラウスウ ジン ガウ　デン ラン

台湾華語 那個老師很會當人。
nà　ge　lǎo　shī　hěn　huì dàng rén
ナ　ガ　ラウ ス　ヘン フェ ダン レン

6 今日は休講だ。 ※「課」:授業

台湾語 今仔日無上課。
Kin-á-jit　bô siōng-khò
ギン ア ジッ ボ ション コ

台湾華語 今 天 停課。
jīn　tiān　tíng　kè
ジン ティェン ティン カ

7 来週の水曜日に補講する。

台湾語 後禮拜三補課。
Āu　lé-pài-saⁿ　pó-khò
アウ　レ　バイ サン　ボ　コ

台湾華語 下個禮拜三補課。
xià　ge　lǐ　bài　sān　bǔ　kè
シャ　ガ　リ　バイ サン ブ　カ

8 単位が足りない。

台湾語 學分無夠。
Ha̍k-hun　bô-kàu
ハッ フン　ボ　ガウ

台湾華語 學分 不夠。
xué　fēn　bú　gòu
シュェ フェン ブ　ゴウ

学校

223

8 授業・テスト (2)

CD-2 [track31]

1 今週、中間テストがある。 ※「考」は「考試」(テスト)の略

[台湾語] **我這禮拜有期中考。**
Góa chit lé-pài ū kî-tiong-khó
グァ ジッ レ バイ ウ ギディォン コ

[台湾華語] **我這禮拜有期中考。**
wǒ zhè lǐ bài yǒu qí zhōng kǎo
ウォ ゼ リ バイ ヨ チ ゾン カウ

2 明日、数学のテストがある。

[台湾語] **我數學明仔載有小考。**
Góa sò-ha̍k bîn-á-chài ū sió-khó
グァ ソ ハッ ビン ア ザイ ウ ショ コ

[台湾華語] **我數學明天有小考。**
wǒ shù xué míng tiān yǒu xiǎo kǎo
ウォ スウ シュェ ミン ティェン ヨ シャウカウ

3 全然、勉強してないよ。

[台湾語] **冊攏猶未讀。**
Chheh lóng iáu-bōe tha̍k
ツェ ロン ヤウ ブェ タッ

[台湾華語] **書都還沒唸。**
shū dōu hái méi niàn
スウ ドゥ ハイ メイ ニェン

4 全然、復習してないよ。

[台湾語] **我攏猶未復習 neh。**
Góa lóng iáu-bōe ho̍k-si̍p neh
グァ ロン ヤウ ブェ ホッ シプ ネツ

[台湾華語] **我都沒復習耶。**
wǒ dōu méi fù xí ye
ウォ ドゥ メイ フ シ イェ

5 もうギブアップ。※「放棄」:あきらめる

[台湾語] 我放棄a。
Góa hòng-khì--a
グァ ホン キ ア

[台湾華語] 我 放棄了。
wǒ fàng qì le
ウォ ファン チ ラ

6 出席率が足りない。

[台湾語] 我 出席率 無夠。
Góa chhut-sėk-lút bô-kàu
グァ ツッシッ ルッ ボ ガウ

[台湾華語] 我出席率不夠。
wǒ chū xí lǜ bú gòu
ウォ ツゥ シ ル イ ブ ゴ

7 昨日は授業をさぼった。

[台湾語] 我昨昏偷走課。
Góa cha-hng thau-cháu-khò
グァ ザン タオ ザウ コ

[台湾華語] 我 昨天 翹課了。
wǒ zuó tiān qiào kè le
ウォ ズォティエン チャウ カ ラ

8 今日は授業に出たくない。

[台湾語] 我今仔日 無想欲去 上課。
Góa kin-á-jit bô siūⁿ beh khì siōng-khò
グァ ギン ア ジッ ボ シュウンベッ キ ション コ

[台湾華語] 我 今天 不想 去 上課。
wǒ jīn tiān bù xiǎng qù shàng kè
ウォ ジンティエン ブ シャン チュイ サン カ

学校

9 宿題・レポート

[track32]

1 宿題がいっぱい。

台湾語 宿題足濟。 ※「濟」:多い
Siok-tê chiok chē
ショッ デ ジョッ ゼ

台湾華語 習題好多。 ※「習題」:宿題
xí tí hǎo duō
シ ティ ハウ ドゥオ

2 宿題が終わらないよ。

台湾語 宿題寫袂了。
Siok-tê siá bē liáu
ショッ デ シャ ベ リャウ

台湾華語 習題寫不完。
xí tí xiě bù wán
シ ティ シェ ブ ウァン

3 先生、宿題多いよ。

台湾語 老師,作業 傷濟a。
Lāu-su chok-gia̍p siuⁿ chē--a
ラウ スウ ゾッ ギャプ シゥン ゼ ア

台湾華語 老師,作業太多了。 ※「作業」:宿題。台湾では「作業」よりも「習題」を使うことが多い。
lǎo shī zuò yè tài duō le
ラウ ス ズゥオ イェ タイ ドゥオ ラ

4 夏休みの宿題はまだ全然やっていない。

台湾語 暑假 作業 攏猶未寫。
Sú-ká chok-gia̍p lóng iáu-bōe siá
スウ ガ ゾッ ギャプ ロン ヤウ ブェ シャ

台湾華語 暑假 作業 都還沒寫。
shǔ jià zuò yè dōu hái méi xiě
スウ ジャ ズゥオ イェ ドゥ ハイ メイ シェ

5 レポートを作っている最中。 ※「報告」：レポート

[台湾語] 我teh拍報告。

Góa teh phah pò-kò
グァ デッ パッ ボ ゴ

[台湾華語] 我在打報告。

wǒ zài dǎ bào gào
ウォ ザイ ダ バウ ガウ

6 来週レポートを2通提出しなければならない。

[台湾語] 我後禮拜愛交兩份報告。

Góa āu lé-pài ài kau nn̄g hūn pò-kò
グァ アウ レ バイ アイ ガウ ヌン フン ボ ゴ

[台湾華語] 我下禮拜要交 兩份 報告。

wǒ xià lǐ bài yào jiāo liǎng fèn bào gào
ウォ シャ リ バイ ヤウ ジャウ リャン フェン バウ ガウ

7 ネットでいろいろ調べている最中。

[台湾語] 我佇網路查資料。

Góa tī bāng-lō chhâ chu-liāu
グァ ディ バン ロ ツァ ズウ リャウ

[台湾華語] 我在網上查資料。

wǒ zài wǎng shàng chá zī liào
ウォ ザイ ウァン サン ツァ ズ リャウ

8 (レポートに) 何を書いたらいいか、わからない。

[台湾語] 我報告毋知寫啥物較好。

Góa pò-kò m̄-chai siá siáⁿ-mih khah hó
グァ ボ ゴ ム ザイ シャ シャン ミッ カッ ホ

[台湾華語] 我報告不知道寫什麼好。

wǒ bào gào bù zhī dào xiě shén me hǎo
ウォ バウ ガウ ブ ズ ダウ シェ セン モ ハウ

学校

10 試験

1 試験の手ごたえはどうだった？

台湾語 你考了啥款？ ※「啥款」：「怎麼樣」(zěn me yàng) どう？
Lí khó liáu siáⁿ-khoán
リ コリャウシャンクァン

台湾華語 你考得怎麼樣？
nǐ kǎo de zěn me yàng
ニ カウ ダ ゼン モ ヤン

2 まあまあ行けた。

台湾語 考了袂 bái。
Khó liáu bē-bái
コ リャウ ベ バイ

台湾華語 考得不錯。
kǎo de bú cuò
カウ ダ ブ ツゥォ

3 あまりうまく行かなかった。

台湾語 考了無好。
Khó liáu bô-hó
コ リャウ ボ ホ

台湾華語 考得不好。
kǎo de bù hǎo
カウ ダ ブ ハウ

4 最悪。

台湾語 塗塗塗。
Thô-thô-thô
ト ト ト

台湾華語 一敗塗地。
yí bài tú dì
イ バイ トゥ ディ

5 書けなかった。

台湾語 袂曉 寫。
Bē-hiáu siá
ベ ヒャウ シャ

台湾華語 不會寫。
bú huì xiě
ブ フェ シェ

6 試験を受け直し。

台湾語 重考。
Têng-khó
ディン コ

台湾華語 重考。
chóng kǎo
ツォン カウ

7 数学の単位を落とされた。

台湾語 我 數學 hông 當掉。
Góa sò-ha̍k hông tǹg-tiāu
グァ ソ ハッ ホン デンディァウ

台湾華語 我數 學 被當。
wǒ shù xué bèi dàng
ウォ スウ シュェ ベイ ダン

8 留年。

台湾語 落第。
Lo̍k-tē
ロッ デ

台湾華語 留級。
liú jí
リョ ジ

11 手続き・申し込み

1 その授業を傍聴したい。

台湾語 我 想欲去 旁聽。
Góa siūⁿ beh khì pông-thiaⁿ
グァ シュゥンベッ キ ポンティアン

台湾華語 我 想去 旁聽。
wǒ xiǎng qù páng tīng
ウォ シャン チュイ パンティン

2 転部したい。

台湾語 我 想欲 轉系。
Góa siūⁿ beh chóan-hē
グァ シュゥンベッ ズゥアンヘ

台湾華語 我 想轉系。
wǒ xiǎng zhuǎn xi
ウォ シャンズゥアンシ

3 休学届を出したい。

台湾語 我欲辦休學。
Góa beh pān hiu-hák
グァ ベッ パン ヒュ ハッ

台湾華語 我要辦休學。
wǒ yào bàn xiū xué
ウォ ヤウ バン ショシュェ

4 成績証明書がほしいのですが。

台湾語 我欲申請成績單 證明。
Góa beh sin-chhéng sêng-chek-toaⁿ chèng-bêng
グァ ベッ シン チン シン ジッドァン ジン ビン

台湾華語 我要辦 成績單證明。
wǒ yào bàn chéng jī dān zhèng míng
ウォ ヤウ バン ツェン ジ ダン ゼン ミン

5 在学証明書がほしいのですが。

台湾語 我欲 申請 在學 證明。

Góa beh sin-chhéng chāi-hák chèng-bêng
グァ ベッ シン チン ザイ ハッ ジン ビン

台湾華語 我要辦在學證明。

wǒ yào bān zài xué zhèng míng
ウォ ヤウ バン ザイ シュェ ゼン ミン

6 卒業証明書がほしいのですが。

台湾語 我欲 申請 畢業 證明。

Góa beh sin-chhéng pit-giảp chèng-bêng
グァ ベッ シン チン ビッ ギャブ ジン ビン

台湾華語 我要辦畢業證明。

wǒ yào bàn bì yè zhèng míng
ウォ ヤウ バン ビ イェ ゼン ミン

7 先生、推薦状を書いていただけますでしょうか？

台湾語 老師，敢會使 請你替我寫 推薦的 批？

Lāu-su kám ē-sái chhiáⁿ lí thè góa siá chhui-chiàn ê phoe
ラウ スウ ガム エ サイ チァン リ テ グァ シャ トゥィジェン エ ポェ

台湾華語 老師，可以請你幫我寫推薦函嗎？

lǎo shī kě yǐ qǐng nǐ bāng wǒ xiě tuī jiàn hán mā
ラウ ス カ イ チン ニ バン ウォ シェ トェジェンハン マ

8 奨学金を申し込みたいのですが。

台湾語 我 想欲 申請 獎學金。

Góa siūⁿ beh sin-chhéng chióng-hảk-kim
グァ シュゥンベッ シン チン ジョンハッ ギム

台湾華語 我想申請獎學金。

wǒ xiǎng shēn qǐng jiǎng xué jīn
ウォ シャン セン チン ジャン シュェ ジン

1 会社で (1)

⑫ 会社・工場

台湾ではコ関連の企業も多く、新竹は「台湾のシリコンバレー」とも言われています。日本企業との提携など、今後も日台間のビジネスは増えるでしょう。本章では、仕事の報告・連絡・依頼、また、工場の現場や展示会などで使える表現を紹介します。

1 手伝いましょうか？

台湾語 需要我鬥相共無？
Su-iàu góa tàu-saⁿ-kāng--bô
スウ ヤウ グァ ダウ サン ガン ボ

台湾華語 需要我幫忙嗎？
xū yào wǒ bāng máng mā
シュィ ヤウ ウォ バン マン マ

2 手伝ってください。

台湾語 我需要你鬥相共。
Góa su-iàu lí tàu-saⁿ-kāng
グァ スウ ヤウ リ ダウ サン ガン

台湾華語 我需要你的幫忙。
wǒ xū yào nǐ de bāng máng
ウォ シュィ ヤウ ニ ダ バン マン

3 資料が必要です。

台湾語 我需要資料。
Góa su-iàu chu-liāu
グァ スウ ヤウ ズウ リャウ

台湾華語 我需要資料。
wǒ xū yào zī liào
ウォ シュィ ヤウ ズ リャウ

4 資料を受け取りました。

台湾語 我收著資料a。
Góa siu-tióh chu-liāu--a
グァ シュウディォッズウ リャウ ア

台湾華語 我收到資料了。
wǒ xū dào zī liào le
ウォ スォ ダウ ズ リャウ ラ

5 見本を送ります。

[台湾語] 我寄見本予你。 ※「見本」は英語の sample（サンプル）も通じる
Góa kià kiàn-pún hō--lí
グァ ギャ ゲンブン ホ リ

[台湾華語] 我寄樣本給你。
wǒ jì yàng běn gěi nǐ
ウォ ジ ヤン ベン ゲイ ニ

6 品物が届きました。 ※「寄」：郵送する、送る

[台湾語] 物件 寄到位a。
Mi̍h-kiāⁿ kià kàu-ūi--a
ミッギャン ギャ ガウ ウィ ア

[台湾華語] 東西寄到了。
dōng xī jì dào le
ドン シ ジ ダウ ラ

7 これを入力してください。〔パソコン〕

[台湾語] 替我共這輸入電腦。
Thè góa kā che su-ji̍p tiān-náu
テ グァ ガ ゼ スゥジプ デン ナウ

[台湾華語] 幫 我把這個輸進 電腦 去。 ※「輸進去」：〜に入力する
bāng wǒ bǎ zhè ge shū jìn diàn nǎo qù
バン ウォ バ ゼ ガ スウ ジン ディェン ナウ チュィ

8 それをコピーしてください。〔紙〕

[台湾語] 替我共這copy 一下。 ※ copy を漢字で「拷貝」とも表す
Thè góa kā che khoh-pih--chi̍t-ē
テ グァ ガ ゼ コッピー ジッ レ

[台湾華語] 幫 我把這個拷貝一下。
bāng wǒ bǎ zhè ge kǎo bèi yí xià
バン ウォ バ ゼ ガ カウ ベイ イ シャ

233

2 会社で (2)

[track36]

1 また連絡します。

[台湾語] 我才閣佮你連絡。
Góa chiah koh kap lí liân-lo̍k
グァ ジャッ ゴッ ガプ リ レン ロッ

[台湾華語] 我再跟你聯絡。
wǒ zài gēn nǐ lián luò
ウォ ザイ ゲン ニ リェン ルォ

2 連絡をください。

[台湾語] 才閣佮我連絡喔。
Chiah koh kap góa liân-lo̍k oh
ジャッ ゴッ ガプ グァ レン ロッ オッ

[台湾華語] 再跟我聯絡哦。
zài gēn wǒ lián luò o
ザイ ゲン ウォ リェン ルォ オ

3 話してください。

[台湾語] 請講。
Chhiáⁿ kóng
チァン ゴン

[台湾華語] 請說。
qǐng shuō
チン スゥォ

4 聞いてください。

[台湾語] 聽我講。
Thiaⁿ góa kóng
ティァン グァ ゴン

[台湾華語] 聽我說。
tīng wǒ shuō
ティン ウォ スゥォ

234

5 説明してください。

[台湾語] **請你說明一下。**
Chhiáⁿ lí soat-bêng--chit-ē
チァン リ スァッ ビン ジッ レ

[台湾華語] **請你說明一下。**
qǐng nǐ shuō míng yí xià
チン ニ スゥォ ミン イ シャ

6 説明します。

[台湾語] **我來說明一下。**
Góa lâi soat-bêng--chit-ē
グァ ライ スァッ ビン ジッ レ

[台湾華語] **我來說明一下。**
wǒ lái shuō míng yí xià
ウォ ライ スゥォ ミン イ シャ

7 報告してください。

[台湾語] **請你報告一下。**
Chhiáⁿ lí pò-kò--chit-ē
チァン リ ボ ゴ ジッ レ

[台湾華語] **請你做一下報告吧。**
qǐng nǐ zuò yí xià bào gào ba
チン ニ ズゥォ イ シャ バウ ガウ バ

8 報告します。

[台湾語] **我報告一下。**
Góa pò-kò--chit-ē
グァ ボ ゴ ジッ レ

[台湾華語] **我報告一下。**
wǒ bào gào yí xià
ウォ バウ ガウ イ シャ

会社・工場

235

3 会社で (3)

1 確認してください。

台湾語 請 確認一下。
Chhiáⁿ khak-jīn--chit-ē
チァン カッ ジン ジッ レ

台湾華語 請 確 認一下。
qǐng què rèn yí xià
チン チュエ レン イ シャ

2 確認します。

台湾語 我確認一下。
Góa khak-jīn--chit-ē
グァ カッ ジン ジッ レ

台湾華語 我 確 認一下。
wǒ què rèn yí xià
ウォ チュエ レン イ シャ

3 確認しました。

台湾語 我確認過 a。
Góa khak-jīn--kòe-a
グァ カッ ジン グェ ア

台湾華語 我 確 認過了。
wǒ què rèn guò le
ウォ チュエ レン グォ ラ

4 初耳です。

台湾語 我頭一擺 聽著。
Góa thâu-chit pái thiaⁿ--tio̍h
グァ タウ ジッ バイ ティアンディオッ

台湾華語 我第一次 聽 到。
wǒ dì yí cì tīng dào
ウォ ディ イ ツ ティン ダウ

5 関係ありません。

[台湾語] **無關係。**
Bô koan-hē
ボ グァン ヘ

[台湾華語] **沒有關係。**
méi yǒu guān xī
メイ ヨ グァン シ

6 そこをなんとか。

[台湾語] **拜託你鬥相共啦。**
Pài-thok lí tàu-saⁿ-kāng--lah
バイ トッ リ ダウ サン ガン ラッ

[台湾華語] **麻煩你幫幫忙啦。**
má fán nǐ bāng bāng máng la
マ ファン ニ バン バン マン ラ

7 質問はありますか？

[台湾語] **有問題無？**
Ū būn-tê--bô
ウ ブン デ ボ

[台湾華語] **有沒有問題呢？**
yǒu méi yǒu wèn tí ne
ヨ メイ ヨ ウン ティ ナ

8 あります。／ありません。

[台湾語] **有。／無。**
Ū　　　Bô
ウ　　　ボ

[台湾華語] **有。／沒有。**
yǒu　　méi yǒu
ヨ　　　メイ ヨ

4 会社で (4)

1 お問い合わせしてみてください。

台湾語 你去問看覓。 ※「〜看覓」：〜してみる
Lí khì mn̄g khòaⁿ-māi
リ　キ　メン　クァン マイ

台湾華語 你去問看看。
nǐ qù wèn kàn kàn
ニ　チュィ　ウン　カン　カン

2 ご相談ください。

台湾語 請佮我參詳。
Chhiáⁿ kap góa chham-siông
チァン　ガプ　グァ　ツァム ション

台湾華語 請跟我商量。
qǐng gēn wǒ shāng liáng
チン　ゲン　ウォ　サン　リャン

3 ご安心ください。

台湾語 請放心。
Chhiáⁿ hòng-sim
チァン　ホン シム

台湾華語 請放心。
qǐng fàng xīn
チン　ファン　シン

4 ご案内します。

台湾語 請綴我來。
Chhiáⁿ toè góa lâi
チァン　ドェ　グァ　ライ

台湾華語 請跟我來。
qǐng gēn wǒ lái
チン　ゲン　ウォ ライ

5 決まりました。

台湾語 我 決定 a 。
Góa　koat-tēng--a
グァ グァッディン ア

台湾華語 我 決定 了。
wǒ　jué dìng　le
ウォ ジュエ ディン ラ

6 まだ決まりません。

台湾語 我猶未 決定。
Góa iáu-bōe　koat-tēng
グァ ヤウブエ グァッディン

台湾華語 我還沒 決定。
wǒ hái méi　jué dìng
ウォ ハイ メイ ジュエ ディン

7 心配です。

台湾語 我真 煩惱。
Góa chin　hoân-ló
グァ ジン ファン ロ

台湾華語 我很擔心。
wǒ hěn dān xīn
ウォ ヘン ダン シン

8 おつかれさま。 ※帰って行く人に対して

台湾語 辛苦 a 。
Sin-khó--a
シン コ ア

台湾華語 辛苦了。
xīn kǔ　le
シン ク ラ

5 出欠の返事など

※「會」:〜することができる、〜するだろう

1 出席します。

台湾語 我會去。
Góa ē khì
グァ エ キ

台湾華語 我會去。
wǒ huì qù
ウォ フェ チュイ

2 出席しません。

台湾語 我袂去。
Góa bē khì
グァ ベ キ

台湾華語 我不會去。
wǒ bú huì qù
ウォ ブ フェ チュイ

3 参加します。

台湾語 我會參加。
Góa ē chham-ka
グァ エ ツァム ガ

台湾華語 我會參加。
wǒ huì cān jiā
ウォ フェ ツァン ジャ

4 参加しません。

台湾語 我袂參加。
Góa bē chham-ka
グァ ベ ツァム ガ

台湾華語 我不參加。
wǒ bù cān jiā
ウォ ブ ツァン ジャ

5 辞退します。

[台湾語] 我請辞。
Góa chhéng-sî
グァ チン シ

[台湾華語] 我請辞。
wǒ qǐng cí
ウォ チン ツ

6 ノーコメントです。

[台湾語] 無話通講。
Bô oē thang kóng
ボ ウェ タン コン

[台湾華語] 無可奉告。
wú kě fèng gào
ウ カ フォン ガウ

6 取引先と

1 御社のパンフレットを10部お送りください。

台湾語 敢會使寄10份貴公司的目錄來予我？
Kám ē-sái kià cha̍p hūn kùi-kong-si ê bo̍k-lo̍k lâi hō͘--góa
ガム エ サイ ギャ ザブ フン グィゴン シ エ ボッロッライ ホ グァ

台湾華語 可以寄個10份貴公司的目錄來給我嗎？
kě yǐ jì ge shí fèn guì gōng sī de mù lù lái gěi wǒ mā
カ イ ジ ガ ス フェン グェ ゴン ス ダ ム ル ライ ゲイ ウォ マ

2 宛先はどのようにいたしましょう？ ※「住址」：住所

台湾語 敢會使共我講你的住址按怎寫？
Kám ē-sái kā góa kóng lí ê chū-chí án-chóaⁿ siá
ガム エ サイ ガ グァ ゴン リ エ ズウ ジ アンツゥァン シャ

台湾華語 可以告訴我您的住址怎麼寫嗎？
kě yǐ gào sù wǒ nín de zhù zhǐ zěn me xiě mā
カ イ ガウ スウ ウォ ニン ダ ズウ ズ ゼン モ シェ マ

3 見積もりをいただけますか？ ※「報價」：見積もる

台湾語 敢會使共我報價一下？
Kám ē-sái kā góa pò-kè--chi̍t-ē
ガム エ サイ ガ グァ ボ ゲ ジッ レ

台湾華語 可以報價給我嗎？
kě yǐ bào jià gěi wǒ mā
カ イ バウ ジャ ゲイ ウォ マ

4 最低発注量はどのくらいですか？

台湾語 請問共恁叫貨上少愛叫偌濟？
Chhiáⁿ-mn̄g kā lín kiò hòe siōng-chió ài kiò lōa-chē
チャン メン ガ リン ギョ フェ ション ジョ アイ ギョ ルァ ゼ

台湾華語 請問你們最低訂貨量是多少？
qǐng wèn nǐ mén zuì dī dìng huò liàng shì duō shǎo
チン ウン ニ メン ズェ ディ ディン フォ リャン ス ドゥォ サウ

5 覚書を交わしましょうか？

台湾語 雙方欲交換一下仔備忘錄無？
Siang-hong beh kau-oāⁿ chit-ē-á pī-bōng-lȯk--bô
シャンホン ベッ ガウ ウァン ジッ レ ア ビ ボン ロッ ボ

台湾華語 雙方要不要交換一下備忘錄？
shāung fāng yào bú yào jiāo huàn yí xià bèi wàng lù
スゥァン ファン ヤウ ブ ヤウ ジャウ ファン イ シャ ベイ ウァン ル

6 一部の前金をお願いしたいのですが。

台湾語 敢會使請恁先納一部份的訂金？
Kám ē-sái chhiáⁿ lín seng lȧp chit-pō-hūn ê tiāⁿ-kim
ガム エ サイ チャン リン シン ラプ ジッ ボ フン エ ディァン ギム

台湾華語 可以請你們先付一部份的訂金嗎？
kě yǐ qǐng nǐ mén xiān fù yí bù fèn de dìng jīn mā
カ イ チン ニ メン シェン フ イ ブ フェン ダ ディンジン マ

7 運送料は負担していただきますが。

台湾語 運費可能愛恁負擔。
Ūn-hùi khó-lêng ài lín hū-tam
ウン フイ コ リン アイ リン フ ダム

台湾華語 運費可能需要你們負責。
yùn fèi kě néng xū yào nǐ mén fù zé
ユン フェ カ ネン シュィ ヤウ ニ メン フ ザ

8 足りない部分を EMS で送ってください。

台湾語 無夠的用快遞寄過來。 ※「快遞」は華語発音
Bô-kàu--ê ēng Kuài dì kià--kòe-lâi
ボ ガウ エ イン クァイ ディ ギャ グェ ライ

台湾華語 不夠的部份用快遞寄過來。
bú gòu de bù fèn yòng kuài dì jì guò lái
ブ ゴ ダ ブ フェン ヨン クァイディ ジ グォ ライ

7 工場にて (1) 作業・出荷

1 始業前に機械の点検を行います。

台湾語 開始工作 晉前一定愛先檢查機器。
Khai-sí kang-chok chìn-chêng it-tēng ài seng kiám-cha ki-khì
カイ シ ガン ゾッ ジン ジン イッ ディン アイ シン ギャム ザ ギ キ

台湾華語 開始工作 前一定要先檢查機器。
kāi shǐ gōng zuò qián yí dìng yào xiān jiǎn chá jī qì
カイ ス ゴン ズゥォ チェン イ ディン ヤウ シェン ジェン ツァ ジ チ

2 この通りにサンプルを作っていただけますか？

台湾語 敢會使照這做 sample？
Kám ē-sái chiàu che chò sam-puh-luh
ガム エ サイ ジャウ ゼ ゾ サム プ ル

台湾華語 可以照這個做樣品嗎？
kě yǐ zhào zhè ge zuò yàng pǐn mā
カ イ ザウ ゼ ガ ズゥォ ヤン ピン マ

3 このサンプルのサイズは間違っています。

台湾語 這个 sample 寸尺 毋著。
Chit-ê sam-puh-luh chhùn-chhioh m̄-tióh
ジッ レ サム プ ル ツウン チョッ ム ディオッ

台湾華語 這個樣品尺寸不對。
zhè ge yàng pǐn chǐ cùn bú duì
ザ ガ ヤン ピン ツ ツゥン ブ ドェ

4 サンプルをもう一度、作り直してください。

台湾語 Sample 麻煩 重做一下。
Sam-puh-luh mâ-hôan tēng chò--chit-ē
サム プ ル マ ファン ディン ゾ ジッ レ

台湾華語 麻煩重做一下樣品。
má fán chóng zuò yí xià yàng pǐn
マ ファン ツォン ズゥォ イ シャ ヤン ピン

5 サンプルはいつ発送できますか？

[台湾語] Sample 啥物 時陣會當 寄出來？
Sam-puh-luh siáⁿ-mih sî-chūn ē-tàng kià--chhut-lâi
サムプル シャンミッ シ ズゥン エ ダン ギャ ツゥッライ

[台湾華語] 樣品什麼時候可以寄出來？
yàng pǐn shén me shí hòu kě yǐ jì chū lái
ヤン ピン セン モ ス ホウ カ イ ジ ツゥライ

6 出荷前に全面的に検査をしなければなりません。

[台湾語] 出貨晉前愛 全面 檢查。
Chhut hòe chin-chêng ài chôan-bīn kiám-cha
ツゥッフェ ジンジン アイ ズゥアン ビン ギャムザ

[台湾華語] 出貨前要做 全面 檢查。
chū huò qián yào zuò quán miàn jiǎn chá
ツゥ フォ チェン ヤウ ズゥォ チュエンミェンジェンツァ

7 何月何日にコンテナー出荷できますか？

[台湾語] 幾月 幾日會當 出 貨櫃？
Kúi-goeh kúi-jit ē-tàng chhut hòe-kūi
グィ グェッ グィ ジッ エ ダン ツゥッフェ グイ

[台湾華語] 幾月幾號可以出貨櫃？
jǐ yuè jǐ hào kě yǐ chū huò guì
ジ ユェ ジ ハウ カ イ ツゥフォゲ

8 荷物はどうしてまだ届かないのですか？

[台湾語] 貨哪會猶未到？
Hòe ná ē iáu-bōe kàu
フェ ナ エ ヤウブェ ガウ

[台湾華語] 貨為什麼還沒到？
huò wèi shén me hái méi dào
フォ ウェ セン モ ハイ メイ ダウ

> **ひとことメモ** 「sample」は「見本」(ゲンブン) も通じる。(参考 p.233)

会社・工場

245

8 工場にて (2) 現場指導

1 皆さん、集まってください。

台湾語 請 逐家過來一下。
Chhiáⁿ ta̍k-ke kòe--lâi-chi̍t-ē
チァン ダッ ゲ グェ ライ ジッ レ

台湾華語 請大家過來一下。
qǐng dà jiā guò lái yí xià
チン ダ ジャ グォ ライ イ シャ

2 私が見本を見せます。

台湾語 請 看 我 示 範。
Chhiáⁿ khòaⁿ góa sī-hōan
チァン クァン グァ シ ファン

台湾華語 請看我做示範。
qǐng kàn wǒ zuò shì fàn
チン カン ウォ ズゥォ ス ファン

3 私と同じようにやってください。

台湾語 佮我做伙做。
Kap góa chò-hóe chò
ガプ グァ ゾ フェ ゾ

台湾華語 跟我一起做。
gēn wǒ yì qǐ zuò
ゲン ウォ イ チ ズゥォ

4 ここがポイントです。

台湾語 遮真 重要。
Chia chin tiōng-iàu
ジャ ジン ディォン ヤウ

台湾華語 這裏很 重要。
zhè lǐ hěn zhòng yào
ザ リ ヘン ゾォン ヤウ

246

5 メモを取ってください。

台湾語 做筆記一下。
Chò　pit-kì--chit-ē
ゾ　ビ　ギ　ジッ レ

台湾華語 做一下筆記。
zuò　yí　xià　bǐ　jì
ズゥォ イ シャ ビ ジ

6 一人でやってみてください。

台湾語 請 家己做 看覓。　※「家己」：自分
Chhiáⁿ　ka-kī　chò　khòaⁿ-māi
チァン ガ ギ ゾ クァン マイ

台湾華語 請自己做做看。　※「做看看」とも言う
qǐng　zì　jǐ　zuò　zuò　kàn
チン ズ ジ ズゥォ ズゥォ カン

7 同じミスを繰り返さないでください。

台湾語 毋通 犯 仝 款的 錯誤。　※「仝款」：同じ
M̄-thang　hōan　kāng-khoán　ê　chhò-gō
ム タン ファン ガン クァン エ ツォ ゴ

台湾華語 不要 犯同樣的 錯誤。
bú　yào　fàn　tóng　yàng　de　cuò　wù
ブ ヤウ ファン トン ヤン ダ ツゥォ ウ

8 わからないところがあれば、いつでも聞いてください。

台湾語 有毋捌的隨時問我。
Ū　m̄-bat--ê　sûi-sî　mn̄g--góa
ウ ム バッ エ スイ シ メン グァ

台湾華語 有不懂的 地方 隨時問我。
yǒu　bù　dǒng　de　dì　fāng　suí　shí　wèn　wǒ
ヨ ブ ドン ダ ディ ファン スェ ス ウン ウォ

9 展示会・見本市にて

[track43]

1 御社のその商品に大変興味をもっています。

台湾語 我 對 恁這个產品真有趣味。
Góa tùi lín chit-ê sán-phín chin ū chhù-bī
グァ ドゥイ リン ジッ レ サン ピン ジン ウ ツゥ ビ

※「趣味」：おもしろい、興味

台湾華語 我對你們的這個產品很有興趣。
wǒ duì nǐ mén de zhè ge chǎn pǐn hěn yǒu xìng qù
ウォ ドェ ニ メン ダ ゼ ガ ツァン ピン ヘン ヨ シン チュイ

2 マニキュアの容器を探しています。

台湾語 我teh 揣 貯指甲油的。
Góa teh chhōe té chéng-kah-iû--ê
グァ デッ ツゥェ デ ジン ガッ ユ エ

台湾華語 我 在找 指甲油的容器。
wǒ zài zhǎo zhǐ jiǎ yóu de róng qì
ウォ ザイ ザウ ズ ジャ ヨ ダ ロン チ

3 日本に出荷したことはありますか？

台湾語 恁敢捌出貨去日本？
Lín kám bat chhut-hòe khì Jit-pún
リン ガム バッ ツゥッ ホェ キ ジップン

台湾華語 你們有出貨到日本的經驗嗎？
nǐ mén yǒu chū huò dào Rì běn de jīng yàn mā
ニ メン ヨ ツゥ フォ ダウ ズ ベン ダ ジン イェン マ

4 OEM はできますか？

台湾語 恁敢會使做 OEM？
Lín kám ē-sái chò OEM
リン ガム エ サイ ゾォ オーイーエム

台湾華語 你們可以做 OEM嗎？
nǐ mén kě yǐ zuò OEM mā
ニ メン カ イ ズゥォ オーイーエム マ

5 日本語のできるスタッフはいますか？

台湾語 恁公司敢有會曉 講日語的？
Lín kong-si kám ū ē-hiáu kóng Jit-gí--ê
リン ゴン シ ガム ウ エ ヒャウ ゴン ジッ ギ エ

※「日語」の発音は「ジッギ」「リッギ」とも通じる。

台湾華語 你們公司有會 說日文的人嗎？
nǐ mén gōng sī yǒu huì shuō Rì wén de rén mā
ニ メン ゴン ス ヨ フェ スウォ ズ ウン ダ レン マ

6 御社を訪問してもよろしいでしょうか？

台湾語 敢會使去拜訪貴公司？
Kám ē-sái khi pài-hóng kùi-kong-si
ガム エ サイ キ バイ ホン クィ ゴン シ

台湾華語 可以去拜訪貴公司嗎？
kě yǐ qù bài fǎng gui gōng sī mā
カ イ チュイ バイ ファン グェ ゴン ス マ

7 会社案内はございますか？

台湾語 敢有公司簡介？
Kám ū kong-si kán-kài
ガム ウ ゴン シ ガン ガイ

台湾華語 有公司簡介嗎？
yǒu gōng sī jiǎn jiè mā
ヨ ゴン ス ジェン ジェ マ

8 連絡先をお伺いしてよろしいですか？

台湾語 敢會使共我講你的連絡方式？
Kám ē-sái kā góa kóng lí ê liân-lòk hong-sek
ガム エ サイ ガ グァ ゴン リ エ レン ロッ ホン シッ

台湾華語 可以告訴我您的聯絡方式嗎？
kě yǐ gào sù wǒ nín de lián luò fāng shì mā
カ イ ガウ スウ ウォ ニン ダ リェン ルォ ファン ス マ

⑬ 住まい

1 台湾で生活する (1)

1 部屋を借りたいのですが。

台湾語 我 想欲 稅厝。
Góa siuⁿ beh sòe-chhù
グァ シュゥン ベッ スェ ツゥ

台湾華語 我 想要 租 房子。
wǒ xiǎng yào zū fáng zi
ウォ シャンヤウ ズウ ファン ズ

2 家賃は1ヶ月いくらくらいですか？

台湾語 厝稅大概一月日偌濟？
Chhù-sòe tāi-khài chit-góeh-jit lōa-chē
ツゥ スェ ダイ カイ ジッ グェッ ジッ ルァ ゼ

台湾華語 房 租大概一個月多少？
fáng zū dà gài yí ge yuè duō shǎo
ファン ズウ ダ ガイ イ ガ ユェ ドゥォ サウ

3 MRT〔捷運〕駅からどのくらい離れていますか？

台湾語 離捷運站 偌遠？
Lī Chia̍t-ūn-chām lōa hn̄g
リ ゼッ ウン ザム ルァ フン

台湾華語 離捷 運站多遠？
lí Jié yùn zhàn duō yuǎn
リ ジェ ユィン ザン ドゥォ ユエン

4 この近くにスーパーはありますか？

台湾語 這附近敢有超市？
Chit hù-kīn kám ū chhiau-chhī
ジッ フ ギン ガム ウ チャウ チ

台湾華語 這附近有超市嗎？
zhè fù jìn yǒu chāo shì mā
ゼ フ ジン ヨ ツァ ス マ

台湾で暮らすことになったとき、住まいの環境は大切ですね。交通の便や、近所にスーパーがあるかどうかなども事前に確認したいですね。また、お隣や近所の人たちとの付き合いや、テレビの音、駐車など、日々のちょっとしたことにも気を配りたいものです。

5 バスの乗り方がまだわからないのですが。

[台湾語] 我猶袂曉坐公車。

Góa iáu bē-hiáu chē kong-chhia
グァ ヤウ ベ ヒャウ ゼ コン チャ

[台湾華語] 我還不會搭公車。

wǒ hái bú huì dā gōng chē
ウォ ハイ ブ フェ ダ ゴン ツェ

6 友達と一緒に借りています。

[台湾語] 我佮朋友做伙稅的厝。

Góa kap pêng-iú chò-hóe sòe ê chhù
グァ ガプ ペン ユ ゾ フェ スェ エ ツゥ

[台湾華語] 我和朋友合租的房子。　※「租」：借りる、レンタル

wǒ hàn péng yǒu hé zū de fáng zi
ウォ ハン ペン ヨ ハ ズウ ダ ファン ズ

7 私のビザはもうそろそろ切れます。※「到期」：満期になる

[台湾語] 我 簽 證 teh 欲到期 a。

Góa chhiam-chèng teh-beh kàu-kî--a
グァ チャム ジン ディッ ベッ ガウ ギ ア

[台湾華語] 我 簽 證 快 到期了。

wǒ qiān zhèng kuài dào qí le
ウォ チェン ゼン クァイ ダウ チ ラ

8 ビザの更新をしなければなりません。

[台湾語] 我欲去辦新的簽證a。

Góa beh khì pān sin ê chhiam-chèng--a
グァ ベッ キ バン シン エ チャム ジン ア

[台湾華語] 我 要去 延 簽 了。　※「簽」は「簽證」(ビザ)の略

wǒ yào qù yán qiān le
ウォ ヤウ チュイ イェン チェン ラ

住まい

251

2 台湾で生活する (2)

1 台湾は食事しやすいです。

台湾語 台灣 食的真方便。 ※「食的」：食べること、食べ物
Tâi-ôan chiah--ê chin hong-piān
ダイ ウァン ジャッ エ ジン ホン ペン

台湾華語 台灣吃的很方便。
Tái wān chī de hěn fāng biàn
タイ ウァン ツ ダ ヘン ファン ビェン

2 住むところに関しては会社が全部手配してくれています。

台湾語 蹛的所在公司攏安排好 a。
Tòa ê só-chāi kong-si lóng an-pâi hó--a
ドァ エ ソ ザイ ゴン シ ロン アン バイ ホ ア

台湾華語 住的 地方 公司都安排好了。
zhù de dì fāng gōng sī dōu ān pái hǎo le
ズウ ダ ディ ファン ゴン ス ドゥ アン パイ ハウ ラ

3 家具も全部ついています。

台湾語 傢俱嘛攏有 a。
Ka-kū mā lóng ū--a
ガ グ マ ロン ウ ア

台湾華語 傢俱也都有了。
jiā jù yě dōu yǒu le
ジャ ジュィ イェ ドゥ ヨ ラ

4 住んでいるところは会社から近いです。

台湾語 我蹛的所在離公司真近。
Góa tòa ê só-chāi lī kong-si chin kīn
グァ ドァ エ ソ ザイ リ ゴン シ ジン ギン

台湾華語 我住的 地方 離公司很近。
wǒ zhù de dì fāng lí gōng sī hěn jìn
ウォ ズウ ダ ディ ファン リ ゴン ス ヘン ジン

5 台湾人と結婚しました。

[台湾語] 我佮 台灣人 結婚 a。

Góa kap　Tâi-ôan-lâng　kiat-hun--a
グァ ガプ　ダイ ウァン ラン　ゲッ フン　ア

[台湾華語] 我跟 台灣人 結婚了。

wǒ gēn　Tái wān rén　jié hūn　le
ウォ ゲン　タイ ウァン レン　ジェ フン　ラ

6 彼氏は台湾人です。

[台湾語] 阮 男朋友是 台灣人。

Goán　lâm-pêng-iú　sī　Tâi-ôan-lâng
グァン　ラム ビン ユ　シ　ダイ ウァン ラン

[台湾華語] 我男朋友是 台灣人。

wǒ nán péng yǒu shì　Tái wān rén
ウォ ナン ペン ヨ ス　タイ ウァン レン

7 台湾の男性は優しいです。

[台湾語] 台灣查埔人真溫柔。

Tâi-ôan　cha-po-lâng　chin　un-jiû
ダイ ウァン　ザ ボ ラン　ジン ウン ジュ

[台湾華語] 台灣 男人很溫柔。

Tái wān　nán rén　hěn　wēn róu
タイ ウァン　ナン レン　ヘン ウン ロウ

8 台湾の女の子はみんな綺麗です

[台湾語] 台灣查某囡仔攏真媠。

Tâi-ôan　cha-bó-gín-á　lóng chin súi
ダイ ウァン ザ ボ ギン ア　ロン ジン スイ

[台湾華語] 台灣 小姐 都很 漂 亮。

Tái wān　xiǎo jiě　dōu hěn　piào liàng
タイ ウァン シャウ ジェ　ドゥ ヘン ピャウ リャン

3 近所の人との会話 (1)

1 テレビのボリュームを小さくしてください。

台湾語 敢會使共電視聲音挓較細一寡？
Kám ē-sái kā tiān-sī siaⁿ-im chhun khah sè--chi̍t-koá
ガム エ サイ ガ デン シ シャン イム ズゥン カッ セ ジッグァ

台湾華語 可以把電視聲音開小聲一點嗎？
kě yǐ bǎ diàn shì shēng yīn kāi xiǎo shēng yì diǎn mā
カ イ バ ディェンス センインカイ シャウ セン イ ディェン マ

2 声を小さくしてください。

台湾語 較細聲咧。
Khah sè-siaⁿ--leh
カッ セ シャン レッ

台湾華語 聲音小聲一點。
shēng yīn xiǎo shēng yì diǎn
センインシャウセン イ ディェン

3 苦情を言っている人がいます。

台湾語 有人來投。 ※「投」：文句を言う
Ū lâng lâi tâu
ウ ラン ライ ダウ

台湾華語 有人來抱怨。
yǒu rén lái bào yuàn
ヨ レン ライ バウ ユェン

4 ここには駐車できません。

台湾語 遮袂當插車。
Chia bē-tàng chhah-chhia
ジャ ベ ダン ツァッ チャ

台湾華語 這裏不能停車。
zhè lǐ bù néng tíng chē
ゼ リ ブ ネン ティン ツェ

5 ここは駐車禁止です。

台湾語 遮不准 插車。
Chia put-chún　chhah-chhia
ジャ ブッ ズゥン　ツァッチャ

台湾華語 這裏禁止停車。
zhè lǐ jìn zhǐ tíng chē
ゼ リ ジン ズ ティン ツェ

6 車はあそこに駐車しないでください。

台湾語 車袂使 插遐。
Chhia bē-sái chhah hia
チャ ベ サイ ツァッ ヒャ

台湾華語 車子不可以停那裏。
chē zi bù kě yǐ tíng nà lǐ
ツェ ズ ブ カ イ ティン ナ リ

7 1時から3時まで断水です。

台湾語 1 點 到 3 點 停水。
Chit tiám kàu saⁿ tiám thêng chuí
ジッ ディァム ガウ サンディァム ティン ズィ

台湾華語 1 點 到 3 點 停水。
yì diǎn dào sān diǎn tíng shuǐ
イディェン ダウ サン ディェン ティン スェ

8 明日、点検のため停電します。

台湾語 明仔載欲 定期檢查, 所以會失電。
Bîn-á-chài beh tēng-kî kiám-cha　　só-í ē sit-tiān
ビン ア ザイ ベッ ディンギ ギャム ザ　　ソ イ エ シッデン

台湾華語 明 天 要 定期檢 查, 所以會停 電。
míng tiān yào dìng qí jiǎn chá　　suǒ yǐ huì tíng diàn
ミン ティェン ヤウ ディン チ ジェン ツァ　　スォ イ フェ ティンディェン

255

4 近所の人との会話 (2)

CD-2 [track47]

1 ここにゴミを捨ててはいけません。

台湾語 遮袂當擲糞埽。
Chia bē-tàng tàn pùn-sò
ジャ ベ ダン ダン ブン ソ

台湾華語 這裏不能 丟垃圾。
zhè lǐ bù néng diū lè sè
ゼ リ ブ ネン ディォラ セ

2 月曜日は燃えるゴミの回収日です。

台湾語 拜一是可燃性糞埽回收日。
Pài-it sī khó-jiân-sèng pùn-sò hoê-siu-jit
バイ イッ シ コ ゼン シン ブン ソ フェ シュ ジッ

台湾華語 星期一是資源 回收日。
xīng qí yī shì zī yuán huí shōu rì
シン チ イ ス ズ ユェン フェ ソ ズ

3 ゴミ袋を使ってください。

台湾語 請用 糞埽袋仔。
Chhiáⁿ ēng pùn-sò tē-á
チャン イン ブン ソ デ ア

台湾華語 請用垃圾袋。
qǐng yòng lè sè dài
チン ヨン ラ セ ダイ

4 天井から水が漏れています。

台湾語 天篷 漏水。
Thian-pông lāu-chuí
テン ポン ラウ ズィ

台湾華語 天花板 漏水。
tiān huā bǎn lòu shuǐ
ティェンファ バン ロ スェ

5 エアコンが壊れたみたいです。

|台湾語| 冷氣機若像歹去a。
Léng-khì-ki ná-chhiūⁿ pháiⁿ--khì-a
リン キ ギ ナ チュゥン パイン キ ア

|台湾華語| 冷氣機好像壞掉了。
lěng qì jī hǎo xiàng huài diào le
レン チ ジ ハウ シャン ファイ ディァウ ラ

6 どのように壊れましたか？

|台湾語| 按怎歹去的？
Án-chóaⁿ pháiⁿ--khì-ê
アン ツゥァン パイン キ エ

|台湾華語| 怎樣壞掉的？
zěn yàng huài diào de
ゼン ヤン ファイ ディァウ ダ

7 おそらく修理が必要です。

|台湾語| 可能需要送去修理。
Khó-lêng su-iàu sàng khì siu-lí
コ レン スゥ ヤウ サン キ シュ リ

|台湾華語| 可能需要送修。
kě néng xū yào sòng xiū
カ ネン シュィ ヤウ ソン ショ

8 修理業者に電話します。

|台湾語| Khà 電話予修理公司。
Khà tiān-oē hō͘ siu-lí kong-si
カ デン ウェ ホ シュ リ ゴン シ

|台湾華語| 打電話給修理公司。
dǎ diàn huà gěi xiū lǐ gōng sī
ダ ディェン ファ ゲイ ショ リ ゴン ス

257

5 日本に帰国する

CD-2 [track48]

1 来週、日本に帰ります。

台湾語 我後禮拜就欲轉去日本 a。
Góa āu lé-pài tō beh tńg-khì Jit-pún--a
グァ アウ レ バイ ド ベッ デン キ ジップン ア

台湾華語 我下禮拜就要回日本了。
wǒ xià lǐ bài jiù yào huí Rì běn le
ウォ シャ リ バイ ジョ ヤ フェ ズ ベン ラ

2 大阪で仕事が見つかりました。

台湾語 我佇大阪 揣著 頭路 a。
Góa tī Osaka chhōe tiỏh thâu-lō--a
グァ ディ オオサカ ツゥェ ディオッ タウ ロ ア

台湾華語 我在大阪找到工作了。
wǒ zài Dà bǎn zhǎo dào gōng zuò le
ウォ ザイ ダ バン ザウ ダウ ゴン ズゥォ ラ

3 長い間、お世話になりました。

台湾語 感謝這段期間逐家的照顧。
Kám-siā chit tōaⁿ kî-kan tảk-ke ê chiàu-kờ
ガム シャ ジッドァンギ ガンダッゲ エ ジャウ ゴ

台湾華語 謝謝這段期間大家的照顧。
xiè xiè zhè duàn qí jiān dà jiā de zhào gù
シェ シェ ゼ ドァン チ ジェン ダ ジャ ダ ザウ グ

※相手が複数の場合は「大家」、単数の場合は「你」を使う

4 みんなのことを忘れません。

台湾語 我袂共逐家放袂記得的。
Góa bē kā tảk-ke pàng bē kì--tit-ê
グァ ベ ガ ダッゲ バン ベ ギ ジッ エ

台湾華語 我不會忘記大家的。
wǒ bú huì wàng jì dà jiā de
ウォ ブ フェ ウァン ジ ダ ジャ ダ

258

5 あなたが恋しくなるわ。

台湾語 我會 想 你的。
Góa ē siuⁿ--lí-ê
グァ エ シュゥン リ エ

台湾華語 我會 想 念你的。
wǒ huì xiǎng niàn nǐ de
ウォ フェ シャン ニェン ニ ダ

※しばらく会えないと思って別れる際に使う決まり文句

6 連絡を取り合いましょう。

台湾語 請保持連絡。
Chhiáⁿ pó-chhî liân-lo̍k
チァン ボ チ レン ロッ

台湾華語 請保持聯絡。
qǐng bǎo chí lián luò
チン バウ ツ リェン ルォ

7 時間があるとき、大阪まで遊びに来てください。

台湾語 有閒來大阪 揣 我。
Ū êng lâi Osaka chhōe--góa
ウ イン ライ オオ サカ ツゥェ グァ

※「閒」は口語では「イン」と発音することが多い

台湾華語 有空來大阪找我 玩。
yǒu kòng lái Dà bǎn zhǎo wǒ wán
ヨ コン ライ ダ バン ザウ ウォ ウァン

8 お元気で。

台湾語 一切保重。
It-chhè pó-tiōng
イッ ツェ ボ ディォン

台湾華語 一切保重。
yí qiè bǎo zhòng
イ チェ バウ ゾン

> ひとことメモ 「大阪」は台湾語の「Tāi-pán」で発音する人もいる。「オオサカ」も通じる。

⑭ 家の中で

1 一日の生活(1) 朝

毎日の生活において、朝・昼・夜によく使う表現や、週末や休日に友人を自宅に招いたり、食事をすすめたり、親しい人に贈り物をするときの表現を集めました。ぜひ台湾の人々との交流を深めてください。

1 起きなさい。

台湾語 **起來啦。**
Khí--lâi-lah
キ ライ ラッ

台湾華語 **起床了。**
qǐ chuáng le
チ ツゥァン ラ

2 もう遅れるよ。

台湾語 **Teh 欲袂赴 a 喔。**
Teh-beh bē-hù--a oh
デッ ベッ ベ フ ア オッ

台湾華語 **快遲到了哦。**
kuài chí dào le o
クァイ ツ ダウ ラ オ

3 朝ご飯の用意ができたよ。

台湾語 **早頓 準備好 a 喔。**
Chá-tǹg chún-pī hó--a oh
ザ デン ズゥン ビ ホ ア オッ

台湾華語 **早餐 準備 好了哦。**
zǎo cān zhǔn bèi hǎo le o
ザウ ツァン ズゥン ベイ ハウ ラ オ

4 朝ご飯を食べる時間がない。

台湾語 **我袂赴 食早頓 a。**
Góa bē-hù chiah chá-tǹg--a
グァ ベ フ ジャッ ザ デン ア

台湾華語 **我來不及吃早餐了。**
wǒ lái bù jí chī zǎo cān le
ウォ ライ ブ ジ ツ ザウ ツァン ラ

5 もう出かけてくるね。

台湾語 我欲出門a。

Góa beh chhut-mn̂g--a
グァ ベッ ツゥッ メン ア

台湾華語 我要出門了。

wǒ yào chū mén le
ウォ ヤウ ツゥ メン ラ

6 行って来るね。

台湾語 我來去a。

Góa lâi-khì--a
グァ ライ キ ア

台湾華語 我走了。

wǒ zǒu le
ウォ ゾ ラ

7 ついでにゴミを捨てて。

台湾語 糞埽 順紲 提去擲。 ※「順紲」：ついでに

Pùn-sò sūn-sòa theh khi tàn
ブン ソ スウン スゥア テ キ ダン

台湾華語 垃圾 順便 拿 出去 丟。

lè sè shùn biàn ná chū qù diū
ラ セ スゥン ビェン ナ ツウ チュイ ディォ

8 寝坊しちゃった。

台湾語 我睏過頭a。 ※「動詞＋過頭」：〜の度をすぎる

Góa khùn kòe-thâu--a
グァ クン グェ タウ ア

台湾華語 我睡過頭了。

wǒ shuì guò tóu le
ウォ スェ グォ トウ ラ

家の中で

261

2 一日の生活 (2) 帰宅、夕食

1 今日、何時に帰ってくるの？

台湾語 你今仔日 幾點 轉來？
Lí kin-á-jit kúi-tiám tńg--lâi
リ ギン ア ジッ グィ ディァム デン ライ

台湾華語 你 今 天 幾 點 回來？
nǐ jīn tiān jǐ tiān huí lái
ニ ジンティェン ジ ディェン フェライ

2 今日、あなたの好物の料理を作ったよ。※「菜」:料理

台湾語 我今仔日有煮你 愛食的菜 喔。
Góa kin-á-jit ū chú lí ài chiảh ê chhài oh
グァ ギン ア ジッ ウ ズウ リ アイジャッ エ ツァイ オッ

台湾華語 我 今天 煮了你愛吃的菜哦。
wǒ jīn tiān zhǔ le nǐ ài chī de cài o
ウォ ジンティェン ズウ ラ ニ アイ ツ ダ ツァイ オ

3 今日、帰りがちょっと遅いんだ。

台湾語 我今仔日 會較晏 轉去厝。
Góa kin-á-jit ē khah òaⁿ tńg-khì chhù
グァ ギン ア ジッ エ カッウァン デン キ ツゥ

台湾華語 我 今天 回家會比較 晚。
wǒ jīn tiān huí jiā huì bǐ jiào wǎn
ウォ ジンティェン フェ ジャフェ ビジャウ ウァン

4 録画を頼んでもいい？

台湾語 會使共我錄影無？
Ē-sái kā góa lỏk-iáⁿ--bô
エ サイ ガ グァ ロッ ヤン ボ

台湾華語 可以幫我錄影嗎？
kě yǐ bāng wǒ lù yǐng mā
カ イ バン ウォ ル イン マ

5 リモコン見かけてない？

[台湾語] 有 看著 遙控器無？

Ū khòaⁿ-tiòh iâu-khòng-khì--bô
ウ クァン ディオッ ヤウ コン キ ボ

[台湾華語] 有沒有看到遙控器？

yǒu méi yǒu kàn dào yáo kòng qì
ヨ メイ ヨ カン ダウ ヤウ コン チ

6 私は料理を作るので、お皿洗いをお願いね。

[台湾語] 我煮飯，你洗碗 喔。

Góa chú-pn̄g lí sé-oáⁿ oh
グァ ズウ ペン リ セ ウァン オッ

[台湾華語] 我煮飯，你洗碗哦。

wǒ zhǔ fàn nǐ xǐ wǎn o
ウォ ズウ ファン ニ シ ウァン オ

7 冷蔵庫に料理を置いてあるから。

[台湾語] 冰箱 內底 有料理好的菜。

Peng-siuⁿ lāi-té ū liāu-lí hó ê chhài
ビン シュウン ライ デ ウ リャウ リ ホ エ ツァイ

[台湾華語] 冰箱裡有做好的菜。 ※「做好」：できあがる

bīng xiāng lǐ yǒu zuò hǎo de cài
ビン シャン リ ヨ ズゥォ ハウ ダ ツァイ

8 温めればすぐ食べれるから。

[台湾語] 燙一下就會使 食 a。

Thǹg--chit-ē tō ē-sái chiàh--a
テン ジッ レ ド エ サイ ジャッア

[台湾華語] 熱一下就可以吃了。

rè yí xià jiù kě yǐ chī le
ライ シャ ジョ カ イ ツ ラ

3 一日の生活 (3) 夜、就寝

1 眠い。

台湾語 **我愛睏 a。**
Góa ài khùn--a
グァ アイ クン ア

台湾華語 **我睏了。**
wǒ kùn le
ウォ クン ラ

2 先に寝るね。

台湾語 **我先來去睏 a。**
Góa seng lâi-khì khùn--a
グァ シン ライ キ クン ア

台湾華語 **我 先去 睡了。**
wǒ xiān qù shuì le
ウォ シェン チュイ スェ ラ

3 明日、早起きしなければならないんだ。

台湾語 **明仔載愛早起來。**
Bîn-á-chài ài chá khí--lâi
ビン ア ザイ アイ ザ キ ライ

台湾華語 **明天 得早起。**
míng tiān děi zǎo qǐ
ミン ティエン デイ ザウ チ

※「得」:「děi」と発音するときは「〜しなければならない」の意。

4 早めに寝るね。

台湾語 **我欲較早睏 a。**
Góa beh khah chá khùn--a
グァ ベッ カッ ザ クン ア

台湾華語 **我要 早點 睡了。**
wǒ yào zǎo diǎn shuì le
ウォ ヤウ ザウ ディエン スェ ラ

5 お休みなさい。

[台湾語] 暗安。
Àm-an
アム アン

[台湾華語] 晚安。
wǎn ān
ウァン アン

6 寝る前に先に歯をみがくのよ。

[台湾語] 欲睏 晉前 愛洗喙。 ※「喙」:「嘴」(zuǐ)。口
Beh khùn chìn-chêng ài sé-chhùi
ベッ クン ジン ジン アイ セ ツゥイ

[台湾華語] 睡 覺 前 先 刷 牙。
shuì jiào qián xiān shuā yá
スェ ジャウ チェン シェン スゥァ ヤ

7 いい夢を見るように。

[台湾語] 祝你一暝到 天 光。 ※「天光」:夜が明ける。
Chiok lí chi̍t mê kàu thiⁿ-kng 直訳は「朝までぐっすり」
ジョッ リ ジッ メ ガウ ティン ガン

[台湾華語] 祝你有好夢。
zhù nǐ yǒu hǎo mèng
ズウ ニ ヨ ハウ モン

8 明日の朝6時に起こしてもらえる？

[台湾語] 敢會使明仔早起 六點 叫我？
Kám ē-sái bîn-á chá-khí la̍k-tiám kiò--góa
ガム エ サイ ビン ア ザ キ ラッ ディアム ギョ グァ

[台湾華語] 可以 明天 早上 六 點 叫我嗎？
kě yǐ míng tiān zǎo shàng liù diǎn jiào wǒ mā
カ イ ミン ティエン ザウ サン リョ ディエン ジャウ ウォ マ

4 自宅に友人を招く

1 ようこそ。

[台湾語] 歡迎, 歡迎。
Hoan-gêng　hoan-gêng
ファン ギン　ファン ギン

[台湾華語] 歡迎, 歡迎。
huān yíng　huān yíng
ファン イン　ファン イン

2 ようこそ。

[台湾語] 你來 a 喔。 ※直訳は「来てくれたの」
Lí　lâi--a　oh
リ　ライ ア　オッ

[台湾華語] 你來啦。 ※くだけた表現
nǐ　lái　la
ニ　ライ　ラ

3 どうぞお入りください。

[台湾語] 請入來, 請入來。
Chhiáⁿ jıp--lâi　chhiáⁿ jıp--lâi
チャン ジプ ライ　チャン ジプ ライ

[台湾華語] 請進, 請進。
qǐng jìn　qǐng jìn
チン ジン　チン ジン

4 呼んでくれてありがとう。

[台湾語] 感謝你揣我來。
Kám-siā　lí chhōe góa　lâi
ガム シャ　リ ツウェ グア　ライ

[台湾華語] 謝謝你找我來。
xiè xiè nǐ zhǎo wǒ lái
シェ シェ ニ ザウ ウォ ライ

5 お招きいただき、ありがとうございます。

台湾語 感謝你的邀請。
Kám-siā lí ê iau-chhiáⁿ
ガム シャ リ エ ヤウ チャン

台湾華語 謝謝你的邀請。
xiè xiè nǐ de yāo qǐng
シェ シェ ニ ダ ヤウ チン

6 道はすぐわかりましたか？

台湾語 揣有路啦 hoⁿh？
Chhōe ū lō--lah hoⁿh
ツゥェ ウ ロ ラッ ホンッ

台湾華語 沒迷路吧？
méi mí lù ba
メイ ミ ル バ

7 むさくるしい所ですが、気にしないでください。

台湾語 無抪掃，亂操操，請毋通見怪。
Bô piàⁿ-sàu lōan-chhau-chhau chhiáⁿ m̄-thang kiàn-kòai
ボ ピャン サウ ルァン ツァウ ツァウ チャン ム タン ゲンヴァイ

台湾華語 又髒又亂的，你別在意啊。
yòu zāng yòu luàn de nǐ bié zài yì a
ヨ ザン ヨ ルァン ダ ニ ビェ ザイ イ ア

8 いいお住まいですね。

台湾語 恁兜真媠。 ※「兜」：家
Lín tau chin súi
リン ダウ ジン スィ

台湾華語 你們家真漂亮。
nǐ mén jiā zhēn piào liàng
ニ メン ジャ ゼン ピャウ リャン

267

5 もてなす (1)

1 遠慮しないでね。

台湾語 莫客氣喔。
Mài kheh-khì oh
マイ ケッ キ オッ

台湾華語 別客氣哦。
bié kè qì o
ビェ カ チ オ

2 遠慮しないで自分で取って召し上がってね。

台湾語 家己來啦。
Ka-kī lâi--lah
ガ ギ ライ ラッ

※食べ物や飲み物をお客さんにすすめるときに使う決まり文句

台湾華語 自己動手啊。
zì jǐ dòng shǒu a
ズ ジ ドン ソ ア

3 自分のうちにいるようにしてくださいね。

台湾語 就當做若家己的厝 仝款 ho^{n}h 。
Tō tòng-chò ná ka-kī ê chhù kāng-khoán ho^{n}h
ド ドン ゾ ナ ガ ギ エ ツゥ ガンクァン ホンッ

※「ná」(若)は「那」とも表す

台湾華語 就當 做 在自己家一樣啊。
jiù dāng zuò zài zì jǐ jiā yí yàng a
ジョ ダン ズゥォ ザイ ズ ジ ジャ イ ヤン ア

4 もう全然遠慮しないから。

台湾語 我攏無咧細膩的啦。
Góa lóng bô leh sè-jī--ê-lah
グァ ロン ボ レッ セ ジ エ ラッ

台湾華語 我都不客氣的。
wǒ dōu bú kè qi de
ウォ ドゥ ブ カ チ ダ

5 お粗末です。

台湾語 便菜飯 niâ。 ※「niâ」：だけ

Piān-chhài-pn̄g　niâ
ベン ツァイ ペン　ニャ

台湾華語 沒什麼好東西。

méi shén me hǎo dōng xī
メイ セン モ ハウ ドン シ

6 わぁ、すごいごちそう！

台湾語 哇，足腥臊！

Oah　chiok　chhen-chhau
ウァッ　ジョッ ツェン ツァウ

台湾華語 哇，真豐盛！

wa　zhēn fēng shèng
ウァ　ゼン フォン セン

7 お口に合いますか？ ※「合口味」：口に合う

台湾語 有合你的口味無？

Ū　ha̍h　lí　ê　kháu-bī--bô
ウ　ハッ　リ　エ　カウ ビ ボ

台湾華語 還合你的口味嗎？

hái hé　nǐ　de　kǒu wèi mā
ハウ ハ　ニ　ダ　コウ ウェ マ

8 おいしい。

台湾語 真好食。 ※飲み物の「おいしい」は「好啉」(hó lim)

Chin　hó-chia̍h
ジン　ホ ジャッ

台湾華語 很好吃。 ※飲み物の「おいしい」は「好喝」(hǎo hē)

hěn hǎo chī
ヘン ハウ ツ

家の中で

269

6 もてなす (2)

1 おかわりはいかがですか？

[台湾語] 閣一碗 hoⁿh？
Koh chit oáⁿ hoⁿh
ゴッ ジッ ウァン ホンッ

[台湾華語] 再來一碗吧？
zài lái yì wǎn ba
ザイ ライ イ ウァン バ

2 半分でいいです。

[台湾語] 半 碗就好。
Pòaⁿ oáⁿ tō hó
ブァン ウァン ド ホ

[台湾華語] 半 碗 就好了。
bàn wǎn jiù hǎo le
バン ウァン ジョ ハウ ラ

3 もう(お腹)いっぱいです。

[台湾語] 足 脹 的。
Chiok tiùⁿ--ê
ジョッ デュゥン エ

[台湾華語] 好 撐。　※「撐」：はちきれる
hǎo chēng
ハウ ツェン

4 たくさん召し上がってください。

[台湾語] 加 食 寡。
Ke chia̍h--kóa
ゲ ジャッ グァ

[台湾華語] 多吃 點。
duō chī diǎn
ドゥォ ツ ディェン

270

5 もう食べられない。

台湾語 我 食 袂落去a。
Góa chiảh bē lỏh--khì-a
グァ ジャッ ベ ロッ キ ア

台湾華語 我吃不下去了。
wǒ chī bú xià qù le
ウォ ツ ブ シャ チュィ ラ

※「開動了」(いただきます)、「謝謝招待」(ごちそうさま) という表現があるが、それほど頻繁に使わない

6 もういっぱいいただきました。※「飽」：お腹いっぱい

台湾語 我 食 甲 飽tu-tu。 ※「tu-tu」は漢字で「柱柱」とも表す
Góa chiảh kah pá-tu-tu
グァ ジャッ カッ バ ドゥドゥ

台湾華語 我吃得好飽了。
wǒ chī de hǎo bǎo le
ウォ ツ ダ ハウ バウ ラ

7 この皿は全部、平らげたよ。※たくさん食べると喜ばれる。

台湾語 這 盤 攏我 食 的。
Chit pôaⁿ lóng góa chiảh--ê
ジッ ブァン ロン グァ ジャッ エ

台湾華語 這盤都是我吃的。
zhè pán dōu shì wǒ chī de
ゼ パン ドゥ ス ウォ ツ ダ

8 料理が上手ですね。

台湾語 你真 gâu 煮食。 ※「gâu ＋動詞」：〜を得意とする
Lí chin gâu chú-chiảh
リ ジン ガウ ズゥジャッ

台湾華語 你手藝真好。
nǐ shǒu yì zhēn hǎo
ニ ソ イ ゼン ハウ

7 贈り物をする

1 ほんの気持ちです。

台湾語 這是我淡薄仔心意。
Che sī góa tām-poh-á sim-ì
ゼ ジ グァ ダム ポッ ア シム イ

台湾華語 我的 一點 心意。
wǒ de yì diǎn xīn yì
ウォ ダ イ ディェン シン イ

2 つまらないものですが。

台湾語 細項物仔啦。
Sè-hāng mih-á--lah
セ ハン ミッ ア ラッ

台湾華語 一 點 小 東西。 ※「東西」：もの
yì diǎn xiǎo dōng xī
イ ディェン シャウ ドン シ

3 どうぞもらってください。

台湾語 請 無棄嫌 收起來。 ※「棄嫌」：嫌がる
Chhiáⁿ bô khì-hiâm siu--khí-lâi
チァン ボ キ ヒャム シュ キ ライ

台湾華語 請 笑納。 ※「笑納」は謙遜語。
qǐng xiào nà
チン シャウ ナ

4 気に入っていただけるとうれしいです。

台湾語 希望你佮意。
Hi-bāng lí kah-ì
ヒ バン リ ガッ イ

台湾華語 希望你喜歡。
xī wàng nǐ xǐ huān
シ ウァン ニ シ ファン

5 大阪のお土産です。

[台湾語] 這是大阪的名產。
Che sī Tāi-pán ê bêng-sán
ゼ シ ダイ バン エ ビン サン

[台湾華語] 這是大阪的名產。
zhè shì Dà bǎn de míng chǎn
ゼ ス ダ バン ダ ミン ツァン

6 北海道で買ってきたものです。

[台湾語] 這是我去北海道買來的。
Che sī góa khì Pak-hái-tō bé--lâi-ê
ゼ シ グァ キ バッ ハイ ド ベ ライ エ

[台湾華語] 這是我 去 北海道買來的。
zhè shì wǒ qù Běi hǎi dào mǎi lái de
ゼ ス ウォ チュィ ベイ ハイ ダウ マイ ライ ダ

7 珍しいものです。

[台湾語] 真稀奇罕見。
Chin hi-kî hán-kiⁿ
ジン ヒ ギ ハン ギン

[台湾華語] 很稀奇少見。
hěn xī qí shǎo jiàn
ヘン シ チ サウ ジェン

8 みなさんで召し上がってください。

[台湾語] 請 逐家食。
Chhiáⁿ ta̍k-ke chia̍h
チァン ダッ ゲ ジャッ

[台湾華語] 請大家吃。
qǐng dà jiā chī
チン ダ ジャ ツ

8 贈り物を受け取る

1 うわ！ 超うれしい！

台湾語 哇！ 多謝你的 surprise。
Oah　To-siā lí ê　surprise
ウァッ　ド シャ リ エ　サプライス

台湾華語 哇！ 謝謝你的驚喜。
wa　xiè xie nǐ de jīng xǐ
ウァ　シェ シェ ニ ダ ジン シ

※嬉しさを表現する決まり文句。「驚喜」は直訳すると「驚き・うれしい」

2 大事にします。

台湾語 我會好好仔寶惜。 ※「寶惜」：大事にする
Góa ē hó-hó-á pó-sioh
グァ エ ホ ホ ア ポ ショッ

台湾華語 我會好好珍惜的。
wǒ huì hǎo hǎo zhēn xí de
ウォ フェ ハウ ハウ ゼン シ ダ

3 じゃあ、遠慮せずに（いただきますね）。

台湾語 按呢我就無細膩 a。
Án-ne góa tō bô sè-jī--a
アン ネ グァ ド ボ セ ジ ア

台湾華語 那我就不客氣了。
nà wǒ jiù bú kè qì le
ナ ウォ ジョ ブ カ チ ラ

4 じゃあ、いただきますね。

台湾語 按呢我就收起來 a 喔。
Án-ne góa tō siu--khí-lâi-a oh
アン ネ グァ ド シュ キ ライ ア オッ

台湾華語 那我就收下了哦。
nà wǒ jiù shōu xià le o
ナ ウォ ジョ ソ シャ ラ オ

5 散財をさせちゃって（すみませんね）。

[台湾語] **與你破費 a。**
Hō lí phò-hùi--a
ホ リ ポ フィ ア

[台湾華語] **讓你破費了。**
ràng nǐ pò fèi le
ラン ニ ポ フェ ラ

6 家族が喜びます。

[台湾語] **阮兜的人一定 足 歡 喜的。**
Goán tau ê lâng it-tēng chiok hoaⁿ-hí--ê
グァン ダウ エ ラン イッ ディン ジョッ ファン ヒ エ

[台湾華語] **我家人一定 很高興。**
wǒ jiā rén yí dìng hěn gāo xìng
ウォ ジャ レン イ ディン ヘン ガウ シン

7 これ、ずっとほしかったんだよ！

[台湾語] **我 自早 就想欲愛這个！** ※「自早」：前から
Góa chū-chá tō siūⁿ beh ài chit ê
グァ ズゥ ザ ド シュゥン ベッ アイ ジッ レ

[台湾華語] **我 一直 就想要這個！**
wǒ yì zhí jiù xiǎng yào zhè ge
ウォ イ ズ ジョシャン ヤウ ゼ ガ

8 気に入っていただけてうれしいです。

[台湾語] **我真 歡喜你有佮意。**
Góa chin hoaⁿ-hí lí ū kah-ì
グァ ジン ファン ヒ リ ウ ガッ イ

[台湾華語] **我很高興你喜歡。**
wǒ hěn gāo xìng nǐ xǐ huān
ウォ ヘン ガウ シン ニ シ ファン

家の中で

9 見送る

1 もう帰らなきゃ。

[台湾語] 我時間差不多 a。
Góa sî-kan chha-put-to--a
グァ シ ガン ツァ ブッ ド ア

[台湾華語] 我該走了。
wǒ gāi zǒu le
ウォ ガイ ゾ ラ

2 もうそろそろ。

[台湾語] 我好來走 a。
Góa hó lâi cháu--a
グァ ホ ライ ザウ ア

[台湾華語] 我差不多該走了。
wǒ chā bù duō gāi zǒu le
ウォ ツァ ブ ドゥォ ガイ ゾ ラ

3 もう帰ります。

[台湾語] 我欲來轉 a。
Góa beh lâi tńg--a
グァ ベッ ライ デン ア

[台湾華語] 我要 回家了。
wǒ yào huí jiā le
ウォ ヤウ フェ ジャ ラ

4 今日は楽しい一日でした。

[台湾語] 今仔日有影 足 歡喜的。
Kin-á-jit ū-iáⁿ chiok hoaⁿ-hí--ê
ギン ア ジッ ウ ヤン ジョッ ファン ヒ エ

[台湾華語] 我 今 天 真的很開心。
wǒ jīn tiān zhēn de hěn kāi xīn
ウォ ジン ティェン ゼン ダ ヘン カイ シン

5 お気をつけてお帰りください。※帰る人に言う決まり文句

[台湾語] 順行 neh。
Sūn-kiâⁿ　neh
スン ギャン ネッ

[台湾華語] 慢走啊。
màn zǒu　a
マン ゾ ア

6 (帰りは)気をつけてね。※帰る人や旅行に行く人に言う決まり文句

[台湾語] 路裏愛較細膩。
Lō--nih　ài　khah　sè-jī
ロ ニッ アイ カッ セ ジ

[台湾華語] 路上小心啊。
lù　shàng　xiǎo　xīn　a
ル サン シャウ シン ア

7 また来てね。

[台湾語] 閣來喔。
Koh　lâi　oh
ゴッ ライ オッ

[台湾華語] 再來哦。
zài　lái　o
ザイ ライ オ

8 (時間があったら)また遊びに来てください。

[台湾語] 有閒才閣來喔。
Ū　êng　chiah　koh　lâi　oh
ウ イン ジャッ ゴッ ライ オッ

[台湾華語] 有空再來哦。
yǒu kòng　zài　lái　o
ヨ コン ザイ ライ オ

家の中で

1 郵便局で

1 EMS を出したいのですが。 ※「快遞」は通常、華語で発音

[台湾語] 我 想欲 寄 快遞。
Góa siūⁿ beh kià *Kuài dì*
グァ シュゥン ベッ ギャ クァイ ディ

[台湾華語] 我 想寄快遞。
wǒ xiǎng jì Kuài dì
ウォ シャン ジ クァイ ディ

2 一番早く着く方法は何でしょうか？

[台湾語] 上 緊的方式是啥 物？
Siōng kín ê hong-sek sī siáⁿ-mih
ション ギン エ ホン シッ シ シャン ミッ

[台湾華語] 最 快的方 法是什麼？
zuì kuài de fāng fǎ shì shén me
ズェ クァイ ダ ファン ファ ス セン モ

3 一番安い方法は何でしょうか？

[台湾語] 上 俗的方式是啥 物？
Siōng siȯk ê hong-sek sī siáⁿ-mih
ション ショッ エ ホン シッ シ シャン ミッ

[台湾華語] 最 便宜的方 法是什麼？
zuì pián yí de fāng fǎ shì shén me
ズェ ピェン イ ダ ファン ファ ス セン モ

4 EMS は何日で着きますか？

[台湾語] 快遞大概幾工會到？
Kuài dì tāi-khài kúi kang ē kàu
クァイディ ダイ カイ グイ ガン エ ガウ

[台湾華語] 快遞大約幾 天 到？
Kuài dì dà yuē jī tiān dào
クァイディ ダ ユエ ジ ティェン ダウ

---

⑮ 街で

台湾に中期・長期に渡って滞在する方が、銀行で口座を開いたり、郵便局で小包を送るときなどに使えるフレーズなど、覚えておくと便利なものを紹介します。台湾に滞在する場合、現地の携帯電話を持っていると便利です。ぜひ携帯ショップにも立ち寄ってみてください。

5 普通郵便はいくらですか？

[台湾語] **寄 普通批 偌濟錢？**
Kià phó͘-thong phoe lōa-chē chîⁿ
ギャ ポ トンプェ ルァ ゼ ジン

[台湾華語] **寄平信多少錢？**
jì Píng xìn duō shǎo qián
ジ ピン シン ドゥォ サウ チェン

6 切手を買いたいのですが。

[台湾語] **我欲買郵票。**
Góa beh bé iû-phiò
グァ ベッ ベ ユ ピョ

[台湾華語] **我要買郵票。**
wǒ yào mǎi yóu piào
ウォ ヤウ マイ ヨ ピャウ

7 割れ物扱いでお願い致します。

[台湾語] **較會損破的物件 請細膩囥。**
Khah ē kòng phoà ê mih-kiāⁿ chhiáⁿ sè-jī khǹg
カッ エ ゴン プァ エ ミッギャン チャンセ ジ ケン

[台湾華語] **易碎品請小心輕放。** ※決まり文句
yì suì pǐn qǐng xiǎo xīn qīng fàng
イ スェ ピン チン シャウ シン チン ファン

8 小包を受け取りに来ました。※「包裹」：小包

[台湾語] **我欲領包裹。**
Góa beh niá pau-kó
グァ ベッ ニャ バウ ゴ

[台湾華語] **我要領包裹。**
wǒ yào lǐng bāo guǒ
ウォ ヤウ リン バウ グォ

2 銀行で (1)

[CD-2 track59]

1 新規口座を開設したいのですが。

台湾語 我 想欲 開戶。

Góa siūⁿ beh khui hō͘
グァ シュウンベッ クィ ホ

台湾華語 我 想 開戶頭。 ※「戶頭」：口座

wǒ xiǎng kāi hù tóu
ウォ シャン カイ フ トゥ

2 外国人の場合、新規口座を開設する際に何か身分証明が必要でしょうか？

台湾語 外國人開戶敢需要 啥 物證 件？

Gōa-kok-lâng khui hō͘ kám su-iàu siáⁿ-mih chèng-kiāⁿ
グァ ゴッ ラン クィ ホ ガム スウ ヤウ シャン ミッ ジン ギャン

台湾華語 外 國人開戶頭需 要什麼證 件嗎？

wài guó rén kāi hù tóu xū yào shén me zhèng jiàn mā
ウァイ グォ レン カイ フ トゥ シュィ ヤウ セン モ ゼン ジェン マ

3 ダブル証明書が必要でしょうか？ ※「雙」：ダブル

台湾語 愛有雙 證 件 才會使，是無？

Ài ū siang chèng-kiāⁿ chiah ē-sái sī--bô
アイ ウ シャン ジン ギャン ジャ エ サイ シ ボ

台湾華語 要有 雙証 才 行嗎？

※台湾では「雙」は「双」と書くことが多い

yào yǒu shuāng zhèng cái xíng mā
ヤウ ヨ スゥァン ゼン ツァイ シン マ

4 これはどういう意味でしょうか？

台湾語 這是啥物意思？

Che sī siáⁿ-mih ì-sù
ゼ シ シャン ミッ イ スウ

台湾華語 這個是什麼意思？

zhè ge shì shén me yì sì
ザ ガ ス セン モ イ ス

5 私もインターネット・バンキングを開通したいのですが。

※「網路銀行」：インターネット・バンキング

[台湾語] 我嘛 想欲 利用網路銀行。

Góa mā　siuⁿ beh　lī-iōng　bāng-lō gîn-hâng
グァ マ　シュウン ベッ　リ ヨン　バン ロ ギン ハン

[台湾華語] 我也 想 開通 網路銀行。

wǒ yě xiǎng kāi tōng wǎng lù yín háng
ウォ イェ シャン カイ トン ワァン ル イン ハン

6 6桁のパスワードを設定してください。 ※「〜位數」：〜桁

[台湾語] 請 設定 6位數的暗號。

Chhiáⁿ siat-tēng　la̍k-ūi-sò̘　ê　àm-hō
チァン シッディン　ラッ ウイ ソッ　エ　アム ホ

[台湾華語] 請設定 6 位數密碼。

qǐng shè dìng liù wèi shù mì mǎ
チン サ ディン リョ ウェイ スウ ミ マ

7 こちらに印鑑をお願い致します。

[台湾語] 麻煩 佇遮頓印仔。 ※「頓」：押す

Mâ-hoân　tī chia tǹg　ìn-á
マ ファン　ディ ジャ デン　イン ア

[台湾華語] 麻煩這里蓋章。 ※「蓋章」：捺印する

má fán zhè lǐ gài zhāng
マ ファン ゼ リ ガイ ザン

8 キャッシュカードはすぐ使用できますか？

[台湾語] 金融卡 敢會使隨用？ ※「隨〜」：すぐ〜

Kim-iông-khah kám　ē-sái　suî iōng
キム ヨン カ　ガム エ　サイ スイ ヨン

[台湾華語] 銀行卡可以馬上 用嗎？

yín háng kǎ kě yǐ mǎ shàng yòng mā
イン ハン カ カ イ マ サン ヨン マ

3 銀行で (2)

1 送金したいのですが。

台湾語 我 想欲 匯 款。
Góa siuⁿ beh hoē-khoán
グァ シュゥン ベッ フェ クァン

台湾華語 我 想 要匯 款。
wǒ xiǎng yào huì kuǎn
ウォ シャン ヤウ フェ クァン

2 この書類はどうやって書き込みますか？

台湾語 這單仔欲 按怎 填？
Che toaⁿ-á beh án-chóaⁿ thiⁿ
ゼ ドゥア ア ベッ アンツゥァン ティン

台湾華語 這個單子怎麼 填？
zhè ge dān zi zěn me tián
ゼ ガ ダン ズ ゼン モ ティェン

3 郵便振替をしたいのですが。

台湾語 我欲劃撥。
Góa beh oē-poah
グァ ベッ ウェ ブァッ

台湾華語 我要劃撥。
wǒ yào huà bō
ウォ ヤウ ファ ボ

4 私の口座番号は 12345678。

台湾語 我的口座是１２３４５６７８。
Góa ê kháu-chō sī it-jī sam-sù ngó-liók chhit-pat
グァ エ カウ ゾ シ イッジ サム スウ ゴン リョッ チッ バッ

※数字は、ここでは文語発音

台湾華語 我的帳號是１２３４５６７８。
wǒ de zhàng hào shì yī èr sān sì wǔ liù qī bā
ウォ ダ ザン ハウ ス イ ア サン ス ウ リョ チ バ

5 和平支店です。

台湾語 和平分行。
Hô-pêng Hun-hâng
ホ ビン フン ハン

台湾華語 和平 分 行。
Hé píng fēn háng
ハ ピン フェン ハン

6 手数料はいくらですか？

台湾語 手續費偌濟？
Chhiú-siòk-huì lōa-chē
チュウ ショッフィ ルァ ゼ

台湾華語 手續費 是 多 少 錢？
shǒu xù fèi shì duō shǎo qián
ソ シュィ フェイ ス ドゥォ サウ チェン

7 入金はいつ確認できますでしょうか？

台湾語 錢當時會入去？
Chîⁿ tang-sî ē jip--khì
ジン タン シ エ ジプ キ

台湾華語 錢 幾時 可以 進去？
qián jǐ shí kě yǐ jìn qù
チェン ジ ス カ イ ジン チュィ

8 引き落としの手続きをしたいのですが。

台湾語 我欲辦自動 轉帳。
Góa beh pān chū-tōng choán-siàu
グァ ベッ バン ズウ ドン ズゥァン シャウ

台湾華語 我要辦自動 轉帳。
wǒ yào bàn zì dòng zhuǎn zhàng
ウォ ヤウ バン ズ ドン ズゥァン ザン

街で

4 銀行で (3)

[track61]

1 定期を組みたいのですが。

台湾語 我想欲辦定存。 ※「定存」:「定期存款」の略
Góa siuⁿ beh pān tēng-chûn
グァ シュゥンベッ バン ディン ズゥン

台湾華語 我想辦定期。
wǒ xiǎng bàn dìng qí
ウォ シャン バン ディン チ

2 今の利子はいくらですか？

台湾語 Chit-má 利息偌濟？
Chit-má lī-sek lōa-chē
ジッ マ リ シッルァ ゼ

台湾華語 現在利息多少？
xiàn zài lì xí duō shǎo
シェン ザイ リ シ ドゥォ サウ

3 両替をお願いしたいのですが。 ※「換錢」:両替する

台湾語 我欲換錢。
Góa beh oāⁿ chîⁿ
グァ ベッ ウァン ジン

台湾華語 我要換錢。
wǒ yào huàn qián
ウォ ヤウ ファン チェン

4 日本円を台湾ドルに両替したいのですが。

台湾語 我想欲日票換台票。
Góa siuⁿ beh Jit-phiò oāⁿ Tâi-phiò
グァ シュゥンベッ ジッ ピョ ウァン ダイ ピョ

台湾華語 我想日幣換台幣。
wǒ xiǎng Rì bì huàn Tái bì
ウォ シャン ズ ビ ファン タイ ビ

5 今の交換レートはいくらですか？ ※「匯率」：交換レート

[台湾語] Chit-má 匯率偌濟？
Chit-má　hoē-lu̍t　lōa-chē
ジッ　マ　フェ ルッ ルァ ゼ

[台湾華語] 現在匯率多少？
xiàn zài huì lǜ duō shǎo
シェ ザイ フェ ルィ ドゥォ サウ

6 ファンドを購入したいのですが。 ※「基金」：ファンド

[台湾語] 我 想欲 買基金。
Góa　siūⁿ beh　bé　ki-kim
グァ シュウン ベッ ベ　ギ ギム

[台湾華語] 我 想買 基金。
wǒ xiǎng mǎi　jī jīn
ウォ シャン マイ　ジ ジン

7 アドバイスをいただけますでしょうか？ ※「建議」：アドバイス

[台湾語] 敢會使予我一寡建議？
Kám　ē-sái　hō góa chit-koá　kiàn-gī
ガム　エ サイ　ホ グァ ジッ グァ ゲン ギ

[台湾華語] 可以給我一些 建議嗎？
kě yǐ gěi wǒ yì xiē jiàn yì mā
カ イ ゲイ ウォ イ シェ ジェン イ マ

8 今、何に投資するのが一番いいでしょうか？

[台湾語] Chit-má 投資 啥物較好？
Chit-má　tâu-chu　siáⁿ-mi̍h　khah hó
ジッ　マ　ダウ ズウ シャン ミッ カッ ホ

[台湾華語] 現在投資什麼好？
xiàn zài tóu zī shén me hǎo
シェン ザイ トゥ ズ セン モ ハウ

5 携帯ショップで (1)

1 プリペイドカード式の携帯を買いたいのですが。

台湾語 我 想欲買 預付卡手機仔。 ※「預付卡」は通常、華語発音
Góa siūⁿ beh bé *Yù fù kǎ* chhiú-ki-á
グァ シュゥンベッベ ユイ フ カ チュウ ギ ア

台湾華語 我 想買 預付卡手機。
wǒ xiǎng mǎi yù fù kǎ shǒu jī
ウォ シャン マイ ユィ フ カ ソ ジ

2 携帯用のプリペイドカードを1枚買いたいのですが。

台湾語 我欲買 一張 手機仔的 儉錢卡。
Góa beh bé chit tiuⁿ chhiú-ki-á ê khiām-chîⁿ-khah
グァ ベッ ベ ジッテュゥン チュウ ギ ア エ ギャム ジン カッ

台湾華語 我要買一張 手機的儲值卡。
wǒ yào mǎi yi zhāng shǒu jī de chú zhí kǎ
ウォ ヤウマイ イチャン ソ ジ ダ ツウ ズ カ

3 携帯の新規契約のときにどんな身分証明書が必要ですか？

台湾語 辦 手機仔需要 啥物證件？
Pān chhiú-ki-á su-iàu siáⁿ-mih chèng-kiāⁿ
バン チュウ ギ ア スウ ヤウ シャンミッ ジン ギャン

台湾華語 辦手機需要什麼證件嗎？
bàn shǒu jī xū yào shén me zhèng jiàn mā
バン ソ ジ シュィヤウ セン モ ゼン ジェン マ

4 新規加入しなければなりませんか？ ※「門號」は新規に取得した携帯番号

台湾語 愛辦門號 才會使喔？
Ài pān mn̂g-hō chiah ē-sái--oh
アイ バン メン ホ ジャッ エ サイ オッ

台湾華語 要辦門號 才行嗎？
yào bàn mén hào cái xíng mā
ヤウ バン メン ハウ ツァイ シン マ

参考 街で公衆電話を使うとき

※ CD に収録されていません。

公衆電話はどこにありますか？

台湾語 佗位有公共電話？
Tó-ūi　ū　kong-kiōng　tiān-oē
ド ウイ ウ　ゴンギョン　デン ウェ

台湾華語 哪裏有公共電話？
nǎ　lǐ　yǒu gōng gòng　diàn huà
ナ　リ　ヨ　ゴン ゴン　ディェンファ

テレホンカードはどこで売っていますか？

台湾語 佗位有 teh 賣電話卡？
Tó-ūi　ū　teh　bē　tiān-oē-khah
ド ウイ ウ デッ ベ デン ウェ カ

台湾華語 哪裏有賣電話卡？
nǎ　lǐ　yǒu mài　diàn huà　kǎ
ナ　リ　ヨ　マイ　ディェンファ　カ

お金をくずしていただけますか？

台湾語 敢會使共我換零星的？　※「零星」：小銭
Kám　ē-sái　kā góa　oāⁿ　lan-san--ê
ガム エ サイ ガ グァ ウァン ランサン エ

台湾華語 可以幫我換零錢嗎？
kě　yǐ bāng wǒ　huàn　líng　qián mā
カ　イ バン ウォ ファン リン チェン マ

電話をかけるのに小銭が必要なんです。

台湾語 我需要銀角仔 khà 電話。　※「銀角仔」：コイン
Góa　su-iàu　gîn-kak-á　khà　tiān-oē
グァ スウ ヤウ ギン カッ ア　カ　デン ウェ

台湾華語 我需要零錢打電話。
wǒ　xū yào　líng qián　dǎ diàn huà
ウォ シュィヤウ リン チェン ダ ディェンファ

6 携帯ショップで (2)

1 この携帯はどうやって使うのですか？

台湾語 這支手機仔欲 按怎 操作啊？
Chit ki chhiú-ki-á beh án-chóaⁿ chhau-chok ah
ジッ ギ チュウギ ア ベッ アンツゥァン ツァウ ゾッアッ

台湾華語 這台手機怎麼 操作啊？
zhè tái shǒu jī zěn me cāo zuò a
ゼ ダイ ソ ジ ゼン モ ツァウ ズゥォ ア

2 IC チップはどうやって取り出すのですか？

台湾語 IC 卡欲 按怎 提出來？
IC-khah beh án-chóaⁿ théh--chhut-lâi
アイシ カッ ベッ アンツゥァン デッ ツゥッ ライ

台湾華語 IC卡怎麼拿出來？
IC kǎ zěn me ná chū lái
アイシカ ゼン モ ナ ツゥ ライ

3 この携帯は中国でも使えますか？

台湾語 這支手機仔佇 中國 敢嘛會通？　※「通」：通じる
Chit ki chhiú-ki-á tī Tiong-kok kám mā ē thong
ジッ ギ チュウギ ア ディ ディオンゴッ ガム マ エ トン

台湾華語 這台手機在 中國也能接嗎？
zhè tái shǒu jī zài Zhōng guó yě néng jiē mā
ゼ ダイ ソ ジ ザイ ゾングオ イェ ネン ジェ マ

4 こちらのプランの通話料金が割高ですよ。※「方案」：プラン

台湾語 這个方案通話費較貴喔。
Chit ê hong-àn thong-oē-hùi khah kùi oh
ジッ レ ホン アントン ウェ フィ カッ グィ オッ

台湾華語 這個方案 通話費比較 貴哦。
zhè ge fāng àn tōng huà fèi bǐ jiào guì o
ゼ ガ ファン アン トン ファ フェ ビ ジャウ グェ オ

5 この携帯プランの課金率はどうなっているでしょうか？

[台湾語] 手機仔費率 按怎算？
Chhiú-ki-á　hùi-lùt　án-chóaⁿ sǹg
チュウ ギ ア フィ リュッ アン ツゥアン スェン

[台湾華語] 手機費率 怎麼 算？
shǒu jī fèi lǜ zěn me suàn
ソ ジ フェ リュイ ゼン モ スゥアン

6 この携帯はインターネットが使えますか？

[台湾語] 這支 手機仔 敢會使 上網？
Chit ki　chhiú-ki-á　kám ē-sái　chiūⁿ-bāng
ジッ ギ チュウ ギ ア ガム エ サイ ジュウン バン

[台湾華語] 這台手機可以 上網嗎？
zhè tái shǒu jī kě yǐ shàng wǎng mā
ゼ タイ ソ ジ カ イ サン ウァン マ

7 この携帯は国際ローミングサービスがありますか？

[台湾語] 這支手機仔敢會使國際漫遊？
Chit ki　chhiú-ki-á　kám ē-sái　kok-chè bān-iû
ジッ ギ チュウ ギ ア ガム エ サイ ゴッ ゼ バン ユ

[台湾華語] 這台手機可以國際漫遊嗎？
zhè tái shǒu jī kě yǐ guó jì màn yóu mā
ゼ タイ ソ ジ カ イ グォ ジ マン ヨ マ

8 その着メロは、いい感じだね。

[台湾語] 你的手機仔聲 足酷的！
Lí ê　chhiú-ki-á　siaⁿ chiok khú--ê
リ エ チュウ ギ ア シャン ジョック エ

[台湾華語] 你的手機鈴 聲 好酷哦。
nǐ de shǒu jī líng shēng hǎo kù o
ニ ダ ソ ジ リン セン ハウ ク オ

ひとことメモ　「手機鈴聲」：着メロ　「手機答鈴」：待ち歌　「酷」：クール、いい

7 コンビニで

1 温めますか? ※お弁当など

台湾語 欲燙一下無? ※「燙」:温める
Beh thñg--chit-ē-bô
ベッ テン ジッ レ ボ

台湾華語 要不要熱一下?
yào bú yào rè yí xià
ヤウ ブ ヤウ ラ イ シャ

2 少々お待ちください。

台湾語 請 小等。
Chhiáⁿ sió-tán
チァン ショ ダン

台湾華語 請稍等。
qǐng shāo děng
チン サウ デン

3 お待たせしました。

台湾語 予你等 誠久。
Hō͘ lí tán chiâⁿ kú
ホ リ ダン ジャン グ

台湾華語 讓您久等了。
ràng nín jiǔ děng le
ラン ニン ジョ デン ラ

4 全部で 368 元です。

台湾語 攏總是 3 6 8 箍。
Lóng-chóng sī saⁿ-pah-la̍k-cha̍p-peh kho͘
ロン ゾン シ サンバッラッザブベッ コ

台湾華語 總共是 3 6 8 元。
zǒng gòng shì sān bǎi liù shí bā yuán
ゾン ゴン ス サンバイリョスバ ユェン

5 32元のおつりです。

[台湾語] **找你 3 2 箍。**
Chāu lí saⁿ-cha̍p-jī kho͘
ザウ リ サンザプジ コ

[台湾華語] **找您 3 2 元。**
zhǎo nín sān shí èr yuán
ザウ ニン サンスア ユェン

6 売り切れです。

[台湾語] **賣了 了 a。**
Bē liáu-liáu--a
ベ リャウ リャウ ア

[台湾華語] **賣光了。**
mài guāng le
マイ グァン ラ

7 取り寄せ中です。

[台湾語] **目前 當teh 訂貨。**
Bo̍k-chêng tng-teh tēng-hoè
ボッ ジン デン デッ ディン フェ

[台湾華語] **目前 正在 訂貨。**
mù qián zhèng zài dìng huò
ム チェン ゼン ザイ ディン フォ

8 防犯カメラがついています。

[台湾語] **有tàu 監視器。** ※「tàu」：取りつける。漢字で「湊」とも表す
Ū tàu kàm-sī-khì
ウ ダウ ガム シ キ

[台湾華語] **有 裝 監視器。**
yǒu zhuāng jiān shì qì
ヨ ズゥァン ジェン ス チ

1 顔の手入れ、ダイエット

1 ダイエット中です。※「減肥」：ダイエットする

台湾語 我teh減肥。
Góa teh kiám-pûi
グァ デッ ギャム プィ

台湾華語 我在減肥。
wǒ zài jiǎn féi
ウォ ザイ ジェン フェ

2 太るのがいやだ。

台湾語 我驚大箍。 ※「大箍」：太っている
Góa kiaⁿ tōa-kho
グァ ギャン ドァ コッ

台湾華語 我怕胖。
wǒ pà pàng
ウォ パ パン

3 水を飲むだけでも太るから。

台湾語 我啉水都會大箍。
Góa lim chúi to ē tōa-kho
グァ リム ズイ ド エ ドァ コ

台湾華語 我喝水都會胖。
wǒ hē shuǐ dōu huì pàng
ウォ ヘ スェ ドゥ フェ パン

4 二重あごが出て来ちゃった。

台湾語 雙下頦攏走出來a。 ※「下頦」：あご
Siang ē-hâi lóng cháu--chhut-lâi-a
シャン エ ハイ ロン ザウ ツゥッ ライ ア

台湾華語 雙下巴都跑出來了。
shuāng xià bā dōu pǎo chū lái le
スゥアン シャ バ ドゥ パウ ツゥ ライ ラ

⑯ 美容・健康

女性同士でよく話題になるのが、美容やダイエット。お肌の手入れや、スタイル、体質などについて話すときの表現を集めてみました。また、風邪やインフルエンザなど、病気や健康に関することも日常、よく話題になりますね。

5 顔にいっぱいニキビができた。

[台湾語] **面生 足濟 柱仔籽。** ※「柱仔籽」：ニキビ
Bīn seⁿ chiok chē thiāu-á-chí
ビン センジョッゼ ティァウアジ

[台湾華語] **臉上 長 好多 痘痘。** ※「痘痘」：正式には「青春痘」
liǎn shàng zhǎng hǎo duō dòu dòu
リェン サン ザン ハウドゥオ ドォ ドォ

6 肌が白くなりたい。

[台湾語] **我 想欲 變白。**
Góa siūⁿ beh piàn pėh
グァ シュウン ベッ ベン ベッ

[台湾華語] **我想變白。**
wǒ xiǎng biàn bái
ウォ シャン ビェン バイ

7 顔がよくテカテカするの。 ※「出油」：油が出る

[台湾語] **我面 足 gâu 出 油。**
Góa bīn chiok gâu chhut iû
グァ ビン ジョッ ガウ ツゥッ ユ

[台湾華語] **我 臉 很 會 出油。**
wǒ liǎn hěn hui chū yóu
ウォ リェン ヘン フェ ツゥ ヨ

8 肌がきれいだね！

[台湾語] **你 皮膚哪會 遮 婧！**
Lí phôe-hu ná ē chiah suí
リ プェフ ナ エ ジャッ スイ

[台湾華語] **妳皮膚怎麼這麼 漂亮！**
nǐ pí fū zěn me zhè me piào liàng
ニ ピ フ ゼン モ ゼ モ ピャウ リャン

美容・健康

2 スタイルについて

1 太り気味です。

台湾語 小可 膨皮。
Sió-khóa phòng-phôe
ショ クァ ポン プェ

台湾華語 有 點 胖。
yǒu diǎn pàng
ヨ ディェン パン

2 ガリガリにやせています。

台湾語 排骨隊的。 ※「排骨」:スペアリブ
Pâi-kut-tūi--ê
バイ グッ ドゥィ エ

台湾華語 皮包骨。
pí bāo gǔ
ピ バウ グ

3 プロポーション抜群です。

台湾語 身材真好。
Sin-châi chin hó
シン ザイ ジン ホ

台湾華語 身材 很好。
shēn cái hěn hǎo
セン ツァイ ヘン ハウ

4 スタイルがいいです。

台湾語 外形袂 bái。
Gōa-hêng bē-bái
グァ ヒン ベ バイ

台湾華語 外型不錯。
wài xíng bú cuò
ウァイ シン ブ ツゥォ

5 中肉中背です。 ※「身材」:体つき

[台湾語] **身材 中中a。**
Sin-châi tiong-tiong--a
シン ザイ ディオンディオン ア

[台湾華語] **中等身材。**
zhōng děng shēn cái
ゾン デン セン ツァイ

6 ビール腹です。

[台湾語] **Bì-lù 肚。**
Bì-lù tŏ
ビール ド

[台湾華語] **啤酒肚。**
pí jiǔ dù
ピ ジョ ドゥ

7 ペチャパイです。
※「飛機場」は「空港」。滑走路のように「平ら」の比喩。

[台湾語] **飛機場。**
Hui-ki-tiûⁿ
フィ ギ ディュゥン

[台湾華語] **飛機場。**
fēi jī chǎng
フェ ジ ツァン

8 スリムです。

[台湾語] **瘦閣薄板。**
Sán koh po̍h-pán
サン ゴッ ボッ バン

[台湾華語] **很苗條。**
hěn miáo tiáo
ヘン ミャウ ティャウ

3 体質について

1 寒がりです。

台湾語 我 驚 寒。 ※「驚〜」:〜が怖い
Góa kiaⁿ koâⁿ
グァ ギャン クァン

台湾華語 我怕冷。
wǒ pà lěng
ウォ パ レン

2 暑がりです。

台湾語 我 驚 熱。 ※「熱」は口語では「ルァ」と発音することが多い
Góa kiaⁿ jóah
グァ ギャン ジョアッ

台湾華語 我怕熱。
wǒ pà rè
ウォ パ ラ

3 花粉症です。

台湾語 我有花粉症。 ※「症」は口語では「ジン」と発音することが多い
Góa ū hoe-hún-chèng
グァ ウ フエ フン ジン

台湾華語 我有 花粉症。
wǒ yǒu Huā fěn zhèng
ウォ ヨ ファ フェン ゼン

4 左利きです。

台湾語 我是攑倒手。 ※「攑」:持つ
Góa sī giáh-tó-chhiú
グァ シ ギャッド チュウ

台湾華語 我是左 撇子。
wǒ shì zuǒ piě zi
ウォ ス ズゥォ ピェ ズ

5 食べられないものがありますか？

台湾語 你敢有毋敢 食的物件？

Lí kám ū m̄-kán chiȧh ê mih-kiāⁿ
リ ガム ウ ム ガン ジャッ エ ミッギャン

台湾華語 你有不敢吃的東西嗎？

nǐ yǒu bù gǎn chī de dōng xī mā
ニ ヨ ブ ガン ツ ダ ドン シ マ

6 海老アレルギーです。※食べられない

台湾語 我 對 蝦仔過敏。

Góa tùi hê-á kòe-bín
グァ ドゥィ ヘ ア グェ ビン

台湾華語 我對蝦子過敏。

wǒ duì xiā zi guò mǐn
ウォ ドェ シャ ズ グォ ミン

7 コーヒーは飲めません。※体質的に

台湾語 我袂當啉咖啡。

Góa bē-tàng lim ka-pi
グァ ベ ダン リム カ ピ

台湾華語 我不能喝 咖啡。

wǒ bù néng hē kā fēi
ウォ ブ ネン ハ カフェイ

美容・健康

4 健康管理

1 最近、風邪が流行っています。

台湾語 最近teh流行 感冒。
Chòe-kīn teh liû-hêng kám-mō
ズェ ギン デッ リュ ヒン ガム モ

台湾華語 最近在流行感冒。
zuì jìn zài liú xíng gǎn mào
ズェ ジン ザイ リョ シン ガン マウ

2 インフルエンザにかかりました。

台湾語 我 著 流行感冒a。
Góa tióh liû-hêng kám-mō--a
グァ ディォッ リュ ヒン ガム モ ア

台湾華語 我得到流行感冒。
wǒ dé dào liú xíng gǎn mào
ウォ ダ ダウ リョ シン ガン マウ

3 手洗い、うがいをしましょう。

台湾語 愛 洗手 佮 gȯk嗽。　　※「gȯk」は漢字で「漱」とも表す
Ài sé-chhiú kap gȯk-chhuì
アイ セ チュウ ガブ ゴッ ツィ

台湾華語 要 洗手跟漱口。
yào xǐ shǒu gēn shù kǒu
ヤウ シ ソ ゲン スウ コウ

4 のどが痛いです。

台湾語 嚨喉 足 疼。
Nâ-âu chiok thiàⁿ
ナ アウ ジョッ ティアン

台湾華語 喉嚨很痛。
hóu lóng hěn tòng
ホ ロン ヘン トン

5 ひどい咳が出ます。

[台湾語] 嗽甲誠 嚴重。
Sàu kah chiâⁿ giâm-tiōng
サウ ガッ ジャン ギャムディオン

[台湾華語] 咳嗽咳得很厲害。
ké sòu ké de hěn lì hài
ケ ソウ ケ ダ ヘン リ ハイ

6 熱があります。

[台湾語] 我發燒a。
Góa hoat-sio--a
グァ ファッ ショ ア

[台湾華語] 我發燒了。
wǒ fā shāo le
ウォ ファ サウ ラ

7 熱を測ってください。

[台湾語] 量看幾度。
Niû khòaⁿ kúi tō
ニュ クァン グィ ド

[台湾華語] 量一下有幾度。
liáng yí xià yǒu jǐ dù
リャン イ シャ ヨ ジ ドゥ

8 38度でした。

[台湾語] 有 38 度。
Ū saⁿ-cha̍p-peh tō
ウ サンザプベッ ド

[台湾華語] 有 38 度。
yǒu sān shí bā dù
ヨ サン スバ ドゥ

美容・健康

5 病気・けが

1 彼は入院中です。

台湾語 伊 蹛 院 a。
I toà-īⁿ--a
イ ドゥァ イン ア

台湾華語 他住院了。
tā zhù yuàn le
タ ズウ ユエン ラ

2 彼女は退院しました。

台湾語 伊 出 院 a。
I chhut-īⁿ--a
イ ツゥッ イン ア

台湾華語 她 出院 了。
tā chū yuàn le
タ ツウ ユエン ラ

3 祖父は目が不自由です。

台湾語 阮 阿公目睭有淡薄仔無方便。 ※「目睭」：目
Goán a-kong ba̍k-chiu ū tām-po̍h-á bô hong-piān
グァン ア ゴン バッジュ ウ ダム ボッ ア ボ ホン ベン

台湾華語 我祖父眼睛有點不方便。
wǒ zǔ fù yǎn jīng yǒu diǎn bù fāng biàn
ウォ ズゥ フ イェン ジン ヨ ディェン ブ ファン ビェン

4 祖母は耳が遠いです。

台湾語 阮阿媽有小可耳空重。 ※「小可」：ちょっと
Goán a-má ū sió-khoá hīⁿ-khang-tāng
グァン ア マ ウ ショ クァ ヒン カン ダン

台湾華語 我祖母耳朵有點背。
wǒ zǔ mǔ ěr duō yǒu diǎn bèi
ウォ ズゥ ム ア ドゥォ ヨ ディェン ベイ

5 息子が怪我をしました。

台湾語 阮後生 著傷a。 ※「著傷」：怪我する

Goán hāu-seⁿ tio̍h-siong--a
グァン ハウ セン ディオッ ション ア

台湾華語 我兒子 受傷 了。

wǒ ér zi shòu shāng le
ウォ ア ズ ソ サン ラ

6 娘が手術をしました。

台湾語 阮查某囝 手術 a。 ※「查某囝」：娘

Goán cha-bó-kiáⁿ chhiú-su̍t--a
グァン ザ ボ ギャンチュウスッ ア

台湾華語 我女兒動手術了。

wǒ nǚ ér dòng shǒu shù le
ウォ ニュィ ア ドン ソ スゥ ラ

7 父が病気になりました。

台湾語 阮阿爸破病a。 ※「破病」：病気になる

Goán a-pa phoà-pēⁿ--a
グァン ア バ プァ ペン ア

台湾華語 我父親 生病 了。

wǒ fù qīn shēng bìng le
ウォ フ チン セン ビン ラ

8 母が亡くなりました。

台湾語 阮阿母過身a。 ※「過身」：亡くなる

Goán a-bú kòe-sin--a
グァン アブ グェ シン ア

台湾華語 我母親 過世 了。

wǒ mǔ qīn guò shì le
ウォ ム チン グォ ス ラ

⑰ 病気になったら

体調が良くないとき、病院でお医者さんに診察してもらうときなど、基本的な表現を集めました。また、自分の体質や症状を説明したり、薬をもらう相手の体調を尋ねる気遣いの言葉なども知っておくとよいでしょう。

1 病院で (1)

1 どうしましたか？

台湾語 你是 按怎 hoⁿh？
Lí sī án-chóaⁿ hoⁿh
リ シ アン ツゥアン ホンッ

台湾華語 你怎麼啦？
nǐ zěn me la
ニ ゼン モ ラ

2 気分はどうですか？

台湾語 你感覺 啥款？
Lí kám-kak siáⁿ-khoán
リ ガム ガッ シャン クァン

台湾華語 你覺得怎麼樣？
nǐ jué de zěn me yàng
ニ ジュェ ダ ゼン モ ヤン

3 先生にどこを診てもらいたいのですか？

台湾語 你欲來 看 啥 物？
Lí beh lâi khòaⁿ siáⁿ-mih
リ ベッ ライ クァン シャン ミッ

台湾華語 你要來看什麼？
nǐ yào lái kàn shén me
ニ ヤウ ライ カン セン モ

4 どこが具合悪いのですか？

台湾語 佗位 無爽快？
Tó-ūi bô-sóng-khoài
ド ウィ ボ ソンクァイ

台湾華語 哪裏不舒服？
nǎ lǐ bù shū fú
ナ リ ブ スゥ フ

5 今日が初めての来院ですか？

台湾語 今仔日敢是你第一擺來病院？

Kin-á-jit kám sī lí tē-it pái lâi pēⁿ-īⁿ
ギン ア ジッ ガム シ リ デ イッ パイ ライ ベン イン

台湾華語 今天是你第一次上醫院嗎？

jīn tiān shì nǐ dì yí cì shàng yī yuàn mā
ジン ティェン ス ニ ディ イ ツ サン イ ユェン マ

6 診察券はお持ちですか？ ※「卡」：券、カード

台湾語 敢有紮診療卡？

Kám ū chah chín-liâu-khah
ガム ウ ザッ ジン リャウ カッ

台湾華語 有帶診療卡嗎？

yǒu dài zhěn liáo kǎ mā
ヨ ダイ ゼン リャウ カ マ

7 健康保険はありますか？

台湾語 敢有健保？ ※「健」の発音は本来「ギェン」。口語では「ゲン」と発音することが多い。

Kám ū kiān-pó
ガム ウ ゲン ボ

台湾華語 有沒有健保？

yǒu méi yǒu jiàn bǎo
ヨ メイ ヨ ジェン バウ

8 問診表に記入してください。

台湾語 請填問診表一下。

Chhiáⁿ thiⁿ mn̄g-chín-pió--chit-ē
チャン ディン メン ジン ビョ ジッ レ

台湾華語 請填一下診前問診表。 ※「填」：記入する

qǐng tián yí xià zhěn qián wèn zhěn biǎo
チン ティェン イ シャ ゼン チェン ウン ゼン ビャウ

病気になったら

2 病院で (2)

1 日本語のできるお医者さんはいますか？

台湾語 敢有會曉 日語的醫生？
Kám ū ē-hiáu Jit-gí ê i-seng
ガム ウ エ ヒャウ ジッ ギ エ イ シン

台湾華語 有會日文的醫生嗎？ ※「日語」もOK
yǒu huì Rì wén de yī shēng mā
ヨ フェ ズ ウン ダ イ センマ

2 診断書をください。

台湾語 請共我開 診斷書。
Chhiáⁿ kā góa khui chín-tòan-su
チャン ガ グァ クィ ジンドァンスウ

台湾華語 請幫我開 診斷書。
qǐng bāng wǒ kāi zhěn duàn shū
チン バン ウォカイ ゼンドァンスゥ

3 どのくらいで治りますか？

台湾語 愛偌久才會好？
Ài lōa kú chiah ē hó
アイ ルァ グ ジャッエ ホ

台湾華語 要多久才會治好？
yào duō jiǔ cái huì zhì hǎo
ヤウ ドゥォジョ ツァイフェ ズ ハウ

4 この薬は副作用はありませんか？

台湾語 這个藥仔敢有副作用？
Chit-ê ioh-á kám ū hù-chok-iōng
ジッ レ ヨ ア ガム ウ フ ゾッヨン

台湾華語 這個藥有沒有副作用？
zhè ge yào yǒu méi yǒu fù zuò yòng
ゼ ガ ヤウ ヨ メイ ヨ フ ズゥォ ヨン

5 この薬はどうやって飲むのですか？

台湾語 這个藥仔愛 按怎食？

Chit-ê iȯh-á ài án-chóaⁿ chiȧh
ジッ レ ヨ ア アイ アンツゥァンジャッ

台湾華語 這個藥怎麼吃？

zhè ge yào zěn me chī
ゼ ガ ヤウ ゼン モ ツ

6 私の血液型は A 型です。

台湾語 我的血型是A型。

Góa ê hoeh-hêng sī A hêng
グァ エ フェッ ヒン シ エーヒン

台湾華語 我的血型是A型。

wǒ de xuě xíng shì A xíng
ウォ ダ シュェ シン ス エーシン

7 いつ退院できますか？ ※「出院」：退院する

台湾語 啥物時陣會當 出院？

Siáⁿ-mih sî-chūn ē-tàng chhut-īⁿ
シャン ミッ シ ズゥン エ ダン ツゥッイン

台湾華語 什麼時候可以出院？

shén me shí hòu kě yǐ chū yuàn
セン モ ス ホウ カ イ ツゥ ユエン

8 手術する必要がありますか？ ※「開刀」：手術

台湾語 愛開刀無？

Ài khui-to--bô
アイ クイ ド ボ

台湾華語 要開刀嗎？

yào kāi dāo mā
ヤウ カイ ダウ マ

ひとことメモ 華語では、薬は"飲む"ではなく"食べる"の「吃」を使う

3 体調について (1)

1 具合が悪いです。

台湾語 **我身軀無爽快。**
Góa seng-khu bô sóng-khòai
グァ シン ク ボ ソンクァイ

台湾華語 **我身體不舒服。**
wǒ shēn tǐ bù shū fú
ウォ センティ ブ スゥ フ

2 病気になりました。

台湾語 **我破病 a。**
Góa phoà-pēⁿ--a
グァ プァ ペン ア

台湾華語 **我生病了。**
wǒ shēng bìng le
ウォ セン ビン ラ

3 食欲がありません。

台湾語 **我無想欲食物件。**
Góa bô siūⁿ beh chiáh mih-kiāⁿ
グァ ボ シュウン ベッ ジャッ ミッギャン

台湾華語 **我沒食欲。**
wǒ méi shí yù
ウォ メイ ス ユィ

4 生理です。

台湾語 **我彼个來。** ※「彼个」：あれ(「生理」の隠語)
Góa hit-ê lâi
グァ ヒッ レ ライ

台湾華語 **我那個來了。** ※直訳は「あれが来た」
wǒ nà ge lái le
ウォ ナ ガ ライ ラ

5 おなかが痛いです。

台湾語 我腹肚疼。
Góa pak-tó͘ thiàⁿ
グァ バッ ド ティァン

台湾華語 我肚子痛。
wǒ dù zi tòng
ウォ ドゥ ズ トン

6 生理痛です。

台湾語 我 生理疼。
Góa seng-lí-thiàⁿ
グァ シン リ ティァン

台湾華語 我生理痛。
wǒ shēng lǐ tòng
ウォ セン リ トン

7 下痢をしています。

台湾語 我漏屎。 ※「漏」：もらす
Góa làu-sái
グァ ラウ サイ

台湾華語 我拉肚子。
wǒ lā dù zi
ウォ ラ ドゥ ズ

8 風邪をひいています。

台湾語 我感冒 a。
Góa kám-mō͘--a
グァ ガム モ ア

台湾華語 我感冒了。
wǒ gǎn mào le
ウォ ガン マウ ラ

4 体調について (2)

1 薬を飲みなさい。

[台湾語] 緊 食 藥仔。
Kín chiáh ioh-á
ギン ジャッ ヨッ ア

[台湾華語] 快吃藥。
kuài chī yào
クァイ ツ ヤウ

2 車に酔いました。

[台湾語] 我眩車 a。
Góa hîn-chhia--a
グァ ヒン チャ ア

[台湾華語] 我暈車了。
wǒ yūn chē le
ウォ ユン ツェ ラ

3 アレルギーがあります。

[台湾語] 我有過敏。
Góa ū kòe-bín
グァ ウ グェ ビン

[台湾華語] 我有過敏。
wǒ yǒu guò mǐn
ウォ ヨ グォ ミン

4 頭痛薬がほしいのですが。

[台湾語] 我欲愛治頭殼 疼的 藥仔。
Góa beh ài tī thâu-khak thiàⁿ ê ioh-á
グァ ベッ アイ ディ タウ カッ ティアン エ ヨッ ア

[台湾華語] 我要頭痛藥。
wǒ yào tóu tòng yào
ウォ ヤウ トウ トン ヤウ

5 解熱剤はありますか？

[台湾語] **敢有退燒藥？**
Kám ū thè-sio-io̍h
ガム ウ テ ショ ヨッ

[台湾華語] **有退燒藥嗎？**
yǒu tuì shāo yào mā
ヨ トェ サウ ヤウ マ

6 今の具合はどう？

[台湾語] **你chit-má感覺 啥款？**
Lí chit-má kám-kak siáⁿ-khoán
リ ジッ マ ガム ガッ シャン クァン

[台湾華語] **你現在覺得怎樣？**
nǐ xiàn zài jué de zěn yàng
ニ シェン ザイ ジュエ ダ ゼン ヤン

7 少し良くなりました。

[台湾語] **加足好a。**
Ke chiok hó--a
ゲ ジョッ ホ ア

[台湾華語] **好多了。**
hǎo duō le
ハウ ドゥォ ラ

8 健康には気をつけて。

[台湾語] **愛注意家己的健康。**
Ài chù-ì ka-kī ê kiān-khong
アイ ズウィ ガ ギ エ ゲン コン

[台湾華語] **要注意自己的健康。**
yào zhù yì zì jǐ de jiàn kāng
ヤウ ズウィ ズ ジ ダ ジェン カン

病気になったら

5 体調を尋ねる

1 お加減はいかがですか？

[台湾語] 你有感覺好好無？
Lí ū kám-kak hó-hó--bô
リ ウ ガムガッ ホ ホ ボ

[台湾華語] 你還好嗎？
nǐ hái hǎo mā
ニ ハイ ハウ マ

2 大丈夫ですか？

[台湾語] 你有要緊無？
Lí ū iàu-kín--bô
リ ウ ヤウギン ボ

[台湾華語] 你不要緊吧？
nǐ bú yào jǐn ba
ニ ブ ヤウ ジン バ

3 お体の具合は大丈夫ですか？

[台湾語] 你身體 會堪得無？
Lí sin-thé ē-kham--tit-bô
リ シン テ エ カムディッボ

[台湾華語] 你身體還好吧？
nǐ shēn tǐ hái hǎo ba
ニ センティ ハイ ハウ バ

4 ご病気はもう大丈夫ですか？

[台湾語] 你的病 chit-má 按怎？
Lí ê pēⁿ chit-má án-chóaⁿ
リ エ ベン ジッ マ アンツゥァン

[台湾華語] 你的病好點了嗎？
nǐ de bìng hǎo diǎn le mā
ニ ダ ビン ハウ ディェン ラ マ

5 風邪は治りましたか？

[台湾語] 你感冒 離療未？
Lí kám-mō͘ lī-liâu--bōe
リ ガム モ　リ リャウ ブェ

[台湾華語] 你感冒好了嗎？
nǐ gǎn mào hǎo le mā
ニ ガン マウ ハウ ラ マ

6 どうしたのですか？

[台湾語] 你是 按怎 是無？
Lí sī án-chóaⁿ sī--bô
リ シ　アンツゥァン　シ ボ

[台湾華語] 你怎麼了？
nǐ zěn me le
ニ ゼン モ ラ

7 どこか具合でも悪いのでしょうか？

[台湾語] 你佗位無 爽快？
Lí tó-ūi bô sóng-khòai
リ ド ウイ ボ ソンクァイ

[台湾華語] 你哪裏不舒服嗎？
nǐ nǎ lǐ bù shū fú mā
ニ ナ リ ブ スゥ フ マ

8 顔色がすぐれないようですが。

[台湾語] 你面色無啥好喔。　※「面色」：顔色
Lí bīn-sek bô siáⁿ hó oh
リ ピン シッ ボ シャンホ オッ

[台湾華語] 你臉色有 點 差哦。
nǐ liǎn sè yǒu diǎn chā o
ニ リェン セ ヨ ディェン ツァ オ

311

⑱ 恋愛・結婚

1 女性の外見をほめる

1 (君は) かわいいね。 ※「妳」は女性の第2人称

台湾語 **妳真古錐。**
Lí chin kó-chui
リ ジン ゴ ズィ

台湾華語 **妳真可愛。**
nǐ zhēn kě ài
ニ ゼン カ アイ

2 美人ですね。

台湾語 **妳真媠。**
Lí chin súi
リ ジン スィ

台湾華語 **妳真漂亮。** ※「漂亮」：美しい
nǐ zhēn piào liàng
ニ ゼン ピャウ リャン

3 美しいですね。 ※「好看」：美しい（男女を問わず使える）

台湾語 **你的外形真好看。**
Lí ê gōa-hêng chin hó-khòaⁿ
リ エ グァ ヒン ジン ホ クァン

台湾華語 **你長得真好看。**
nǐ zhǎng de zhēn hǎo kàn
ニ ザン ダ ゼン ハウ カン

4 目がきれいだね。 ※台湾の女性は、目をほめられると喜ぶことが多い

台湾語 **妳的目睭會講話。**
Lí ê bák-chiu ē kóng-oē
リ エ バッ ジュウ エ ゴン ウェ

台湾華語 **妳的眼睛會説話。**
nǐ de yǎn jīng hui shuō huà
ニ ダ イェン ジン フェ スゥオ ファ

※「眼睛會説話」：直訳は「物を語るような目」

相手からほめられるとうれしくなるのは皆、同じです。台湾人は言葉でのコミュニケーションをとても大事にしています。まずは、好きな相手をほめることから台湾人にアプローチしてみてはいかがですか。愛の言葉から台湾語を覚えていくのが一番早い手段かも。

5 笑顔がかわいいね。 ※「笑起來真甜」：直訳は「甘い笑顔」（女性の笑顔をほめるときの決まり文句）

[台湾語] **妳笑起來真甜。**
Lí chhiò--khí-lâi chin tiⁿ
リ チョ キ ライ ジン ディン

[台湾華語] **妳笑起來真甜。**
nǐ xiào qǐ lái zhēn tián
ニ シャウ チ ライ ゼン ティエン

6 声がすてきだ。

[台湾語] **妳的聲真好聽。**
Lí ê siaⁿ chin hó-thiaⁿ
リ エ シャン ジン ホ ディァン

[台湾華語] **妳的聲音真好聽。** ※「聲音真好聽」：直訳は「声が聞きやすい」（声をほめるときの決まり文句）
nǐ de shēng yīn zhēn hǎo tīng
ニ ダ セン イン ゼン ハウ ティン

7 君に一目ぼれしたよ。

[台湾語] **第一擺見面，我就佮意著妳。**
Tē-it pái kìⁿ-bīn góa tō kah-ì tio̍h lí
デ イッ パイ ギン ビン グァ ド ガッ イ ディオッ リ

[台湾華語] **我第一眼就喜歡上妳了。**
wǒ dì yì yǎn jiù xǐ huān shàng nǐ le
ウォ ディ イ イェン ジョ シ ファン サン ニ ラ

8 私たち、縁がありますね。

[台湾語] **我佮妳真有緣neh。**
Góa kap lí chin ū iân neh
グァ ガプ リ ジン ウ エン ネッ

[台湾華語] **我跟妳很有緣耶。**
wǒ gēn nǐ hěn yǒu yuán ye
グォ ゲン ニ ヘン ヨ ユェン イェ

恋愛・結婚

2 男性の外見をほめる

1 イケメン。

[台湾語] 緣投仔桑。
Iân-tâu-á sàng
エン ダウ ア サン

[台湾華語] 帥哥。 ※格好いい男性
shuài gē
スゥアイ ガ

2 格好いい！

[台湾語] 你真緣投！
Lí chin iân-tâu
リ ジン エン ダウ

[台湾華語] 你真帥！ ※「帥」は、主に「外見」
nǐ zhēn shuài
ニ ゼン スゥアイ

3 格好いい。

[台湾語] 人扮真好。 ※「人扮」：外見
Lâng-pān chin hó
ラン バン ジン ホ

[台湾華語] 好有型。 ※「有型」：直訳は「スタイルがいい」
hǎo yǒu xíng
ハウ ヨ シン

4 クールだね。

[台湾語] 足酷〔cool〕。
Chiok khú
ジョッ ク

[台湾華語] 好酷。
hǎo kù
ハウ ク

5 格好いい〔あか抜けてる〕。

台湾語 足漂撇。
Chiok phiau-phiat
ジョッ ピャウ ペッ

台湾華語 好瀟灑。
hǎo xiāo sǎ
ハウ シャウ サ

6 個性的だね。

台湾語 足有個性的。
Chiok ū kò-sèng--ê
ジョッ ウ ゴ シン エ

台湾華語 你好有個性。
nǐ hǎo yǒu gè xing
ニ ハウ ヨ ガ シン

7 男らしい。

台湾語 你足man的。
Li chiok mian--ê
リ ジョッ メン エ

台湾華語 你好Man。　※若者言葉。中国語と英語のチャンポンの言葉も多い
nǐ hǎo mēn
ニ ハウ メン

8 男らしい。

台湾語 你足有查埔氣概。
Lí chiok ū cha-po͘ khì-khài
リ ジョッ ウ ザ ポ キ カイ

台湾華語 你好有男人味。
nǐ hǎo yǒu nán rén wèi
ニ ハウ ヨ ナン レン ウェ

恋愛・結婚

315

3 軟派する

1 お茶しない？ ※女性に

台湾語 小姐，敢會使請你啉一杯茶？ ※「啉」：飲む
Sió-chiá kám ē-sái chhiáⁿ lí lim chit poe tê
ショジャ ガム エ サイ チァン リ リム ジッ ブェ デ

台湾華語 小姐，可以請你喝杯茶嗎？ ※直訳は「お茶一杯をおごらせてもらえる？」
xiǎo jiě kě yǐ qǐng nǐ hē bēi chā mā
シャウ ジェ カ イ チン ニ ハ ベイ ツァ マ

2 コーヒーをおごらせていただけると光栄ですが。 ※口説き文句

台湾語 我敢有彼个榮幸請妳啉一杯咖啡？
Góa kám ū hit ê êng-hēng chhiáⁿ lí lim chit poe ka-pi
グァ ガム ウ ヒッ レ インヒン チァン リ リム ジッ ブェ カ ピ

台湾華語 我有榮幸請妳喝杯咖啡嗎？
wǒ yǒu róng xìng qǐng nǐ hē bēi kā fēi mā
ウォ ヨ ロン シン チン ニ ハ ベイ カ フェイ マ

3 かわい子ちゃん、どこへ行くの？

台湾語 媠姑娘仔，欲去佗位？ ※「姑娘」：未婚の若い女性
Súi ko-niû-á beh khì toeh
スィ ゴ ニュア ベッ キ ドゥエッ

台湾華語 正妹，去哪裏？
zhèng mèi qù nǎ lǐ
ゼン メイ チュィ ナ リ

※かなり軽いノリ
※「正」は「容姿端麗」という意味
※「妹」は一声の「mēi」で発音するときは「若い女性」という意味

4 どこかで会ったような気がするけど。

台湾語 我感覺妳面熟面熟。
Góa kám-kak lí bīn-se̍k bīn-se̍k
グァ ガム ガッ リ ビン シッ ビン シッ

台湾華語 我覺得妳好面熟。
wǒ jué de nǐ hǎo miàn shóu
ウォ ジュエ ダ ニ ハウ ミェン ソ

5 服がとても良く似合ってる。

台湾語 你穿這領衫真好看。
Lí chhēng chit niá saⁿ chin hó-khòaⁿ
リ チン ジッニャ サン ジン ホ クァン

台湾華語 你穿這件衣服真好看。
nǐ chuān zhè jiàn yī fú zhēn hǎo kàn
ニ ツゥァン ゼ ジェン イ フ ゼン ハウ カン

6 火を貸してもらえる？

台湾語 會使共你借一个仔番仔火無？ ※「番仔火」：マッチ
Ē-sái kā lí chioh chit-ê-á hoan-á-hóe--bô
エ サイ ガ リ ジョッジッ レ ア ファン ア フェ ボ

台湾華語 可以跟你借個火嗎？
kě yǐ gēn nǐ jiè ge huǒ mā
カ イ ゲン ニ ジェ ガ フォ マ

7 連れと一緒？

台湾語 佮朋友做伙來的，是無？
Kap pêng-iú chò-hóe lâi--ê sī--bô
ガブ ビン ユ ゾ フェ ライ エ シ ボ

台湾華語 跟朋友一起來的嗎？
gēn péng yǒu yì qǐ lái de mā
ゲン ペン ヨ イ チ ライ ダ マ

8 家まで送るよ。

台湾語 我送妳轉去厝。
Góa sàng lí tńg-khì chhù
グァ サン リ デン キ ツウ

台湾華語 我送妳回家。
wǒ sòng nǐ huí jiā
ウォ ソン ニ フェ ジャ

恋愛・結婚

4 アプローチする

CD-3 [track14]

1 君にアタックする。

台湾語 我欲 jiok 妳。
Góa beh jiok--lí
グァ ベッ ジョッ リ

※「jiok」は漢字で「搦」とも表す。口語では「ギョッ」と発音することが多い

台湾華語 我要 追 妳。
wǒ yào zhuī nǐ
ウォ ヤウ ズゥェ ニ

※男性が女性にアプローチするときの決まり文句

2 ずっと好きだった！

台湾語 我已經佮意妳足久 a！
Góa í-keng kah-ì lí chiok kú--a
グァ イ ギン ガッ イ リ ジョッ グ ア

台湾華語 我已經暗 戀妳很久了！
wǒ yǐ jing àn liàn nǐ hěn jiǔ le
ウォ イ ジン アン リェン ニ ヘン ジョ ラ

※「暗戀」：片思い

3 僕の彼女になってください。

台湾語 做我的女朋友啦 hoⁿh。
Chò góa ê lú-pêng-iú--lah hoⁿh
ゾ グァ エ ル ビン ユ ラッ ホンッ

※女性から「彼氏になってください」とアプローチすることはあまりない

台湾華語 當我的女朋友吧。
dāng wǒ de nǚ péng yǒu ba
ダン ウォ ダ ニュィペン ヨ バ

4 君は僕にとって一番大事な人。

台湾語 妳是我上 重要的人。
Lí sī góa siōng tiōng-iàu ê lâng
リ シ グァ ション ディオンヤウ エ ラン

台湾華語 妳是我最重要的人。
nǐ shì wǒ zuì zhòng yào de rén
ニ ス ウォ ズェ ゾンヤウ ダ レン

5 君を失いたくない。

[台湾語] **我 無想欲 失去妳。**

Góa bô siūⁿ beh sit-khì lí
グァ ボ シュウン ベッ シッ キ リ

[台湾華語] **我 不想 失 去 妳。**

wǒ bù xiǎng shī qù nǐ
ウォ ブ シャン ス チュィ ニ

6 君を大事にするよ。

[台湾語] **我會好好仔 疼惜妳。**

Góa ē hó-hó-á thiàⁿ-sioh--lí
グァ エ ホ ホ ア ティアン ショッリ

[台湾華語] **我會好好愛護妳的。** ※「愛護」：人を大事にする

wǒ huì hǎo hǎo ài hù nǐ de
ウォ フェ ハウ ハウ アイ フ ニ ダ

7 (君を) 一生、大事にするから。

[台湾語] **我會一世人攏 對妳好。**

Góa ē chi̍t-sì-lâng lóng tùi lí hó
グァ エ ジッ シ ラン ロン ドゥィ リ ホ

[台湾華語] **我一輩子都會對妳好的。** ※「對〜好」：直訳は「〜をよくする」

wǒ yí bèi zi dōu huì duì nǐ hǎo de
ウォ イ ベ ズ ドゥ フェ ドェ ニ ハウ ダ

8 一緒に住もう！

[台湾語] **咱做伙蹛啦 hoⁿh！**

Lán chò-hóe tòa--lah hoⁿh
ラン ゾ フェ ドァ ラッ ホンッ

[台湾華語] **我們一起住吧！**

wǒ mén yì qǐ zhù ba
ウォ メン イ チ ズウ バ

恋愛・結婚

5 告白・プロポーズ

1 好きです。

台湾語 我佮意你。
Góa kah-ì--lí
グァ ガッ イ リ

台湾華語 我喜歡你。
wǒ xǐ huān nǐ
ウォ シ ファン ニ

2 愛してる。

台湾語 我愛你。
Góa ài--lí
グァ アイ リ

台湾華語 我愛你。
wǒ ài nǐ
ウォ アイ ニ

3 本気です。

台湾語 我是真心的。
Góa sī chin-sim--ê
グァ シ ジン シム エ

台湾華語 我是真心的。
wǒ shì zhēn xīn de
ウォ ス ゼン シン ダ

4 付き合っていただけますか?

台湾語 佮我交往好無?
Kap góa kau-óng hó--bô
ガブ グァ ガウ オン ホ ボ

台湾華語 跟我交往好嗎?
gēn wǒ jiāo wǎng hǎo mā
ゲン ウォ ジャウ ウァン ハウ マ

5 友達になっていただけますか？

台湾語 敢會使佮你做朋友？
Kám ē-sái kap lí chò pêng-iú
ガム エ サイ ガプ リ ゾ ビン ユ

台湾華語 可以和你做朋友嗎？
kě yǐ hǎn nǐ zuò péng yǒu mā
カ イ ハン ニ ズゥォ ペン ヨ マ

※直訳は「あなたと友達になれませんか？」

6 結婚しよう！

台湾語 咱結婚啦ho^{n}h！
Lán kiat-hun--lah ho^{n}h
ラン ゲッ フン ラッ ホンッ

台湾華語 我們結婚吧！
wǒ mén jié hūn ba
ウォ メン ジェ フン バ

7 （僕と）結婚してください。

台湾語 嫁我好無？
Kè--góa hó--bô
ゲ グァ ホ ボ

台湾華語 嫁給我吧。
jià gěi wǒ ba
ジャ ゲイ ウォ バ

8 お嫁さんにしてくれるの？

台湾語 你欲娶我喔？
Lí beh chhōa--góa-oh
リ ベッ ツゥァ グァ オッ

台湾華語 你要娶我嗎？
nǐ yào qǔ wǒ mā
ニ ヤウ チュィ ウォ マ

恋愛・結婚

6 口説く

1 君に会いたい。

台湾語 我 足想 你。
Góa chiok siūⁿ--lí
グァ ジョッ シュゥン リ

台湾華語 我好 想 你。
wǒ hǎo xiǎng nǐ
ウォ ハウ シャン ニ

2 君と一緒にいたい。

台湾語 我 想欲 佮妳做伙。
Góa siūⁿ beh kap lí chò-hóe
グァ シュゥン ベッ ガプ リ ゾ フェ

台湾華語 我 想 跟妳在一起。
wǒ xiǎng gēn nǐ zài yì qǐ
ウォ シャン ゲン ニ ザイ イ チ

3 君だけがほしい！

台湾語 我干焦欲愛妳！
Góa kan-na beh ài--lí
グァ ガン ナ ベッ アイ リ

台湾華語 我只要妳！
wǒ zhǐ yào nǐ
ウォ ズ ヤウ ニ

4 君は俺のものだ。

台湾語 妳是我的。
Lí sī góa ê
リ シ グァ エ

台湾華語 妳是我的。
nǐ shì wǒ de
ニ ス ウォ ダ

5 君がすべてだ！

[台湾語] 妳是我的一切！
Lí sī góa ê it-chhè
リ シ グァ エ イッツェ

[台湾華語] 妳是我的一切！
nǐ shi wǒ de yí qiè
ニ ス ウォ ダ イ チェ

6 君がいないと駄目なんだ。

[台湾語] 我無妳袂用得。
Góa bô lí bē-ēng--tit
グァ ボ リ ベ インディッ

[台湾華語] 我沒有妳不行。
wǒ méi yǒu nǐ bù xíng
ウォメイ ヨ ニ ブ シン

7 あなたがいないと生きていられない。

[台湾語] 我無你活袂落去。
Góa bô lí óah bē lóh--khì
グァ ボ リ ウァ ベ ロッ キ

[台湾華語] 我沒有你活不下去。
wǒ méi yǒu nǐ huó bù xià qù
ウォメイ ヨ ニ フォ ブ シャ チュィ

8 私たち2人は運命でつながっているんだよ。

[台湾語] 咱兩个是命中註定的。
Lán nn̄g-ê sī miā-tiong-chù-tiāⁿ--ê
ラン ヌン エ シ ミャンディオンズウディャン エ

[台湾華語] 我們兩個是命中註定的。
wǒ mén liǎng ge shì mìng zhōng zhù dìng de
ウォ メン リャン ガ ス ミン ゾン ズウ ディン ダ

恋愛・結婚

7 破局・別れ

1 もう別れたい。

台湾語 我 想欲佮你chhé。
Góa siuⁿ beh kap lí chhé
グァ シュゥン ベッ ガブ リ ツェ

※「chhé」：切る。漢字で「扯」とも表す

台湾華語 我 想 和你 分 手。
wǒ xiǎng hàn nǐ fēn shǒu
ウォ シャン ハン ニ フェン ソ

※「分手」は、恋人同士が別れ話のときに使う表現

2 別れましょう。

台湾語 咱chhé-chhé咧較規氣。
Lán chhé-chhé--leh khah kui-khì
ラン ツェ ツェ レッ カッ グイ キ

台湾華語 我們 分 手 吧。
wǒ mén fēn shǒu ba
ウォ メン フェン ソ バ

3 けんか別れをしないようにしましょう。

台湾語 咱就好來好去啦hoⁿh。
Lán tō hó-lâi-hó-khì--lah hoⁿh
ラン ド ホ ライ ホ キ ラッ ホンッ

台湾華語 我們好 聚 好散吧。
wǒ mén hǎo jù hǎo sàn ba
ウォ メン ハウ ジュィ ハウ サン バ

※冷静かつ平和的に別れるときに使う表現

4 もう絶交だ。

台湾語 我欲佮你斷路。
Góa beh kap lí tng-lō
グァ ベッ ガブ リ デン ロ

台湾華語 我要和你 絕交。
wǒ yào hàn nǐ jué jiāo
ウォ ヤウ ハン ニ ジュェ ジャウ

※「絕交」は、友人関係を絶つときに使う表現

5 もう訪ねてこないで。

[台湾語] 莫閣來 揣我 a 。
Mài koh lâi chhōe--góa-a
マイ ゴッ ライ ツュェ グァ ア

[台湾華語] 不要再來找我了。
bú yào zài lái zhǎo wǒ le
ブ ヤウ ザイ ライ ザウ ウォ ラ

6 もう連絡は一切しないで。

[台湾語] 莫閣來 攪擾我 a 。
Mài koh lâi kiáu-jiáu--góa-a
マイ ゴッ ライ ギャウ ジャウ グァ ア

[台湾華語] 不要再來搔擾我了。
bú yào zài lái sāo rǎo wǒ le
ブ ヤウ ザイ ライ サウ ラウ ウォ ラ

※「不要再聯絡我了」よりもきつい表現

7 離婚したいです。

[台湾語] 我欲離婚。
Góa beh lī-hun
グァ ベッ リ フン

[台湾華語] 我要離婚。
wǒ yào lí hūn
ウォ ヤウ リ フン

8 実家に帰ります。

[台湾語] 我欲轉後頭厝。
Góa beh tńg āu-thâu-chhù
グァ ベッ デン アウ タウ ツウ

[台湾華語] 我要回娘家。
wǒ yào huí niáng jiā
ウォ ヤウ フェ ニャン ジャ

8 よりを戻す

1 (お願いだから)やめてよ。

台湾語 **莫按呢啦。**
Mài án-ne--lah
マイ アン ネ ラッ

台湾華語 **不要這樣啦。**
bú yào zhè yàng la
ブ ヤウ ゼ ヤン ラ

2 やっぱり君が一番好きだから。

台湾語 **我上愛的猶是妳。**
Góa siōng ài--ê iáu-sī lí
グァ ション アイ エ ヤウ シ リ

台湾華語 **我最愛的還是妳。**
wǒ zuì ài de hái shì nǐ
ウォ ズェ アイ ダ ハイ ス ニ

3 今、怒り心頭だから。

台湾語 **我知影你猶teh風火頭。**
Góa chai-iáⁿ lí iáu teh hong-hóe-thâu
グァ ザイ ヤン リ ヤウ デッ ホン フェ タウ

台湾華語 **我知道你在氣頭上。**
wǒ zhī dào nǐ zài qì tóu shàng
ウォ ズ ダウ ニ ザイ チ トゥ サン

4 感情的にならないで。

台湾語 **你莫激氣。**
Lí mài kek-khì
リ マイ ギッ キ

台湾華語 **你不要意氣用事。**
nǐ bú yào yì qì yòng shì
ニ ブ ヤウ イ チ ヨン ス

5 もう一度、チャンスをください。

[台湾語] 閣予我一擺機會啦 ho`ⁿ`h。
Koh hō góa chit pái ki-hōe--lah hoⁿh
ゴッ ホ グァ ジッ バイ ギ フェラッ ホンッ

[台湾華語] 再給我一次機會吧。
zài gěi wǒ yí cì jī huì ba
ザイ ゲイ ウォ イ ツ ジ フェ バ

6 もう一度、やり直そう。

[台湾語] 咱閣翻頭重來。
Lán koh hoan-thâu têng lâi
ラン ゴッ ファン タウ ディン ライ

[台湾華語] 讓我們重新再來。
ràng wǒ mén chōng xīn zài lái
ラン ウォ メン ツォン シン ザイ ライ

7 埋め合わせするから。

[台湾語] 我會補償你的。
Góa ē pó-sióng--lí-ê
グァ エ ボ ション リ エ

[台湾華語] 我會補償你的。
wǒ huì bǔ cháng nǐ de
ウォ フェ ブ ツァン ニ ダ

8 もう過ぎたことだから。

[台湾語] 過去的就予伊過去。
Kòe--khì-ê tō hō i kòe--khì
グェ キ エ ド ホ イ グェ キ

[台湾華語] 過去的就讓它過去吧。
guò qù de jiù ràng tā guò qù ba
グオ チュイ ダ ジョ ラン タ グオ チュイ バ

恋愛・結婚

9 恋愛ドラマで使われる表現

1 行かないで！

台湾語 你毋通走！
Lí m̄-thang cháu
リ ム タン ザウ

台湾華語 你不要走！
nǐ bú yào zǒu
ニ ブ ヤウ ゾ

2 行かないでほしい！

台湾語 我無愛你走！
Góa bô-ài lí cháu
グァ ボ アイ リ ザウ

台湾華語 我不要你走！
wǒ bú yào nǐ zǒu
ウォ ブ ヤウ ニ ゾ

3 今夜は帰らないで。

台湾語 你盈暗莫轉去啦。
Lí êng-àm mài tńg--khì-lah
リ イン アム マイ デン キ ラッ

台湾華語 你今晚不要回去。
nǐ jīn wǎn bú yào huí qù
ニ ジンウァン ブ ヤウ フェ チュイ

4 そのまま居て。

台湾語 留落來。
Lâu--lóh-lâi
ラウ ロッ ライ

台湾華語 留下來。
liǔ xià lái
リョ シャ ライ

5 私のそばに居てほしい。

[台湾語] 我欲你留佇我身軀邊。

Góa beh lí lâu tī góa sin-khu piⁿ
グァ ベッ リ ラウ ディ グァ シン ク ビン

[台湾華語] 我要你留在我身邊。

wǒ yào nǐ liú zài wǒ shēn biān
ウォ ヤウ ニ リョ ザイ ウォ セン ビェン

6 私をおいて行かないで。

[台湾語] 莫離開我。

Mài lī-khui--góa
マイ リ クィ グァ

[台湾華語] 不要離開我。

bú yào lí kāi wǒ
ブ ヤウ リ カイ ウォ

7 あなたが行っちゃうと寂しくなるから。

[台湾語] 你若走，我會足孤單。

Lí nā cháu góa ē chiok ko͘-toaⁿ
リ ナ ザウ グァ エ ジョッ ゴ ドゥァン

[台湾華語] 你走了，我會很寂寞的。

nǐ zǒu le wǒ huì hěn jí mò de
ニ ゾウ ラ ウォ フェ ヘン ジ ムォ ダ

8 私を見捨てないでね。

[台湾語] 你袂使放捒我喔。 ※「放捒」：見捨てる

Lí bē-sái pàng-sak--góa oh
リ ベ サイ パン サッ グァ オッ

[台湾華語] 你不可以拋棄我哦。

nǐ bù kě yǐ pāo qì wǒ o
ニ ブ カ イ パウ チ ウォ オ

恋愛・結婚

① 映画・ドラマ・音楽

1 映画・ドラマ (1)

1 最近、台湾ドラマにはまっちゃっている。

台湾語　我最近 teh 迷 台灣的 連續劇。
Góa chòe-kīn teh bê Tâi-ôan ê liân-sio̍k-kio̍k
グァ ズェギン デッ ベ ダイウァン エ レン ショッギョッ

台湾華語　我最近迷上台灣的 連續劇。
wǒ zuì jìn mí shàng Tái wān de lián xù jù
ウォ ズェジン ミ サン タイウァン ダ リェンシュィジュィ

2 私が一番好きなドラマは「イタズラな kiss」です。

台湾語　我 上 愛看的連 續 劇是『惡作 劇之吻』。
Góa siōng ài khòaⁿ ê liân-sio̍k-kio̍k sī èr zuò jù zhī wěn
グァションアイクァンエレンショッギョッシ アズゥオジュィズウン

台湾華語　我 最喜歡的連 續 劇是「惡作 劇之吻」。
wǒ zuì xǐ huān de lián xù jù shì èr zuò jù zhī wěn
ウォズェ シファンダリェンシュィジュィス アズゥオジュィズウン

3 最近、どのドラマがおもしろい？

台湾語　最近佗一 齣連 續 劇 較 好看？
Chòe-kīn tó chit chhut liân-sio̍k-kio̍k khah hó-khòaⁿ
ズェギン ド ジッ ツゥッ レン ショッギョッ カッ ホクァン

台湾華語　最近哪部連 續 劇比較 好看？
zuì jìn nǎ bù lián xù jù bǐ jiào hǎo kàn
ズェジン ナ ブ リェン シュィ ジュィ ビ ジャウ ハウ カン

4 このドラマの視聴率は高いですよ。

台湾語　這 齣 收視率足 懸。
Chit chhut siu-sī-lu̍t chiok koân
ジッ ツゥッ シュウ シ ルッ ジョッ グァン

台湾華語　這部的收視率很高。
zhè bù de shōu shì lǜ hěn gāo
ゼ ブ ダ ソ ス ルィ ヘン ガウ

近年、日本でも放送が増えてきた、台湾の「偶像劇」(トレンディドラマ)。よく創り込んだストーリーに、イケメンと美女。虜となった日本人も多いようです。好きなアイドルに、ぜひステキなメッセージを送ってみてはいかがでしょうか。

5 キャスティングがすばらしいよ。

[台湾語] 演員真強。
Ián-oân　chin kiông
エン ウァン ジン ギョン

[台湾華語] 卡司很強。
kǎ　sī　hěn　qiáng
カ ス ヘン チャン

6 みんな見ているよ。

[台湾語] 逐家攏咧看。
Ta̍k-ke　lóng　leh　khòaⁿ
ダッ ゲ ロン レ クァン

[台湾華語] 每個人都在看。
měi　ge　rén　dōu　zài　kàn
メイ ガ レン ドゥ ザイ カン

7 最近、何かおもしろい映画ある？

[台湾語] 最近敢有啥物好看的電影？
Chòe-kīn kám ū siáⁿ-mih hó-khòaⁿ ê tiān-iáⁿ
ズェ ギン ガム ウ シャンミッ ホ クァン エ デン ヤン

[台湾華語] 最近有什麼好看的電影嗎？
zuì　jìn　yǒu shén me hǎo kàn de　diàn yǐng　mā
ズェ ジン ヨ セン モ ハウ カン ダ ディェンイン マ

8 最近、何本かおもしろいのがあるけど。

[台湾語] 最近有幾齣袂歹看的。
Chòe-kīn　ū　kúi　chhut　bē-pháiⁿ　khòaⁿ--ê
ズェ ギン ウ グィ ツッ ベ パインクァン エ

[台湾華語] 最近有幾部不錯看的。
zuì　jìn　yǒu　jǐ　bù　bú　cuò　kàn　de
ズェ ジン ヨ ジ ブ ブ ツウォ カン ダ

> **ひとことメモ** 2 の『惡作劇之吻』は通常、華語発音。

映画・ドラマ・音楽

2 映画・ドラマ (2)

1 このドラマのストーリーに心を打たれます。

台湾語 這齣 連續劇 的故事 誠予人感動。
Chit chhut liân-siȯk-kio̍k ê kò͘-sū chiâⁿ hō͘ lâng kám-tōng
ジッ ツゥッ レンショッギョッ エ ゴ スウ ジャン ホ ラン ガム ドン

台湾華語 這部 連續劇 的故事很感人。
zhè bù lián xù jù de gù shì hěn gǎn rén
ゼ ブ リェンシュィジュィ ダ グ ス ヘン ガン レン

2 美男美女が多い。

台湾語 帥哥美女真濟。
Soài-ko bí-lú chin chē
スァイ ゴ ビ ル ジン ゼ

台湾華語 帥哥 美女 很多。
shuài gē měi nǚ hěn duō
スゥアイガ メイニュィ ヘンドゥォ

3 このドラマは超おかしいよ。

台湾語 這齣 足 笑詼。
Chit chhut chiok chhiò-khoe
ジッ ツゥッ ジョッ チョ クェ

台湾華語 這部很爆 笑。
zhè bù hěn bào xiào
ゼ ブ ヘン バウ シャウ

4 私は台湾のバラエティ番組が好き。

台湾語 我愛 看 台灣的 綜藝節目。
Góa ài khòaⁿ Tâi-ôan ê chong-gē chiat-bȯk
グァ アイ クァンダイウァン エ ゾン ゲ ゼッ ボッ

台湾華語 我喜歡看 台灣的綜藝節目。
wǒ xǐ huān kàn Tái wān de zòng yì jié mù
ウォ シファン カン タイウァン ダ ゾン イ ジェ ム

5 このドラマは 100 回以上は見たかな。

[台湾語] 這 齣 我大概 看 一百遍 a。
Chit chhut góa tāi-khài khòaⁿ chit-pah piàn--a
ジッ ツゥッ グァ ダイ カイ クァン ジッ パッ ペン ア

[台湾華語] 這部片 我大概看了一百次了。　※「片」：映画やドラマを数える単位。
zhè bù piàn wǒ dà gài kàn le yì bǎi cì le
ゼ ブ ピェン ウォ ダ ガイ カン ラ イ バイ ツ ラ

6 それでも毎回感動。

[台湾語] 逐遍 看 猶是足 感動。
Ta̍k piàn khòaⁿ iáu-sī chiok kám-tōng
ダッ ペン クァン ヤウ シ ジョッ ガム ドン

[台湾華語] 每次都還是好感動。
měi cì dōu hái shì hǎo gǎn dòng
メイ ツ ドゥ ハイ ス ハウ ガン ドン

7 それでも全然飽きないのよ。

[台湾語] 見 看都 看袂倦。
Kiàn khòaⁿ to khòaⁿ bē siān
ゲン クァン ド クァン ベ セン

[台湾華語] 還是百看不厭。
hái shì bǎi kàn bú yàn
ハイ ス バイ カン ブ イェン

8 台詞も全部暗記しちゃったぐらい。

[台湾語] 口白 攏 théng 好暗 唸 a。　※「théng」は漢字で「挺」とも表す
Kháu-pe̍h lóng théng-hó àm-liām--a
カウ ペッ ロン テン ホ アム リャム ア

[台湾華語] 台詞都會背了。
tái cí dōu huì bèi le
タイ ツ ドゥ フェ ベイ ラ

映画・ドラマ・音楽

3 好きな芸能人 (1)

1 今、誰が一番人気？

台湾語 Chit-má 啥人 上 紅？
Chit-má siáⁿ-lâng siōng âng
ジッ マ シャン ラン ション アン

台湾華語 現在誰最紅？
xiàn zài shuí zuì hóng
シェン ザイ スェ ズェ ホン

2 俳優、それとも歌手？

台湾語 你是講 演員 抑是歌星？
Lí sī kóng ián-oân iah-sī koa-chheⁿ
リ シ ゴン エン ウァン ヤッ シ グァ チン

台湾華語 你是說 演員 還是歌星？
nǐ shì shuō yǎn yuán hái shì gē xīng
ニ ス スゥオ イェン ユエン ハイ ス ガ シン

3 誰の歌がいい？ ※「好聽」: 聞きやすい

台湾語 誰的歌 好聽？
Siáng ê koa hó-thiaⁿ
シャン エ グァ ホ ティァン

台湾華語 誰的歌好 聽？
shuí de gē hǎo tīng
スェ ダ ガ ハウ ティン

4 男だったら、ワン・リーホンが好き。 ※アメリカ生まれの台湾人の歌手。

台湾語 查埔的, 我佮意 王力宏。
Cha-po͘--ê góa kah-ì *Wáng lì hóng*
ザ ボ エ グァ カッ イ ウァン リ ホン ※通常、華語発音

台湾華語 男的, 我喜歡 王力宏。
nán de wǒ xǐ huān Wáng lì hóng
ナン ダ ウォ シ ファン ウァン リ ホン

5 女だったら、アーメイが好きかな。 ※台湾を代表する女性歌手

台湾語 查某的嘛，我佮意 張 惠妹。
Cha-bó͘--ê-mah, góa kah-ì Zhāng huì mèi
ザ ボ エ マ　　グァ ガッ イ チャン フェ メイ　※通常、華語発音

台湾華語 女的嘛，我喜歡 張 惠妹。
nǚ de mǎ wǒ xǐ huān Zhāng huì mèi
ニュィ ダ マ　　ウォ シ ファン チャン フェ メイ

6 F4が好きで、台湾も好きになった。 ※台湾を代表するアイドルグループ

台湾語 我是因為 F4 才佮意 台灣 的。
Góa sī in-uī F4 chiah kah-ì Tâi-ôan--ê
グァ シ イン ウィ エフス ジャッ ガッ イ ダイ ウァン エ

台湾華語 我是因為 F4 才喜歡 台灣的。
wǒ shì yīn wèi F4 cái xǐ huān Tái wān de
ウォ ス イン ウェイ エフス ツァイ シ ファン タイ ウァン ダ

7 フェイルンハイは最近ものすごい人気だよ。

台湾語 最近 飛 輪 海 足有人氣。
Chòe-kīn Fēi lún hǎi chiok ū jîn-khì
ズェ ギン フェ ルン ハイ ジョッウ リン キ

台湾華語 最近 飛 輪 海人氣高漲。
zuì jìn Fēi lún hǎi rén qì gāo zhǎng
ズェ ジン フェ ルン ハイ レン チ ガウ ザン

8 私は面食いです。

台湾語 我是外貌 協會的。
Góa sī gōa-māu hiáp-hōe--ê
グァ シ グァ マウ ヒャプ フェ エ

台湾華語 我是外 貌協會的。
wǒ shì wài mào xié huì de
ウォ ス ウァイ マウ シェ フェ ダ

ひとことメモ 8 の「外貌協會」：外協會（台湾対外貿易発展協会）にかけた表現。「貌」と「貿」の発音が同じところから来た造語

映画・ドラマ・音楽

4 好きな芸能人 (2)

1 カラオケでよく誰の歌を歌う？

台湾語 你去卡拉OK愛 唱 誰的歌？
Lí khì kha-lá-ó-khe ài chhiùⁿ siáng ê koa
リ キ カラオケ アイ チュウン シャン エ グァ

台湾華語 你去卡啦OK喜歡 唱 誰的歌？
nǐ qù kǎ lā OK xǐ huān chàng shuí de gē
ニ チュイ カ ラ オケ シ ファン ツァン スェ ダ ガ

2 ジェイチョウの歌しか歌わない。 ※台湾出身の人気作曲家・歌手・俳優

台湾語 我攏 干焦 唱 周 杰倫的歌。
Góa lóng kan-na chhiùⁿ Zhōu jié lún ê koa
グァ ロン ガン ナ チュウン チョウ ジェルン エ グァ　　※通常、華語発音

台湾華語 我都只唱 周 杰倫的歌。
wǒ dōu zhǐ chàng Zhōu jié lún de gē
ウォ ドゥ ズ ツァン チョウ ジェルン ダ ガ

3 彼らが何を言ってるのかが知りたいよ。

台湾語 我 足想欲 聽有怹teh講 啥。
Góa chiok siūⁿ beh thiaⁿ ū in teh kóng siáⁿ
グァ ジョッ シュウン ベッ ティアン ウ イン デッ ゴン シャン

台湾華語 我很想 聽 懂他們在說什麼。
wǒ hěn xiǎng tīng dǒng tā mén zài shuō shén me
ウォ ヘン シャン ティン ドン タ メン ザイ スゥォ セン モ

4 少しずつ慣れていけばわかるよ。

台湾語 沓沓仔 慣勢 就 聽 有a。
Tàuh-tàuh-á koàn-sì tō thiaⁿ ū--a
ダウッ ダウッ ア グァン シ ド ティアン ウ ア

台湾華語 慢慢習慣 就 聽得懂啦。　　※「聽得懂」：聴いて理解できること
màn màn xí guàn jiù tīng de dǒng la
マン マン シ グァン ジョ ティン ダ ドン ラ

5 ザイザイにファンレターを書きたい。

※台湾の人気グループF4のメンバー「周渝民」(Zhōu yú mín)の愛称。通常、華語発音

[台湾語] 我 想 欲寫批予仔仔。

Góa siuⁿ beh siá phoe hō Zǎi zǎi
グァ シュウン ベッ シャ プェ ホ ザイザイ

[台湾華語] 我 想 寫信給仔仔。

wǒ xiǎng xiě xìn gěi Zǎi zái
ウォ シャン シェ シン ゲイ ザイザイ

6 でも私の中国語が下手くそ。

[台湾語] 毋過 我 中文 無好。

M̄-koh góa Tiong-bûn bô hó
ム ゴ グァ ディオン ブン ボ ホ

[台湾華語] 可是我 中文 不好。

kě shì wǒ Zhōng wén bù hǎo
カ ス ウォ ゾン ウン ブ ハウ

7 直していただけますか？ ※「改」：過ちを正す、直す

[台湾語] 敢會使 請你替我改？

Kám ē-sái chhiáⁿ lí thè góa kái
ガム エ サイ チァン リ テ グァ ガイ

[台湾華語] 可以請你幫我改嗎？

kě yǐ qǐng nǐ bāng wǒ gǎi mā
カ イ チン ニ バン ウォ ガイ マ

8 ノープロブレム。

[台湾語] 無問題。

Bô-būn-tê
ボ ブン デ

[台湾華語] 沒問題。

méi wèn tí
メイ ウン ティ

5 好きな芸能人 (3)

1 ジェリーの笑顔が大好きです。 ※ジェリーイェンこと「言承旭」は通常、華語発音

台湾語 我佮意 言承旭 teh 笑的形。
Góa kah-ì *Yán chéng xù* teh chhiò ê hêng
グァ ガッ イ イェンツェンシュィ デッ チョ エ ヒン

台湾華語 我喜歡 言承旭 笑起來的樣子。
wǒ xǐ huān Yán chéng xù xiào qǐ lái de yàng zi
ウォ シ ファン イェンツェンシュイ シャウ チ ライ ダ ヤン ズ

2 彼のえくぼがとてもすてき。

台湾語 伊的酒窟仔足迷人。
I ê chiú-khut-á chiok bê-lâng
イ エ ジュクッ ア ジョッ ベ ラン

台湾華語 他的酒窩很迷人。 ※「酒窩」：えくぼ
tā de jiǔ wō hěn mí rén
タ ダ ジョ ウォ ヘン ミ レン

3 ジェイチョウの歌が好きです。

台湾語 我佮意周杰倫的歌。
Góa kah-ì *Zhōu jié lún* ê koa
グァ ガッ イ チョウ ジェ ルン エ グァ

台湾華語 我喜歡 周 杰倫的歌。
wǒ xǐ huān Zhōu jié lún de gē
ウォ シ ファン チョウ ジェ ルン ダ ガ

4 彼の歌が超渋いです。

台湾語 伊的歌真讚。
I ê koa chin chán
イ エ グァ ジン ザン

台湾華語 他的歌很屌。 ※「屌」はスラング
tā de gē hěn diǎo
タ ダ ガ ヘン ディアウ

5 私はザイザイが好きです。

[台湾語] 我佮意仔仔。

Góa　kah-ì　Zăi zăi
グァ　ガッ　イ　ザイ ザイ

[台湾華語] 我喜歡 仔仔。

wǒ　xǐ　huān　Zǎi zái
ウォ　シ　ファン　ザイ ザイ

6 彼の目力にうっとり。

[台湾語] 伊的目神真吸引我。

I　ê　ba̍k-sîn　chin　khip-ín--góa
イ　エ　バッ シン　ジン　キプ イン グァ

[台湾華語] 他的 眼神很吸引我。

tā　de　yǎn shén　hěn　xī　yǐn　wǒ
タ　ダ　イェンセン　ヘン　シ　イン ウォ

7 私はS.H.E.が好きだ。 ※台湾で人気の女子ボーカル・トリオ

[台湾語] 我 佮意 S.H.E.。

Góa　kah-ì　S.H.E.
グァ　ガッ　イ　エスエイチイー

[台湾華語] 我喜歡 S.H.E.。

wǒ　xǐ　huān　S.H.E.
ウォ　シ　ファン　エスエイチイー

8 歌も良し、演技も良し。

[台湾語] 會曉 唱歌 閣會曉 搬戲。 ※「搬」：演じる

Ē-hiáu　chhiùⁿ-koa　koh　ē-hiáu　poaⁿ-hì
エ ヒャウ　チュゥングァ　ゴッ　エ ヒャウ　プァン ヒ

[台湾華語] 能歌又能演。

néng　gē　yòu　néng　yǎn
ネン　ゲ　ヨ　ネン イェン

映画・ドラマ・音楽

6 好きな芸能人 (4)

[track25]

1 ジョセフチェンが好きです。 ※台湾の人気アイドル。「鄭元暢」は通常、華語発音

台湾語 我 佮意 鄭元暢。
Góa　kah-ì　Zhèng yuán chàng
グァ　カッ　イ　ゼン ユェン ツァン

台湾華語 我喜歡 鄭元暢。
wǒ　xǐ huān　Zhèng yuán chàng
ウォ　シ ファン　ゼン ユェン ツァン

2 性格がお茶目でかわいい。

台湾語 伊真皮閣真古錐。
I　chin　phî　koh chin　kó-chui
イ　ジン　ピ　ゴッ ジン　ゴ ズイ

台湾華語 他個性很 調皮可愛。
tā　gè xìng hěn　tiáo　pí　kě　ài
タ　ゲ シン ヘン　ティァウ ピ　カ アイ

3 ジョリンが好きです。 ※台湾の人気女性歌手。「蔡依林」は通常、華語発音

台湾語 我佮意蔡依林。
Góa　kah-ì　Cài yī lín
グァ　カッ　イ　ツァイ イ　リン

台湾華語 我喜歡 蔡依林。
wǒ　xǐ huān　Cài　yī　lín
ウォ　シ ファン　ツァイ イ　リン

4 （彼女は）少年キラーで、

台湾語 少年人攏真 煞伊,
Siàu-liân-lâng　lóng chin　saⁿh--i
シャウ レン ラン　ロン ジン　サンッ　イ

台湾華語 她是少男殺手,
tā　shì shǎo nán shā shǒu
タ　ス サウ ナン サ ソ

340

5 しかも (彼女は) 努力家です。

台湾語 閣再講，伊嘛真拍拚。
Koh-chài kóng　　i　mā chin phah-piàⁿ
ゴッ ザイ ゴン　　イ　マ ジン パッ ピャン

台湾華語 而且，她很努力。
ér qiě　　tā hěn nǔ lì
ア チェ　　タ ヘン ヌ リ

6 メイデイは台湾の人気ロックバンドです。 ※「五月天」は通常、華語発音

台湾語 五月天 是足受歡迎的台灣 樂團。
Wǔ yuè tiān　sī chiok siū hoan-gêng　ê　Tâi-ôan　gȧk-thoân
ウ ユェティエン　シ ジョッシュ ファン ギン　エ　ダイウァン　ガッドァン

台湾華語 五月天 是很受歡迎的台灣樂團。
Wǔ yuè tiān　shì hěn shòu huān yíng de　Tái wān yuè tuán
ウ ユェティエン　ス ヘン ソウ ファン イン ダ　タイウァン ユェ トァン

7 「可愛い子ぶり教主」のレイニー・ヤンが好きです。
※台湾の人気歌手・女優。「楊丞琳」は通常、華語発音

台湾語 我佮意「可愛教主」楊丞琳。
Góa　kah-ì　　Khó-ài kàu-chú　*Yáng chéng lín*
グァ カッ イ　　コ アイ ガウ ズウ　ヤン ツェン リン

台湾華語 我喜歡「可愛教主」楊丞琳。
wǒ xǐ huān　Kě ài jiào zhǔ　Yáng chéng lín
ウォ シ ファン　カ アイ ジャウ ズウ　ヤン ツェン リン

8 カンフイの台湾語の歌が好きです。
※「江蕙」は、台湾語の歌姫。台湾語で発音されることが多い

台湾語 我佮意江蕙的台語歌。
Góa　kah-ì　Kang huī　ê　Tâi-gí　koa
グァ ガッ イ　カン フイ　エ　ダイ ギ　グァ

台湾華語 我喜歡 江蕙的台語歌。
wǒ xǐ huān　Jiāng huì de Tái yǔ gē
ウォ シ ファン チャン フェ ダ タイ ユィ ガ

7 ファンミーティングで (1)

1 (スーパー) 大ファンです。

台湾語 我是你的超級大 fans。
Góa sī lí ê chhiau-kip tōa fians
グァ シ リ エ ツァウギプ ドァ フェンス

※「fans」は漢字で「粉絲」とも表す

台湾華語 我是你的超級大粉絲。
wǒ shì nǐ de chāo jí dà fěn sī
ウォ ス ニ ダ ツァウ ジ ダ フェン ス

※「ファン」は、俳優のファンの場合は「影迷」、歌手のファンの場合は「歌迷」を使う。「粉絲」はどちらでも使える流行語。

2 サインしていただけますか？

台湾語 會使共我簽名無？
Ē-sái kā góa chhiam-miâ--bô
エ サイ ガ グァ チァムミャ ボ

台湾華語 可以幫我簽名嗎？
kě yǐ bāng wǒ qiān míng mā
カ イ バン ウォ チェン ミン マ

3 一緒に写真を撮ってもよろしいでしょうか？

台湾語 會使佮你做伙翕相無？
Ē-sái kap lí chò-hoé hip-siōng--bô
エ サイ ガプ リ ゾ フェ ヒプ ション ボ

台湾華語 可以和你照相嗎？
kě yǐ hàn nǐ zhào xiàng mā
カ イ ハン ニ ザウ シャン マ

4 握手していただけますか？

台湾語 會使佮你握手無？
Ē-sái kap lí ak-chhiú--bô
エ サイ ガプ リ アッチュウ ボ

台湾華語 可以跟你握手嗎？
kě yǐ gēn nǐ wò shǒu mā
カ イ ゲン ニ ウォ ソ マ

5 ファンクラブに入りたいです。 ※「影友會」：俳優や女優のファンクラブ

[台湾語] 我 想欲 參加影友會。

Góa siuⁿ beh chham-ka iáⁿ-iú-hōe
グァ シュウン ベッ ツァム ガ ヤン ユウ フェ

[台湾華語] 我 想 參加影友會。

wǒ xiǎng cān jiā yǐng yǒu huì
ウォ シャン ツァン ジャ イン ヨ フェ

6 ファンクラブに入りたいです。
※「歌迷會」：歌手のファンクラブ。 「加入」：会員になること

[台湾語] 我 想 欲加入歌迷會。

Góa siuⁿ beh ka-jip koa-bê-hōe
グァ シュウン ベッ ガ ジブ グァ ベ フェ

[台湾華語] 我 想 加入歌迷會。

wǒ xiǎng jiā rù gē mí huì
ウォ シャン ジャ ル ガ ミ フェ

7 本当に歌がうまいですね。

[台湾語] 你 歌唱甲 真好 聽。

Lí koa chhiùⁿ kah chin hó-thiaⁿ
リ グァ チュウン カッ ジン ホ ティアン

[台湾華語] 你的歌唱得真好 聽。

nǐ de gē chàng de zhēn hǎo tīng
ニ ダ ガ ツァン ダ ゼン ハウ ティン

8 本当に演技がうまいですね。

[台湾語] 你戲 搬 了 真好。

Lí hì poaⁿ liáu chin hó
リ ヒ ブァン リャウ ジン ホ

[台湾華語] 你的戲 演得真好。

nǐ de xì yǎn de zhēn hǎo
ニ ダ シ イェン ダ ゼン ハウ

映画・ドラマ・音楽

343

8 ファンミーティングで (2)

1 私たちは永遠に愛している。

台湾語 阮 永遠 愛你。
Goán éng-oán ài--lí
グァン イン ウァン アイ リ

台湾華語 我們永遠愛你。
wǒ mén yǒng yuàn ài nǐ
ウォメン ヨン ユェン アイ ニ

2 永遠に応援している。

台湾語 阮 永遠 支持你。
Goán éng-oán chi-chhî--lí
グァン イン ウァン ジ チ リ

台湾華語 我們 永遠 支持你。
wǒ mén yǒng yuàn zhī chí nǐ
ウォ メン ヨン ユェン ズ ツ ニ

3 やっとお会いできてうれしいです。

台湾語 我真 歡喜 總算會得 見 著 你。
Góa chin hoaⁿ-hí chóng-sǹg ē-tit kìⁿ tio̍h lí
グァ ジン ファン ヒ ゾン スェン エ ディッ ギン ディオッ リ

台湾華語 我很高興 終於能夠 見到你。
wǒ hěn gāo xìng zhōng yú néng gòu jiàn dào nǐ
ウォ ヘン ガウ シン ゾン ユィ ネン ゴウ ジェンダウ ニ

4 毎日のようにあなたの夢を見る。

台湾語 我逐 工攏夢 著 你。
Góa ta̍k-kang lóng bāng tio̍h lí
グァ ダッ ガン ロン バン ディオッ リ

台湾華語 我 每天 做 夢都夢 見你。
wǒ měi tiān zuò mèng dōu mèng jiàn nǐ
ウォ メイ ティェン ズウォ モン ドゥ モン ジェン ニ

5 いつ日本に来るの？

台湾語 你啥物時陣來日本？ ※「日本」は口語では「リップン」と発音することも多い
Lí siáⁿ-mih sî-chūn lâi Ji̍t-pún
リ シャンミッ シ ズウン ライ ジップン

台湾華語 你什麼時候來日本啊？
nǐ shén me shí hòu lái Rì běn a
ニ セン モ ス ホウ ライ ズ ベン ア

6 良い興行成績でありますように。

台湾語 祝你電影賣甲 siah-siah 叫。 ※「siah-siah」は漢字で「削削」とも表す
Chiok lí tiān-iáⁿ bē kah siah-siah-kiò
ジョッ リ デンヤン ベ カッ シャッ シャッ ギョ

台湾華語 祝你電影大賣。
zhù nǐ diàn yǐng dà mài
ズウ ニ ディエンイン ダ マイ

7 高視聴率でありますように。

台湾語 祝收視率衝懸。
Chiok siu-sī-lu̍t chhèng koân
ジョッ シュウ シ ルッ チョン グァン

台湾華語 祝收視長紅。
zhù shōu shì cháng hóng
ズウ ソォ ス ツァン ホン

8 コンサートが大成功でありますように。

台湾語 祝你演唱會成功。
Chiok lí ián-chhiùⁿ-hōe sêng-kong
ジョッ リ エンチュゥンフェ シン ゴン

台湾華語 祝你演唱會成功。
zhù nǐ yǎn chàng huì chéng gōng
ズウ ニ イェンツァンフェ チェン ゴン

⑳ 電話・コンピュータ

1 電話で (1)

1 張さん〔女性〕はいらっしゃいますか?

台湾語　請問 張小姐 有佇咧無?
Chhiá°-mn̄g Tiuⁿ sió-chiá ū tī--leh-bô
チャン メン テュゥンショジャ ウ ディレッ ボ

台湾華語　請問張 小姐在嗎?
qǐng wèn Zhāng xiǎo jiě zài mā
チン ウン チャン シャウ ジェ ザイ マ

2 陳社長に取り次いでいただけますか?

台湾語　請 接 陳經理一下。
Chhiáⁿ chiap Tân keng-lí--chit-ē
チャン ジャブ タン ギン リ ジッ レ

台湾華語　請接一下陳 經理。
qǐng jiē yí xià Chén jīng lǐ
チン ジェ イ シャ チェン ジン リ

3 王社長をお願いします。

※「老闆」:責任者。中国では「老板」と言う

台湾語　我欲 揣 王老闆。
Góa beh chhōe Ông láu-pán
グァ ベッ ツゥェ オン ラウ バン

台湾華語　我要找 王 老闆。
wǒ yào zhǎo Wáng lǎo bǎn
ウォ ヤウ ザウ ウァン ラウ バン

4 林先生はいらっしゃいますか?

台湾語　林老師有佇咧無?
Lîm lāu-su ū tī--leh-bô
リム ラウスウ ウ ディレッ ボ

台湾華語　林老師在家嗎?
Lín lǎo shī zài jiā mā
リン ラウ ス ザイ ジャ マ

※相手の自宅に電話する場合は「在家嗎」を使うのが普通

相手と顔を合わせて会話することに慣れたら、次は電話もスムーズにできるようになりたいですね。相手の顔が見えないと最初は苦手と思うかもしれませんが、CDを聞いて、電話の際によく使う表現に慣れていきましょう。また、台湾ではコが進んでおり、パソコンに関連する表現も紹介しています。

5 どちら様でしょうか？

[台湾語] **你佗位揣？**
Lí tó-ūi chhōe
リ ド ウイ ツゥェ

[台湾華語] **你哪裏找？**
nǐ nǎ lǐ zhǎo
ニ ナ リ ザウ

6 あなたは誰ですか？ ※ちょっと失礼な言い方

[台湾語] **你是啥人？**
Lí sī siá^n-lâng
リ シ シャン ラン

[台湾華語] **你是誰？**
nǐ shì shuí
ニ ス スェ

7 彼は今、不在ですが。

[台湾語] **伊chit-má無佇咧neh。**
I chit-má bô tī--leh neh
イ ジッ マ ボ ディ レッ ネッ

[台湾華語] **他現在不在耶。**
tā xiàn zài bú zài ye
タ シェン ザイ ブ ザイ イェ

8 ご伝言を承りましょうか？

[台湾語] **敢需要留話？**
Kám su-iàu lâu-oē
ガム スウ ヤウ ラウ ウェ

[台湾華語] **需要留言嗎？**
xū yào liú yán mā
シュィ ヤウ リョ イェン マ

2 電話で (2)

1 少々お待ちください。

[台湾語] **請 小等。**
Chhiáⁿ sió-tán
チァン ショ ダン

[台湾華語] **請稍等。**
qǐng shāo děng
チン サウ デン

2 彼は今、話し中です。

[台湾語] **伊當 teh 無閒 接 電話 neh。**
I tng-teh bô-êng chiap tiān-oē neh
イ デン デッ ボ イン ジャプ デン ウェ ネッ

[台湾華語] **他 忙線中耶。**
tā máng xiàn zhōng ye
タ マン シェン ゾン イェ

3 彼は今、別の電話に出ています。

[台湾語] **伊 chit-má teh 講電話 neh。**
I chit-má teh kóng-tiān-oē neh
イ ジッ マ デッ ゴン デン ウェ ネッ

[台湾華語] **他現在 在 講 電話 耶。**
tā xiàn zài zài jiǎn diàn huà ye
タ シェン ザイ ザイ ジャン ディエン ファ イェ

4 お急ぎのご用件でしょうか？

[台湾語] **敢有急事？**
Kám ū kip-sū
ガム ウ ギプ スウ

[台湾華語] **有急事嗎？**
yǒu jí shi mā
ヨ ジ ス マ

5 彼は社内にいると思いますが。

[台湾語] **伊應該佇公司內底。**
I eng-kai tī kong-si lāi-té
イ イン ガイ ディ ゴン シ ライ デ

[台湾華語] **他應該在公司裏面。**
tā yīng gāi zài gōng si lǐ miàn
タ イン ガイ ザイ ゴン ス リ ミェン

6 ちょっと探してきましょうか。

[台湾語] **我去揣伊一下。**
Góa khì chhōe--i-chit-ē
グァ キ ツゥェイ ジッ レ

[台湾華語] **我去找他一下。**
wǒ qù zhǎo tā yí xià
ウォ チュイ ザウ タ イ シャ

7 はい、伝えておきます。

[台湾語] **好，我會共講。**
Hó góa ē kā kóng
ホ グァ エ ガ コン

[台湾華語] **好的，我幫你 轉告(他)。**
hǎo de wǒ bāng nǐ zhuǎn gào (tā)
ハウ ダ ウォ バン ニ ズゥァン ガウ (タ)

8 折り返しお電話を差し上げましょうか？

[台湾語] **我才 請伊回電話予你，敢好？**
Góa chiah chhiáⁿ i hôe tiān-oē hō--lí kám hó
グァ ジャ チァン イ フェ デン ウェ ホ リ ガム ホ

[台湾華語] **我讓他回call你，好嗎？**
wǒ ràng tā huí call nǐ hǎo mā
ウォ ラン タ フェ コ ニ ハウ マ

電話・コンピュータ

3 携帯電話で (1)

1 もしもし。

[台湾語] 喂。
Ôe
ウェ

[台湾華語] 喂。
wéi
ウェ

2 聞こえますか？

[台湾語] 有 聽著 無？
Ū thiaⁿ--tio̍h-bô
ウ ディアン ディオッ ボ

[台湾華語] 聽得見嗎？
tīng de jiàn mā
ティン ダ ジェン マ

3 よく聞こえています。

[台湾語] 聽 甲 真 清楚。
Thiaⁿ kah chin chheng-chhó
ディアン カッ ジン チン ツォ

[台湾華語] 聽得很清楚。
tīng de hěn qīng chǔ
ディン ダ ヘン チン ツウ

4 聞こえません。

[台湾語] 我 聽 袂 著。
Góa thiaⁿ bē tioh
グァ ティアン ベ ディオッ

[台湾華語] 我 聽不見。
wǒ tīng bú jiàn
ウォ ティン ブ ジェン

5 よく聞こえません。

[台湾語] **我 聽 袂清楚。**
Góa thiaⁿ bē chheng-chhó
グァ ディアン ベ チン ツォ

[台湾華語] **我 聽不清楚。**
wǒ tīng bù qīng chǔ
ウォ ティン ブ チン ツウ

6 電波が弱いです。

[台湾語] **訊號 真弱。**
Sìn-hō chin jio̍k
シン ホ ジンジョッ

[台湾華語] **訊號 很弱。**
xùn hào hěn ruò
シュィンハウ ヘン ルォ

7 もう1回、言ってください。

[台湾語] **你閣講一遍。**
Lí koh kóng--chi̍t-piàn
リ ゴッ ゴン ジッ ペン

[台湾華語] **你再 說一遍。**
nǐ zài shuō yí biàn
ニ ザイ スゥォ イ ビェン

8 もっと大きな声で言ってください。

[台湾語] **你較 大聲咧。**
Lí khah tōa-siaⁿ--leh
リ カッ ドァ シャンレッ

[台湾華語] **你大聲一點。**
nǐ dà shēng yì diǎn
ニ ダ セン イ ディェン

ひとことメモ 1 の「喂」は4声の「wèi」で発音すると、呼びかけの「おい」の意味になる。

4 携帯電話で (2)

1 ここは電波が届かないんです。

台湾語 遮 收袂著 訊號。
Chia siu bē tiỏh sìn-hō
ジャ シュ ベ ティォッ シン ホ

台湾華語 這裏收不到 訊號。
zhè lǐ shōu bú dào xùn hào
ゼ リ ソ ブ ダウ シュィンハウ

2 私の携帯のアンテナは2本しか立っていません。

台湾語 我的手機仔是兩格 niā-niā。
Góa ê chhiú-ki-á sī nñg keh niā-niā
グァ エ チュウギ ア シ ヌン ゲッ ニャ ニャ

台湾華語 我的手機只有兩格。
wǒ de shǒu jī zhǐ yǒu liǎng gé
ウォダ ソ ジ ズ ヨ リャン ガ

3 私の携帯のアンテナは全然立っていません。

台湾語 我的手機仔一格攏無。
Góa ê chhiú-ki-á chit keh lóng bô
グァ エ チュウ ギ ア ジッ ゲッ ロン ボ

台湾華語 我手機一格都沒有。
wǒ shǒu jī yì gé dōu méi yǒu
ウォ ソ ジ イ ガ ドゥ メイ ヨ

4 携帯の電源が入っていましたよ。

台湾語 我 手機仔有開 牢咧。
Góa chhiú-ki-á ū khui tiâu--leh
グァ チュウギ ア ウ クィ ディァウレッ

台湾華語 我手機開著啊。
wǒ shǒu jī kāi zhe a
ウォ ソ ジ カイ ゼ ア

5 彼の携帯は電源が入っていません。

台湾語 伊手機仔 關機。

I　chhiú-ki-á　koaiⁿ-ki
イ　チュウギ　ア グァィン ギ

台湾華語 他手機 關機。

tā　shǒu jī　guān jī
タ　ソ　ジ　グゥアン ジ

6 通じません。

台湾語 Khà袂通 neh。

Khà　bē thong　neh
カ　ベ　トン　ネッ

台湾華語 打不通耶。

dǎ　bù　tōng　ye
ダ　ブ　トン　イェ

7 さっき切れてしまった。

台湾語 拄才 斷線。

Tú-chiah　tīg-sòaⁿ
ドゥ ジャッ　デン スゥァン

台湾華語 剛才 斷線。

gāng　cái　duàn xiàn
ガン　ツァイ　ドゥアン シェン

8 かけ直すね。

台湾語 我 重khà予你。

Góa　têng　khà　hō--lí
グァ　ディン　カ　ホ　リ

台湾華語 我 重播給你。 ※「播」：電話をかける

wǒ　chóng　bō　gěi　nǐ
ウォ　ツォン　ボ　ゲイ　ニ

電話・コンピュータ

5 携帯電話で (3)

1 じゃ、この辺で。

[台湾語] **好啦，就按呢啦。**
Hó--lah tō án-ne--lah
ホ ラッ ド アン ネ ラッ

[台湾華語] **好吧，就這樣吧。**
hǎo ba jiù zhè yàng ba
ハウ バ ジョ ゼ ヤン バ

2 電話を切るね。

[台湾語] **我欲 掛掉 a。**
Góa beh kòa-tiāu--a
グァ ベッ グァ ディァウ ア

[台湾華語] **我要 掛線了。**
wǒ yào guà xiàn le
ウォ ヤウ グァ シェン ラ

3 携帯メールを送っておいたよ。

[台湾語] **我有 傳簡訊 予你。** ※「簡訊」は通常、華語発音。
Góa ū thôan *jiǎn xùn* hō--lí
グァ ウ ツゥァン ジェンシュィン ホ リ

[台湾華語] **我有 傳簡訊 給你。**
wǒ yǒu chuán jiǎn xùn gěi nǐ
ウォ ヨ ツゥァン ジェンシュィン ゲイ ニ

4 (メールを) 見てくれた？

[台湾語] **你有看無？**
Lí ū khòaⁿ--bô
リ ウ クァンボ

[台湾華語] **你看了嗎？**
nǐ kàn le mā
ニ カン ラ マ

5 携帯を変えた。

台湾語 我 換手機仔a。
Góa oāⁿ chhiú-ki-á--a
グァ ウァン チュウ ギ ア ア

台湾華語 我 換手機了。
wǒ huàn shǒu jī le
ウォ ファン ソ ジ ラ

6 携帯が壊れた。

台湾語 我 手機仔歹去。
Góa chhiú-ki-á pháiⁿ--khi
グァ チュウ ギ ア パインキ

台湾華語 我手機壞了。
wǒ shǒu jī huài le
ウォ ソ ジ ファイ ラ

7 携帯のバッテリーが切れそう。

台湾語 我 手機仔teh欲無電a。
Góa chhiú-ki-á teh-beh bô tiān--a
グァ チュウ ギ ア デッ ベッ ボ デンア

台湾華語 我手機快沒電了。
wǒ shǒu jī kuài méi diàn le
ウォ ソ ジ クァイ メイ ディエン ラ

8 携帯のバッテリーはしっかり充電した。

台湾語 我 手機仔充電 充飽a。
Góa chhiú-ki-á chhiong-tiān chhiong pá--a
グァ チュウ ギ ア チォン デン チォン バ ア

台湾華語 我手機充飽電了。
wǒ shǒu jī chōng bǎo diàn le
ウォ ソ ジ ツォン バウ ディエン ラ

ひとことメモ 携帯の種類は、「折疊式」：二つ折り式、「翻蓋的」：フリップ式

6 今後の連絡を取り合う

1 連絡しあおうね。

台湾語 　保持連絡。
Pó-chhî liân-lo̍k
ボ　チ　レン ロッ

台湾華語 　保持聯絡。
bǎo chí lián luò
バウ ツ リェン ルォ

2 電話してね。

台湾語 　Khà電話予我。
Khà tiān-oē hō--góa
カ　デン ウェ ホ グァ

台湾華語 　打電話給我。
dǎ diàn huà gěi wǒ
ダ ディェン ファ ゲイ ウォ

3 時間があったら電話してね。

台湾語 　有時間call我。
Ū sî-kan khơ--góa
ウ　シ ガン　コ　グァ

台湾華語 　有時間叩我。
yǒu shí jiān kōu wǒ
ヨ　ス ジェン コ ウォ

4 電話するね。

台湾語 　我khà予你。
Góa khà hō--lí
グァ カ ホ リ

台湾華語 　我打給你。
wǒ dǎ gěi nǐ
ウォ ダ ゲイ ニ

5 日本に着いたら電話してね。

台湾語 到日本毋通袂記得call我。
Kàu Jit-pún m̄-thang bē-ki-tit khơ--góa
ガウ ジップン ム タン ベ ギ ディッ コ グァ

※「日本」は口語では「リップン」と発音することも多い

台湾華語 到了日本別忘了叩我。
dào le Rì běn bié wàng le kōu wǒ
ダウ ラ ズ ベン ビェ ウァン ラ コ ウォ

※「別忘了~」:「~するのを忘れないでね」

6 あなたのメルアドは？

台湾語 你的 e-mail 是啥物？
Lí ê e-mail sī siáⁿ-mih
リ エ イメイル シ シャンミッ

※ e-mail を漢字で「伊妹兒」とも表す

台湾華語 你伊妹兒是多少？
nǐ yī mèi ěr shì duō shǎo
ニ イ メイ ア ス ドゥォ サウ

7 メールしますね。

台湾語 我寫e-mail予你。
Góa siá e-mail hō--lí
グァ シャ イメイル ホ リ

台湾華語 我寫伊妹兒給你。
wǒ xiě yī mèi ěr gěi nǐ
ウォ シェ イ メイ ア ゲイ ニ

8 あなたの携帯は何番ですか？

台湾語 你手機仔幾號？
Lí chhiú-ki-á kúi hō
リ チュウ ギ ア グィ ホ

台湾華語 你手機幾號？
nǐ shǒu jī jǐ hào
ニ ソ ジ ジ ハウ

ひとことメモ 5 の「叩」は「call」の当て字で、若者言葉。

7 インターネット・通信 (1)

CD-3
[track34]

1 オンライン中だよ。

[台湾語] 我 佇線頂 a。
Góa tī sòaⁿ téng--a
グァ ディ スゥァンディンア

[台湾華語] 我在 線 上啊。
wǒ zài xiàn shàng a
ウォ ザイ シェン サン ア

2 オフラインするね。

[台湾語] 我欲落線 a。
Góa beh lòh sòaⁿ--a
グァ ベッ ロッスゥァン ア

[台湾華語] 我要 下線了。
wǒ yào xià xiàn le
ウォ ヤウ シャシェン ラ

3 インターネットのスピードが遅い。

[台湾語] 網路足 慢。
Bāng-lō͘ chiok bān
バン ロ ジョッ バン

[台湾華語] 網路好慢。
wǎng lù hǎo màn
ワン ル ハウ マン

4 今ダウンロード中。

[台湾語] 我 teh download。
Góa teh táng-lo͘
グァ デッ ダン ロ

[台湾華語] 我在下載。
wǒ zài xià zǎi
ウォ ザイ シャ ザイ

5 今ファイルを送るね。

[台湾語] 我 傳一个檔案予你。
Góa thoân chit-ê tóng-àn hō--lí
グァ ツゥアン ジッ レ ドン アン ホ リ

[台湾華語] 我 傳一個檔案給你。
wǒ chuán yí ge dǎng àn gěi nǐ
ウォ ツゥアン イ ガ ダン アン ゲイ ニ

6 ちょっと受け取ってね。

[台湾語] 你收一下。
Lí siu--chit-ē
リ シュウ ジッ レ

[台湾華語] 你收一下。
nǐ shōu yí xià
ニ ソウ イ シャ

7 ファイルは届いた？

[台湾語] 有 收著 我的檔案無？
Ū siu tio̍h góa ê tóng-àn--bô
ウ シュウ ディオッ グァ エ ドン アン ボ

[台湾華語] 收到我的檔案了嗎？
shōu dào wǒ de dǎng àn le mā
ソウ ダウ ウォ ダ ダン アン ラ マ

8 届いたよ。

[台湾語] 收著 a。
Siu--tio̍h-a
シュウ ディオッ ア

[台湾華語] 收到了。
shōu dào le
ソウ ダウ ラ

8 インターネット・通信 (2)

1 もう1回(ファイルを)送るね。

台湾語 **按呢我閣 傳一遍。**
Án-ne góa koh thoân--chít-piàn
アン ネ グァ ゴッ ツゥァン ジッ ベン

台湾華語 **那我再 傳 一次。**
nà wǒ zài chuán yí cì
ナ ウォ ザイ ツゥァン イ ツ

2 今(ファイルを)開いているよ。

台湾語 **Chit-má 當 teh 開。**
Chit-má tng-teh khui
ジッマ デン デッ クィ

台湾華語 **現 在正在開。**
xiàn zài zhèng zài kāi
シェン ザイ ゼン ザイ カイ

3 パソコンが遅い。

台湾語 **電腦 足 慢。**
Tiān-náu chiok bān
デン ナウ ジョッ バン

台湾華語 **電腦 很慢。**
diàn nǎo hěn màn
ディェン ナウ ヘン マン

4 途切れ途切れだね。

台湾語 **擋 牢 咧。**
Tòng-tiâu--leh
ドン ディァウ レッ

台湾華語 **好卡哦。**
hǎo kǎ o
ハウ カ オ

5 ファイルが開けない。

[台湾語] **檔案拍袂開。**
Tóng-àn phah bē khui
ドン アン パッ ベ クィ

[台湾華語] **檔案打不開。**
dǎng àn dǎ bù kāi
ダン アン ダ ブ カイ

6 (ファイルが開けなくて) 読めない。

[台湾語] **我看無。**
Góa khòaⁿ bô
グァ クァン ボ

[台湾華語] **我看不到。**
wǒ kàn bú dào
ウォ カン ブ ダウ

7 スパムメールが多いな。

[台湾語] **糞埽批有夠濟。**
Pùn-sò phoe ū-kàu chē
ブン ソ プェ ウ ガウ ゼ

[台湾華語] **垃圾信件有夠多。**
lè sè xìn jiàn yǒu gòu duō
ラ サ シン ジェン ヨ ゴウ ドゥォ

8 うっかり削除しちゃったよ。

[台湾語] **我無細膩刣掉 a。** ※「刣」殺す
Góa bô-sè-jī thâi-tiāu--a
グァ ボ セ ジ タイ ディァウ ア

[台湾華語] **我不小心殺掉了。**
wǒ bù xiǎo xīn shā diào le
ウォ ブ シャウ シン サ ディァウ ラ

電話・コンピュータ

361

9 チャットなど

1 ちょっとチャットする時間ある?

台湾語 有閒開講一下無? ※「開講」:おしゃべり
Ū êng khai-káng--chi̍t-ē-bô
ウ イン カイ ガン ジッレ ボ

台湾華語 有時間 聊一下嗎?
yǒu shí jiān liáo yí xià mā
ヨ ス ジェン リャウイ シャ マ

2 じゃあ、今日はここまで。

台湾語 好啦,今仔日就到遮煞。
Hó--lah kin-á-ji̍t tō kàu chia soah
ホ ラ ギン ア ジッド ガウ ジャ スゥァッ

台湾華語 好吧,今天 就到此為止。
hǎo ba jīn tiān jiù dào cǐ wéi zhǐ
ハウ バ ジンティェン ジョ ダウ ツ ウェ ズ

3 また今度 (チャットしよう) ね。

台湾語 後擺才閣開講。
Āu pái chiah koh khai-káng
アウ バイ ジャ ゴッ カイ ガン

台湾華語 下次聊。
xià cì liáo
シャ ツ リャウ

4 あなたの ID は何番ですか?

台湾語 你的 ID 是 啥物?
Lí ê ái-ti sī siáⁿ-mih
リ エ アイディ シ シャン ミッ

台湾華語 你的帳 號是多少?
nǐ de zhàng hào shì duō shǎo
ニ ダ ザン ハウ ス ドゥオ サウ

362

5 スカイプを使っていますか？

[台湾語] 你有用 skype 無？
Lí ū ēng skaiphih--bô
リ ウ イン スカイピー ボ

[台湾華語] 你有用 skype 嗎？
nǐ yǒu yòng Skype mā
ニ ヨ ヨン スカイプ マ

6 コンタクトリスト〔アドレス帳〕に付け加えておいたから。

[台湾語] 我共你加入我的連絡人 a。
Góa kā lí ka-jip góa ê liân-lo̍k-jîn--a
グァ ガ リ ガ ジブ グァ エ レン ロッジン ア

[台湾華語] 我把你加入我的聯絡人了。
wǒ bǎ nǐ jiā rù wǒ de lián luò rén le
ウォ バ ニ ジャル ウォ ダ リェンルォ レン ラ

7 ファイルがちょっと重い。

[台湾語] 檔案有淡薄仔大。
Tóng-àn ū tām-po̍h-á tōa
ドン アン ウ ダム ボッ ア ドゥア

[台湾華語] 檔案有點大。
dǎng àn yǒu diǎn dà
ダン アン ヨ ディェン ダ

8 MSN に接続して。

[台湾語] 你上 MSN 啦。
Lí chiūⁿ MSN--lah
リ ジュゥン エムエスエヌ ラッ

[台湾華語] 你上 MSN 吧。
nǐ shàng MSN ba
ニ サン エムエスエヌ バ

10 パソコンの作動 (1)

1 まずこのソフトをダウンロードする。

台湾語 你愛先download這个軟體。
Lí ài seng táng-ló chit-ê nńg-thé
リ アイ シン ダン ロ ジッ レ ヌン テ

台湾華語 你要先下載這個軟體。
nǐ yào xiān xià zǎi zhè ge ruǎn tǐ
ニ ヤウ シェン シャ ザイ ゼ ガ ルァン ティ

2 パソコンにインストールする。

台湾語 灌入去你的電腦內底。
Koàn jip-khì lí ê tiān-náu lāi-té
グァン ジプ キ リ エ デン ナウ ライ デ

台湾華語 灌到你的電腦裏面去。
guàn dào nǐ de diàn nǎo lǐ miàn qù
グァン ダウ ニ ダ ディェン ナウ リ ミェン チュイ

3 このソフトをアンインストールしますか？

台湾語 你欲共這个軟體徙走喔？ ※「徙走」：移動させる
Lí beh kā chit-ê nńg-thé soá cháu oh
リ ベッ ガ ジッ レ ヌン テ スゥァ ザウ オッ

台湾華語 你要拆掉這個軟體嗎？ ※「拆掉」：はずす
nǐ yào cāi diào zhè ge ruǎn tǐ mā
ニ ヤウ ツァイ ディァウ ゼ ガ ルァン ティ マ

4 このフォルダを開いてください。

台湾語 拍開這个檔案夾仔。 ※「拍開」：開く
Phah-khui chit-ê tóng-àn giap-á
パッ クィ ジッ レ ドン アン ギャップ ア

台湾華語 打開這個檔案夾。
dǎ kāi zhè ge dǎng àn jiá
ダ カイ ゼ ガ ダン アン ジャ

5 このファイルをコピーしてください。

台湾語 共這个檔案 copy 落來。
Kā chit-ê tóng-àn khoh-pih--loh-lâi
ガ ジッ レ ドン アン コッピー ロッライ

台湾華語 把這個檔案拷貝下來。
bǎ zhè ge dǎng àn kǎo bèi xià lái
バ ゼ ガ ダン アン カウ ベイ シャ ライ

6 コピーさせてもらっていいですか？

台湾語 敢會使 借 我 copy？
Kám ē-sái chioh góa khoh-pih
ガム エ サイ ジョッ グァ コッピー

台湾華語 可以借 我拷貝嗎？
kě yǐ jiè wǒ kǎo bèi mā
カ イ ジェイ ウォ カウ ベイ マ

7 URL アドレスを送ってもらえる？

台湾語 共網址 傳予我。
Kā bāng-chí thoân hō--góa
ガ バン ジ ツゥアン ホ グァ

台湾華語 把網址 傳給我。
bǎ wǎng zhǐ chuán gěi wǒ
バ ワン ズ ツゥアン ゲイ ウォ

8 右クリックしてください。

台湾語 扭 正 爿 key。 ※「扭」：押す
Chhih chiàⁿ-pêng khí
チッ ジャン ベン キー

台湾華語 按右鍵。 ※「右鍵」：右ボタン
àn yòu jiàn
アン ヨ ジェン

電話・コンピュータ

11 パソコンの作動 (2)

1 パソコンがフリーズした。

[台湾語] 我電腦 當掉 去。
Góa tiān-náu tṅg-tiāu--khì
グァ デン ナウ デン ディァウ キ

[台湾華語] 我 電腦當機。
wǒ diàn nǎo dàng jī
ウォ ディェンナウ ダン ジ

2 パソコンがウイルスに感染した。

[台湾語] 我電腦 中毒 a。
Góa tiān-náu tiòng-to̍k--a
グァ デン ナウ ディォン ドッ ア

[台湾華語] 我 電腦中毒了。
wǒ diàn nǎo zhòng dú le
ウォ ディェンナウ ゾォン ドゥ ラ

3 パソコンを再インストールしなきゃ。

[台湾語] 我電腦愛 重灌。
Góa tiān-náu ài têng koàn
グァ デン ナウ アイ ディングァン

[台湾華語] 我 電腦要重灌。
wǒ diàn nǎo yào chóng guàn
ウォ ディェンナウ ヤウ ツォン グァン

4 再起動するからね。

[台湾語] 我 重 開機。
Góa têng khui-ki
グァ ディン クィ ギ

[台湾華語] 我 重新開機。
wǒ chóng xīn kāi jī
ウォ ツォン シン カイ ジ

5 パソコンが動かなくなった。

台湾語 我電腦袂 tín 動 a。 ※「tín」を漢字で「振」とも表す

Góa tiān-náu bē tín-tāng--a
グァ デン ナウ ベ ディン ダン ア

台湾華語 我 電腦不動了。

wǒ diàn nǎo bú dòng le
ウォディェンナウ ブ ドン ラ

6 パソコンの調子が悪い。

台湾語 我電腦毋知 按怎 a。

Góa tiān-náu m̄-chai án-chóaⁿ-a
グァ デン ナウ ム ザイン アン ツゥァン ア

台湾華語 我 電腦不知道怎麼了。 ※「不知道怎麼了」:直訳は「どうしたのか分からない」

wǒ diàn nǎo bù zhī dào zěn me le
ウォディェンナウ ブ ズ ダウ ゼン モ ラ

7 パソコンが壊れたみたい。

台湾語 我電腦若像 歹去a。

Góa tiān-náu ná-chhiūⁿ pháiⁿ--khì-a
グァ デン ナウ ナ チュン パイン キ ア

台湾華語 我 電腦好像 壞掉 了。

wǒ diàn nǎo hǎo xiàng huài diào le
ウォディェンナウ ハウ シャン ファイディァウ ラ

8 ちょっと見てもらえますか？

台湾語 你敢會使共我 看一下？

Lí kám ē-sái kā góa khòaⁿ-chit-ē
リ ガム エ サイ ガ グァ クァン ジッ レ

台湾華語 你可以幫我看一下嗎？

nǐ kě yǐ bāng wǒ kàn yí xià mā
ニ カイ イ バン ウォ カン イ シャ マ

① コミュニケーション

コミュニケーションは、いわば言葉のキャッチボール。相づちや返事などは、会話では欠かせません。自分の意見をきちんと言えるように、肯定・否定など基本的なものから慣用表現まで紹介しています。台湾人は面子を重んじるので、日常生活では面子に関わる表現もよく使われます。

1 返事 (1)

1 はい (そうです)。

台湾語 　是。
Sī
シ

台湾華語 　是的。 ※英語のbe動詞にあたる
shì de
ス　ダ

2 いいえ。

台湾語 　毋是。
M̄-sī
ム　シ

台湾華語 　不是。
bú shì
ブ　ス

3 はい。

台湾語 　著。
Tiȯh
ディオッ

台湾華語 　對。 ※「對」は「正しい」「合っている」。「はい」は状況によって「是」「對」を使い分ける。
duì
ドェ

4 いいえ。

台湾語 　毋著。
M̄-tiȯh
ム　ディオッ

台湾華語 　不對。
bú duì
ブ　ドェ

5 あります。

[台湾語] **有。**
Ū
ウ

[台湾華語] **有。** ※「有」は存在を表す。(場所＋「有」＋物・人。例：我有錢。)
yǒu
ヨ

6 ありません。

[台湾語] **無。**
Bô
ボ

[台湾華語] **沒有。**
méi yǒu
メイ ヨ

7 います。

[台湾語] **有佇咧。**
Ū tī--leh
ウ ディ レッ

[台湾華語] **在。** ※「在」も「有」も存在を表すが、語順が異なる。
zài （物・人＋「在」＋場所。例：我在家。）
ザイ

8 いません。

[台湾語] **無佇咧。**
Bô tī--leh
ボ ディ レッ

[台湾華語] **不在。**
bú zài
ブ ザイ

2 返事 (2)

1 よいです。

台湾語 **好啊。**
Hó--ah
ホ アッ

台湾華語 **好啊。**
hǎo a
ハウ ア

2 よくないです。

台湾語 **毋好。**
M̄-hó
ム ホ

台湾華語 **不好。**
bù hǎo
ブ ハウ

3 いいです。

台湾語 **會使。**
Ē-sái
エ サイ

台湾華語 **可以啊。** ※「可以〜」は許可。「〜してもいい」
kě yǐ a
カ イ ア

4 だめです。

台湾語 **袂使。**
Bē-sái
ベ サイ

台湾華語 **不可以。** ※「不可以〜」は禁止。「〜してはいけない」
bù kě yǐ
ブ カ イ

5 ほしいです。

台湾語 欲。
Beh
ベッ

台湾華語 要。 ※「要〜」は願望。「〜がほしい」
yào
ヤウ

6 いりません。

台湾語 無愛。
Bô-ài
ボ アイ

台湾華語 不要。 ※「不要〜」は願望の否定。「〜はいらない」「〜するな」
bú yào
ブ ヤウ

7 一度もありません。

台湾語 攏毋捌。
Lóng m̄-bat
ロン ム バッ

台湾華語 從來沒有。
cóng lái méi yǒu
ツォン ライ メイ ヨ

8 一度だけありました。

台湾語 捌有一擺。
Bat ū chit pái
バッ ウ ジッ バイ

台湾華語 有過一次。
yǒu guò yí cì
ヨ グォ イ ツ

3 返事 (3)

1 もちろん。

台湾語 當然。 ※「トン レン」と発音する人もいる
Tong-jiân
ドン ゼン

台湾華語 當然。
dāng rán
ダン ラン

2 その通り。

台湾語 就是按呢。
Tō-sī án-ne
ド シ アン ネ

台湾華語 就是那樣。
jiù shì nà yàng
ジョ ス ナ ヤン

3 おっしゃる通り。

台湾語 你講了真著。
Lí kóng liáu chin tiỏh
リ ゴン リャウ ジン ディオッ

台湾華語 你說得很對。
nǐ shuō de hěn duì
ニ スゥォ ダ ヘン ドェ

4 私も。

台湾語 我嘛是。
Góa mā sī
グァ マ シ

台湾華語 我也是。
wǒ yě shì
ウォ イェ ス

5 私もそう思う。

[台湾語] **我嘛感覺是按呢。**
Góa mā kám-kak sī án-ne
グァ マ ガム ガッ シ アン ネ

[台湾華語] **我也這麼覺得。**
wǒ yě zhè me jué de
ウォ イェ ゼ モ ジュェ ダ

6 私はそう思わない。

[台湾語] **我無感覺是按呢。**
Góa bô kám-kak sī án-ne
グァ ボ ガム ガッ シ アン ネ

[台湾華語] **我不覺得。**
wǒ bù jué de
ウォ ブ ジュェ ダ

7 間違いない。

[台湾語] **無毋著。**
Bô m̄-tio̍h
ボ ム ディオツ

[台湾華語] **沒錯。**
méi cuò
メイ ツゥオ

8 間違えた。

[台湾語] **毋著去a。**
M̄-tio̍h--khi-a
ム ディオッ キ ア

[台湾華語] **錯了。**
cuò le
ツゥオ ラ

コミュニケーション

373

4 話しかける、聞き返す

1 あの、ちょっとすみません。

台湾語 **歹勢。**
Pháiⁿ-sè
パィン セ

台湾華語 **不好意思。**
bù hǎo yì si
ブ ハウ イ ス

2 ねえ、知ってる？

台湾語 **你敢知？**
Lí kám chai
リ ガム ザイ

台湾華語 **你知道嗎？**
nǐ zhī dào mā
ニ ズ ダウ マ

3 もう聞いた？

台湾語 **你有 聽講無？**
Lí ū thiaⁿ-kóng--bô
リ ウ ディァン ゴン ボ

台湾華語 **你 聽說了嗎？**
nǐ tīng shuō le mā
ニ ティン スゥォ ラ マ

4 何て言った？

台湾語 **你講 啥？**
Lí kóng siáⁿ
リ ゴン シャン

台湾華語 **你說什麼？**
nǐ shuō shén me
ニ スゥォ セン モ

5 聞こえますか？

台湾語 有 聽著無？
Ū thiaⁿ--tio̍h-bô
ウ ディアン ディオッ ボ

台湾華語 聽到了嗎？
tīng dào le mā
ティン ダウ ラ マ

6 聞こえません。

台湾語 我 聽袂著。
Góa thiaⁿ bē tio̍h
グァ ディアン ベ ディオッ

台湾華語 我聽不到。
wǒ tīng bú dào
ウォ ティン ブ ダウ

7 よく聞き取れなかった。 ※「清楚」：はっきりと

台湾語 我 聽 無 清楚。
Góa thiaⁿ bô chheng-chhó
グァ ディアン ボ チン ツォ

台湾華語 我沒 聽 清楚。
wǒ méi tīng qīng chǔ
ウォ メイ ティン チン ツウ

8 もう一度、言ってください。

台湾語 你 閣講一擺。
Lí koh kóng--chit-pái
リ ゴッ ゴン ジッ バイ

台湾華語 你 再說 一次。
nǐ zài shuō yí cì
ニ ザイ スゥォ イ ツ

375

5 肯定・否定 (1)

1 わかりました。 ※聞き入れる

台湾語 我知 a。
Góa chai--a
グァ ザイ ア

台湾華語 我知道了。
wǒ zhī dào le
ウォ ズ ダウ ラ

2 知りません。

台湾語 我毋知。
Góa m̄ chai
グァ ム ザイ

台湾華語 我不知道。
wǒ bù zhī dào
ウォ ブ ズ ダウ

3 わかりました。 ※理解できる

台湾語 我瞭解 a。
Góa liáu-kái--a
グァ リャウ ガイ ア

台湾華語 我明白了。
wǒ míng bái le
ウォ ミン バイ ラ

4 わかりません。

台湾語 我無瞭解。
Góa bô liáu-kái
グァ ボ リャウ ガイ

台湾華語 我不明白。
wǒ bù míng bái
ウォ ブ ミン バイ

5 わかりました。※説明などが理解できた

台湾語 我 聽有a。
Góa thiaⁿ ū--a
グァ ティアン ウ ア

台湾華語 我懂了。
wǒ dǒng le
ウォ ドン ラ

6 わかりません。※聞いてもわからない

台湾語 我 聽 無。
Góa thiaⁿ bô
グァ ティアン ボ

台湾華語 我 聽 不 懂。
wǒ tīng bù dǒng
ウォ ティン ブ ドン

7 よくわかりません。

台湾語 母知影。
M̄ chai-iáⁿ
ム ザイ ヤン

台湾華語 不 曉 得。
bù xiǎo de
ブ シャウ ダ

8 理解できません。

台湾語 我無法度理解。
Góa bô-hoat-tō͘ lí-kái
グァ ボ ファッド リ ガイ

台湾華語 我不能 理解。
wǒ bù néng lǐ jiě
ウォ ブ ネン リ ジェ

コミュニケーション

377

6 肯定・否定 (2)

1 私です。

[台湾語] 是我。
Sī góa
シ グァ

[台湾華語] 是我。
shì wǒ
ス ウォ

2 私ではありません。

[台湾語] 毋是我。
M̄-sī góa
ム シ グァ

[台湾華語] 不是我。
bú shì wǒ
ブ ス ウォ

3 賛成です。

[台湾語] 我同意。
Góa tông-ì
グァ ドン イ

[台湾華語] 我同意。
wǒ tóng yì
ウォ トン イ

4 反対です。

[台湾語] 我無贊成。 ※「成」は口語では「シン」と発音することが多い
Góa bô chàn-sêng
グァ ボ ザン シン

[台湾華語] 我不贊成。 ※「我反對」も使う
wǒ bú zàn chéng
ウォ ブ ザン チェン

5 保留します。

[台湾語] **我保留。**
Góa pó-liû
グァ ボ リュ

[台湾華語] **我保留。**
wǒ bǎo liú
ウォ バウ リョ

6 そうしたいと思います。

[台湾語] **我 願意。**
Góa gōan-ì
グァ グァン イ

[台湾華語] **我 願意。**
wǒ yuàn yì
ウォ ユェン イ

7 承知しました。

[台湾語] **我答應。** ※「答」を「tap」と発音する人もいる
Góa tah-èng
グァ ダッ イン

[台湾華語] **我答應。**
wǒ dá yìng
ウォ ダ イン

8 正解〔あたり〕。／不正解〔間違い〕。

[台湾語] **著。／毋著。**
Tióh　　M̄-tióh
ディオッ　ム ディオッ

[台湾華語] **答對了。／答錯了。**
dá duì le　　dá cuò le
ダ ドェ ラ　　ダ ツゥォ ラ

コミュニケーション

7 微妙、あいまい

1 よくわからない。

台湾語 **毋知neh。**
M̄ chai neh
ム ザイ ネッ

台湾華語 **不知道耶。**
bù zhī dào ye
ブ ズ ダウ イェ

2 まだ決まっていない。

台湾語 **我猶未決定。**
Góa iáu-bōe koat-tēng
グァ ヤウ ブェ グァッ ディン

台湾華語 **我還沒決定。**
wǒ hái méi jué dìng
ウォ ハイ メイ ジュエ ディン

3 まだ考えています。

台湾語 **我猶teh考慮。**
Góa iáu teh khó-lū
グァ ヤウ デッ コ ル

台湾華語 **我還在考慮。**
wǒ hái zài kǎo lǜ
ウォ ハイ ザイ カウ リュィ

4 決められないよ。

台湾語 **足歹決定neh。**
Chiok pháiⁿ koat-tēng neh
ジョッ パイン グァッ ディン ネッ

台湾華語 **好難決定耶。**
hǎo nán jué dìng ye
ハウ ナン ジュエ ディン イェ

5 適当。

[台湾語] 清彩。
Chhìn-chhái
チン ツァイ

[台湾華語] 隨便。
suí biàn
スェ ビェン

6 どうでもいい。

[台湾語] 無要緊。
Bô-iàu-kín
ボ ヤウ ギン

[台湾華語] 無所謂。
wú suǒ wèi
ウ スゥォ ウェ

7 どっちでもいい。

[台湾語] 攏會使。
Lóng ē-sái
ロン エ サイ

[台湾華語] 都可以。
dōu kě yǐ
ドゥ カ イ

8 何だっていいよ。

[台湾語] 攏好。
Lóng hó
ロン ホ

[台湾華語] 都好。
dōu hǎo
ドゥ ハウ

8 誤解が生じたとき

1 ちょっと話し合いましょう。

台湾語 咱好好仔談一下。
Lán hó-hó-á tâm--chit-ē
ラン ホ ホ ア ダム ジッ レ

台湾華語 我們談談吧。
wǒ mén tán tán ba
ウォ メン タン タン バ

---

2 誤解があったようです。

台湾語 咱 中間 可能有寡誤會。
Lán tiong-kan khó-lêng ū kóa gō-hōe
ラン ディォン ガン コ リン ウ グァ ゴ フェ

台湾華語 我們之間可能有點 誤會。
wǒ mén zhī jiān kě néng yǒu diǎn wù huì
ウォ メン ズ ジェン カ ネン ヨ ディェン ウ フェ

---

3 相談で解決できることだから。

台湾語 有代誌 好好仔 參 詳。
Ū tāi-chì hó-hó-á chham-siông
ウ ダイ ジ ホ ホ ア ツァムション

台湾華語 有事好商量。
yǒu shì hǎo shāng liáng
ヨ ス ハウ サン リャン

---

4 そういうつもりはありませんでした。

台湾語 我無彼个意思。
Góa bô hit ê ì-sù
グァ ボ ヒッ レ イ スウ

台湾華語 我沒有那個意思。
wǒ méi yǒu nà ge yì sì
ウォ メイ ヨ ナ ガ イ ス

5 話を聞いて！

台湾語 你 聽 我 講！
Lí thiaⁿ góa kóng
リ ティァン グァ ゴン

台湾華語 你聽我說！
nǐ tīng wǒ shuō
ニ ティン ウォ スゥォ

6 誤解ですよ！

台湾語 你誤會我 a！
Lí gō-hōe--góa-a
リ ゴ フェ グァ ア

台湾華語 你誤會我了！
nǐ wù huì wǒ le
ニ ウ フェ ウォ ラ

7 勘違いですよ！

台湾語 你 聽 毋 著 a！
Lí thiaⁿ m̄-tio̍h--a
リ ディァン ム ディォッア

台湾華語 你會錯意了！
nǐ huì cuò yì le
ニ フェ ツゥォ イ ラ

8 そんなこと言ってないよ。

台湾語 我無講過彼 款 的話。
Góa bô kóng kòe hit khoán ê oē
グァ ボ ゴン グェ ヒッ クァン エ ウェ

台湾華語 我沒 說過 那樣的話。
wǒ méi shuō guò nà yàng de huà
ウォ メイ スゥォ グォ ナ ヤン ダ ファ

9 非難する、叱る

[CD-3 track47]

1 あなたが悪いんじゃないの？

台湾語 是你的問題啦hoⁿh。
Sī lí ê būn-tê--lah hoⁿh
シ リ エ ブン デ ラッ ホンッ

台湾華語 是你不好吧？
shì nǐ bù hǎo ba
ス ニ ブ ハウ バ

2 責任を取ってもらうから。

台湾語 你愛負責任。 ※「責」は口語では「ジッ」と発音することが多い
Lí ài hū-chek-jīm
リ アイ フ ジッジム

台湾華語 你要負責任。
nǐ yào fù zé rèn
ニ ヤウ フ ゼ レン

3 責任逃れしないでよ。

台湾語 毋通走閃責任。 ※「走閃」：逃げる
M̄-thang cháu-siám chek-jīm
ム タン ザウ シャム ジッジム

台湾華語 不要推卸責任。
bú yào tuī xiè zé rèn
ブ ヤウ トェ シェ ゼ レン

4 男らしくしてよ。

台湾語 較像查埔囝咧，好無？
Khah sêng cha-po͘-kiáⁿ--leh hó--bô
カッ シン ザ ボ ギャンレッ ホ ボ

台湾華語 像個男人好不好。
xiàng ge nán rén hǎo bù hǎo
シャン ガ ナン レン ハウ ブ ハウ

5 卑怯者。

台湾語 無膽的。
Bô tán--ê
ボ ダン エ

台湾華語 膽小鬼。
dǎn xiǎo guǐ
ダン シャウ グェ

6 もう3歳の子供じゃないんだから。 ※「三」という数字を使うことが多い

台湾語 你áh毋是三歲囡仔。 ※「áh」は漢字で「抑」とも表す
Lí áh m̄-sī saⁿ hòe gín-á
リ アッ ム シ サンフェ ギン ア

台湾華語 你又不是三歲小孩子。
nǐ yòu bú shì sān suì xiǎo hái zi
ニ ヨ ブ ス サンスェ シャウ ハイ ズ

7 それは悪いことでしょう。

台湾語 彼是毋著的。
He sī m̄-tio̍h--ê
ヘ シ ム ディオッ エ

台湾華語 那是不對的。
nà shì bú duì de
ナ ス ブ ドェ ダ

8 しっかりしてくれよ。

台湾語 你較冷靜咧,好無?
Lí khah léng-chēng--leh hó--bô
リ カッ リンジン レッ ホ ボ

台湾華語 你清醒一點好嗎? ※「清醒」:頭がはっきりしている、冷静である
nǐ qīng xǐng yì diǎn hǎo mā
ニ チン シン イ ディェン ハウ マ

10 面子

1 それでも友達？

台湾語 你 足 無意思 喔。
Lí chiok bô i-sù oh
リ ジョッ ボ イ スウ オッ

台湾華語 你很不夠意思哦。
nǐ hěn bú gòu yì sì o
ニ ヘン ブ ゴウ イ ス オ

2 さすが私の友達。

台湾語 你實在有夠 mahchih。
Lí sit-chāi ū-kàu mah-chih
リ シッザイ ウ ガウ マッ シッ

台湾華語 你真夠朋友。
nǐ zhēn gòu péng yǒu
ニ ゼン ゴウ ペン ヨ

※中国人にとって友達は大事な存在で、その人と付き合うかどうかは友達がどうかが決め手

3 彼は義理堅い人だね。

※中国人にとって「義氣」は「友達の為なら何でもやる」「友達を絶対裏切らない」ことが第一条件

台湾語 伊 誠 有義氣。
I chiâⁿ ū gī-khì
イ ジャン ウ ギ キ

台湾華語 他很 講 義氣。
tā hěn jiǎng yì qì
タ ヘン ジャン イ チ

4 顔を立ててくれよ。

台湾語 看 我的面子啦。
Khòaⁿ góa ê bīn-chú--lah
クァン グァ エ ビンズゥ ラッ

台湾華語 給個面子吧。
gěi ge miàn zi ba
ゲイ ガ ミェン ズ バ

5 よく私の顔をつぶしてくれたね。

[台湾語] 你誠無顧我的面子喔。
Lí chiâⁿ bô kờ góa ê bīn-chú ơh
リ ジャン ボ ゴ グァ エ ビンズゥ オッ

[台湾華語] 你很不給面子哦。　※「私の顔をつぶしてどうなるか知ってるだろう」というニュアンス
nǐ hěn bù gěi miàn zi o
ニ ヘン ブ ゲイ ミェン ズ オ

6 それは君の面子を立ててということだよ。

[台湾語] 我是帶念你的面子neh。
Góa sī tài-liām lí ê bīn-chú neh
グァ シ ダイ リャム リ エ ビンズゥ ネッ

[台湾華語] 我是看在你的面子上。
wǒ shì kàn zài nǐ de miàn zi shàng
ウォ ス カン ザイ ニ ダ ミェン ズ サン

7 顔が利くね。

[台湾語] 你的面子誠大。
Lí ê bīn-chú chiâⁿ tōa
リ エ ビンズゥ ジャン ドァ

[台湾華語] 你面子真大。
nǐ miàn zi zhēn dà
ニ ミェン ズ ゼン ダ

8 鼻高々だね。

[台湾語] 你誠有面子。
Lí chiâⁿ ū bīn-chú
リ ジャン ウ ビンズゥ

[台湾華語] 你真有面子。
nǐ zhēn yǒu miàn zi
ニ ゼン ヨ ミェン ズ

コミュニケーション

1 数字を使った表現 (1)

1 私の電話番号は 7654321 です。

台湾語 我的電話號碼是 7654 - 321。
Góa ê tiān-oē hō-bé sī chhit-lio̍k-ngó͘-sù sam-jī-it
グァ エ デン ウェ ホ ベ シ チッリョッンゴ スゥ サムジイッ

台湾華語 我的電話號碼是 7654-321。
wǒ de diàn huà hào mǎ shì qī liù wǔ sì sān èr yī
ウォ ダ ディエンファ ハウ マ ス チ リョウ ス サン アイ

2 パスワードは abc123 です。

台湾語 暗號是 abc 123。
Àm-hō sī abc it-jī-sam
アム ホ シ エビシ イッジ サム

台湾華語 密碼是 abc 1 2 3。
mì mǎ shì abc yī èr sān
ミ マ ス エビシ イ ア サン

3 暗証番号は 0123 です。

台湾語 暗號是 0123。
Àm-hō sī khòng-it jī-sam
アム ホ シ コン イッジ サム

台湾華語 密碼是 0 1 2 3。
mì mǎ shì líng yī èr sān
ミ マ ス リン イ ア サン

4 口座番号は 12345678 です。

台湾語 帳號是 1 2 3 4 5 6 7 8。
Siàu-hō sī it-jī-sam-sù ngó͘-lio̍k-chhit-pat
シャウ ホ シ イッジ サム スゥンゴリョッチッ バッ

台湾華語 帳號是 1 2 3 4 5 6 7 8。
zhàng hào shì yī èr sān sì wǔ liù qī bā
ザン ハウ ス イ ア サン ス ウ リョチ バ

㉒ 暮らし、社会

日常の生活において、時間を聞いたり、日付を言ったり、電話番号・口座番号など、数字を使った表現を使うことが多くあります。気候・天気なども、友人・知人との会話でよく話題になりますね。また台湾ならではの表現も紹介します。

5 今の体重は60キロです。

[台湾語] 我chit-má的體重是 60 公斤。

Góa　chit-má　　ê　thé-tāng　sī　la̍k-cha̍p　kong-kin
グァ　ジッ　マ　　エ　テ ダン　シ　ラッ ザプ　ゴン ギン

[台湾華語] 我體重 現在 60 公斤。

wǒ　tǐ　zhòng　xiàn　zài　liù shí　gōng　jīn
ウォ ティ　ゾン　シェン ザイ　リョ ス　ゴン　ジン

6 身長は175センチです。

[台湾語] 身高　　175　　公分。

Sin-koân　chi̍t-pah chhit-cha̍p-gō　kong-hun
シン グァン　ジッ バッ チッ ザプ ゴ　ゴン フン

[台湾華語] 身高　175　公分。

shēn gāo　yì bǎi qī shí wǔ　gōng　fēn
セン ガウ　イ バイ チ ス ウ　ゴン フェン

暮らし、社会

2 数字を使った表現 (2)

1 今年は何年でしたっけ？

台湾語 今年是幾年啊？
Kin-nî sī kúi nî ah
ギン ニ シ グィ ニ アッ

台湾華語 今年是幾年啊？
jīn nián shì jǐ nián a
ジンニェン ス ジ ニェン ア

2 民国99年です。〔西暦2010年〕

※「民国」は台湾で使用している年号。
〔西暦○年＝民国○年＋1911〕

台湾語 民國 99 年。
Bîn-kok káu-cha̍p-káu nî
ビン ゴッ ガウ ザブ ガウ ニ

台湾華語 民國 99 年。
Mín guó jiǔ shí jiǔ nián
ミングォ ジョス ジョ ニェン

3 何年生まれ？

台湾語 你是幾年次的啊？
Lí sī kúi nî-chhù--ê ah
リ シ グィ ニ ツウ エ アッ

台湾華語 你是幾年級啊？
nǐ shì jǐ nián jí a
ニ ス ジ ニェン ジ ア

4 (民国) 70年代生まれです。

台湾語 我是7字頭的。
Góa sī chhit jī-thâu--ê
グァ シ チッ ジ タウ エ

※この「7字頭」は「民国70年代（西暦1981〜1991年）生まれ」の意味

台湾華語 我是7年級。
wǒ shì qī nián jí
ウォス チ ニェン ジ

※「年級」の使い方については『台湾語のスラング表現』参考

5 3 × 8 = 24

台湾語 3 乘 8 是 24。
Saⁿ sêng peh sī jī-cha̍p-sì
サン シン ペッ シ ジザブシ

台湾華語 3 乘以 8 等於 24。
sān chéng yǐ bā děng yú èr shí sì
サン ツェン イ バ ダン ユィ アス ス

6 18 ÷ 2 = 9

台湾語 18 除 2 是 9。
Cha̍p-peh tû jī sī káu
ザブ ベッドゥ ジ シ ガウ

台湾華語 18 除以 2 等於 9。
shí bā chú yǐ èr děng yú jiǔ
ス バ ツゥ イ ア ダン ユィ ジョ

7 5 + 6 = 11

台湾語 5 加 6 是 11。
Gō͘ ka la̍k sī cha̍p-it
ゴ ガ ラッ シ ザブイッ

台湾華語 5 加 6 等於 11。
wǔ jiā liù děng yú shí yī
ウ ジャ リョ ダン ユィ スイ

8 34 − 9 = 25

台湾語 34 減 9 是 25。
Saⁿ-cha̍p-sì kiám káu sī jī-cha̍p-gō͘
サン ザブ シ ギャム ガウ シ ジザブゴ

※「2」(ジ) を「リ」「ギ」と発音する人もいる

台湾華語 34 減 9 等於 25。
sān shí sì jiǎn jiǔ děng yú èr shí wǔ
サン スス ジェン ジョ ダン ユィ アスウ

暮らし、社会

391

3 時に関する表現

[CD-3 track51]

1 今は何時ですか?

台湾語 **Chit-má 幾 點?**
Chit-má　kúi　tiám
ジッ　マ　グィ　ディアム

台湾華語 **現在 幾 點?**
xiàn zài　jǐ　diǎn
シェン ザイ　ジ　ディエン

2 1時半です。

台湾語 **點 半。** ※台湾語では「1時半」の「1」が省略されることが多い
Tiám-pòaⁿ
ディアム ブァン

台湾華語 **1 點 半。**
yì　diǎn　bàn
イ　ディエン バン

3 今日は何日ですか?

台湾語 **今仔日幾號?**
Kin-á-ji̍t　kúi　hō
ギン ア ジッ グィ ホ

台湾華語 **今天 是幾號?**
jīn tiān　shì　jǐ　hào
ジン ティエン　ス　ジ　ハウ

4 3月5日です。

台湾語 **三月 初五。**
Saⁿ-goe̍h　chhe-gō͘
サン グェッ ツェ ゴ

台湾華語 **三月五號。**
sān yuè wǔ hào
サン ユェ ウ ハウ

5 今日は何曜日ですか？

台湾語 今仔日拜幾？
Kin-á-jit pài-kúi
ギン ア ジッ バイ グィ

台湾華語 今天 是星期幾？
jīn tiān shì xīng qí jǐ
ジン ティェン ス シン チ ジ

6 水曜日です。

台湾語 拜三。
Pài-saⁿ
バイ サン

台湾華語 星期三。
xīng qí sān
シン チ サン

4 天気 (1)

1 天気予報は何て言ってた？

台湾語 天氣預報 按怎 講？
Thiⁿ-khì ū-pò án-chóaⁿ kóng
ティン キ ウ ボ アン ツゥアン ゴン

台湾華語 天氣預報怎麼說？
tiān qì yù bào zěn me shuō
ティエン チ ユィ バウ ゼン モ スゥォ

2 明日の天気はどう？

台湾語 明仔載 天氣啥款？
Bîn-á-chài thiⁿ-khì siáⁿ-khoán
ビン ア ザイ ティン キ シャンクァン

台湾華語 明天天氣 怎樣？
míng tiān tiān qì zěn yàng
ミン ティエン ティエン チ ゼン ヤン

3 雨が降るって。

台湾語 講會落雨。
Kóng ē lỏh-hō͘
ゴン エ ロッ ホ

台湾華語 說是會下雨。
shuō shì huì xià yǔ
スゥォ ス フェ シャ ユィ

4 そちらのお天気はどうですか？

台湾語 恁遐 天氣啥款？
Lín hia thiⁿ-khì siáⁿ-khoán
リン ヒャ ティン キ シャンクァン

台湾華語 你們那邊 天氣怎樣？
nǐ mén nà biān tiān qì zěn yàng
ニ メン ナ ビェン ティエン チ ゼン ヤン

5 雨が降り出した。

台湾語 落雨 a。
Lȯh-hō--a
ロッ ホ ア

台湾華語 下雨了。
xià yǔ le
シャ ユィ ラ

6 雨が止んだ。

台湾語 無雨 a。
Bô hō--a
ボ ホ ア

台湾華語 雨停了。
yǔ tíng le
ユィ ティン ラ

7 天気が晴れ出した。

台湾語 出日頭 a。　※「日頭」：お日様
Chhut jit-thâu--a
ツゥッ ジッ タウ ア

台湾華語 天氣放晴了。
tiān qì fàng qíng le
ティェン チ ファン チン ラ

8 ほら、虹だ。

台湾語 你看, 有虹 neh！
Lí khòaⁿ ū khēng neh
リ クァン ウ ケン ネッ

台湾華語 看, 有彩虹！
kàn yǒu cǎi hóng
カン ヨ ツァイ ホン

暮らし、社会

5 天気 (2)

1 風がすごい。

[台湾語] 風足透。
Hong chiok thàu
ホン ジョッ タウ

[台湾華語] 風好大。
fēng hǎo dà
フォン ハウ ダ

2 台風が上陸した。

[台湾語] 風颱入來a。
Hong-thai jip--lâi-a
ホン タイ ジプ ライ ア

[台湾華語] 台風上陸了。
tái fēng shàng lù le
タイ フォン サン ル ラ

3 台風が過ぎた。

[台湾語] 風颱過去a。
Hong-thai kòe--khi-a
ホン タイ グェ キ ア

[台湾華語] 台風過境了。
tái fēng guò jìng le
タイ フォン グォ ジン ラ

4 台風が弱まった。

[台湾語] 風颱變弱去a。
Hong-thai piàn jio̍k--khi-a
ホン タイ ベン ジョッキ ア

[台湾華語] 台風 轉弱了。
tái fēng zhuǎn ruò le
タイ フォン ズゥァン ルォ ラ

5 梅雨入りした。

台湾語 閣開始落黃酸仔雨 a。
Koh khai-sí lỏh n̂g-sng-á-hō--a
ゴッカイ シ ロッ ン スン ア ホ ア

台湾華語 梅雨季節到了。
méi yǔ jì jié dào le
メイ ユィ ジ ジェ ダウ ラ

6 雪がすごい。

台湾語 雪落甲(足大的)。
Seh lỏh kah (chiok tōa--ê)
セッ ロッ ガッ (ジョッドァ エ)

台湾華語 好大的雪。
hǎo dà de xuě
ハウ ダ ダ シュェ

7 水不足だ。

台湾語 欠水。
Khiàm chúi
キャム ズイ

台湾華語 缺水。
quē shuǐ
チュェ スェ

8 停水した。

台湾語 無水 a。
Bô chúi--a
ボ ズイ ア

台湾華語 停水了。
tíng shuǐ le
ティン スェ ラ

6 気候

1 暑い。

台湾語 有夠 熱。
Ū-kàu joah
ウ ガウ ジョアッ

※「熱」の発音は口語では「lóah」（ルアッ）と発音することが多い

台湾華語 好熱。
hǎo rè
ハウ ラ

2 蒸し暑い。

台湾語 有夠 hip 熱。
Ū-kàu hip-joah
ウ ガウ ヒプ ジョアッ

※「hip 熱」：蒸し暑い
※「hip」は漢字で「熻」とも表す

台湾華語 好悶熱。
hǎo mèn rè
ハウ メン ラ

3 日差しが強い。

台湾語 日頭 足 炎。
Jit-thâu chiok iām
ジッ タウ ジョッ ヤム

台湾華語 太陽好烈。
tài yáng hǎo liè
タイ ヤン ハウ リェ

4 日焼けが嫌い。

台湾語 我 驚 曝烏。
Góa kiaⁿ phák o͘
グァ ギャン パッ オ

※「曝」：日焼け

台湾華語 我怕曬黑。
wǒ pà shài hēi
ウォ パ サイ ヘイ

5 寒いよ。

台湾語 足 寒 neh。
Chiok kôaⁿ neh
ジョックァン ネッ

台湾華語 好冷哦。
hǎo lěng o
ハウ レン オ

6 寒くてたまらない。

台湾語 寒 甲 擋 袂 牢。
Kôaⁿ kah tòng bē tiâu
クァン ガッ ドン ベ ディァウ

台湾華語 冷得受不了。
lěng de shòu bù liǎo
レン ダ ソォ ブ リャウ

7 手足が冷たい。

台湾語 我 跤手 冷吱吱。 ※「冷吱吱」:とても冷たいこと
Góa kha-chhiú léng-ki-ki
グァ カ チュウ リン ギ ギ

台湾華語 我手腳都是冰的。
wǒ shǒu jiǎo dōu shì bīng de
ウォ ソ ジャウ ドゥ ス ビン ダ

8 寒くて身震いしちゃう。

台湾語 寒 甲 sih-sih 顫。
※「sih-sih 顫」:ぷるぷる震えること
※「sih-sih」は漢字で「窸窣」とも表す
Kôaⁿ kah sih-sih-chùn
クァン ガッ シッ シッ ズゥン

台湾華語 冷到打寒顫。
lěng dào dǎ hán zhàn
レン ダウ ダ ハン ザン

暮らし、社会

7 形容詞を使った表現

CD-3 [track55]

1 とても冷たい。

台湾語 冷吱吱。
Léng-ki-ki
リン ギ ギ

台湾華語 冷冰冰。
lěng bīng bīng
レン ビン ビン

2 とても熱い。 ※沸騰している様子

台湾語 燒滾滾。
Sio-kún-kún
ショ グン グン

台湾華語 滾燙。
gǔn tàng
グン タン

3 とてもきれい。

台湾語 媠噹噹。
Suí-tang-tang
スィ ダン ダン

台湾華語 非常漂亮。
fēi cháng piào liàng
フェ ツァン ピャウ リャン

4 とても柔らかい。

台湾語 軟 siô-siô。 ※「siô-siô」は漢字で「荍荍」とも表す
Nńg-siô-siô
ヌン ショ ショ

台湾華語 非常軟。
fēi cháng ruǎn
フェ ツァン ルァン

400

5 とても香りがいい。

台湾語 芳貢貢。
Phang-kòng-kòng
パン ゴン ゴン

台湾華語 香噴噴。
xiāng pēn pēn
シャン ペン ペン

6 とてもすっぱい。

台湾語 酸 giuh-giuh。 ※「giuh-giuh」は漢字で「扭扭」とも表す
Sng-giuh-giuh
スェン ギュッ ギュッ

台湾華語 酸溜溜。
suān liū liū
スゥアン リョ リョ

7 真っ白。

台湾語 白晳晳。
Pe̍h-siak-siak
ベイッ シャッ シャッ

台湾華語 非常白。
fēi cháng bái
フェ ツァン バイ

8 とても硬い。

台湾語 硬 khok-khok。 ※「khok-khok」は漢字で「硞硞」とも表す
Tēng-khok-khok
ディン コッ コッ

台湾華語 硬梆梆。
yìng bāng bāng
イン バン バン

暮らし、社会

8 台湾でよく使われる表現 (1) 〔副詞の「死」を使って気持ちを強調〕

CD-3 [track56]

1 暑くて死にそう！

台湾語　**熱死 a！**　※「熱」は口語では「ルァッ」と発音することが多い
Joah--sí-a
ジョァッ シ ア

台湾華語　**熱死了！**
rè sǐ le
ラ ス ラ

2 寒くて死にそう！

台湾語　**寒死 a！**
Kôaⁿ--sí-a
クァン シ ア

台湾華語　**冷死了！**
lěng sǐ le
レン ス ラ

3 くたびれちゃった！

台湾語　**忝死 a！**
Thiám--sí-a
ティァム シ ア

台湾華語　**累死了！**
lèi sǐ le
レイ ス ラ

4 お腹が破裂しそう！

台湾語　**脹死 a！**
Tiùⁿ--sí-a
デュゥン シ ア

台湾華語　**脹死了！**
zhàng sǐ le
ザン ス ラ

5 イライラする！

[台湾語] **煩死 a！**
Hôan--sí-a
ファン シ ア

[台湾華語] **煩死了！**
fán sǐ le
ファン ス ラ

6 大きらい！

[台湾語] **討厭死 a！**
Thó-ià--sí-a
ト ヤ シ ア

[台湾華語] **討厭死了！**
tǎo yàn sǐ le
タウ イェン ス ラ

7 死ぬほど憎い！

[台湾語] **恨死 a！**
Hūn--sí-a
フン シ ア

[台湾華語] **恨死了！**
hèn sǐ le
ヘン ス ラ

8 腹立たしい！

[台湾語] **氣死 a！**
Khì--sí-a
キ シ ア

[台湾華語] **氣死了！**
qì sǐ le
チ ス ラ

9 台湾でよく使われる表現 (2) 〔副詞の「死」を使って気持ちを強調〕

1 死ぬほど退屈。

[台湾語] 無聊死a。
Bô-liâu--sí-a
ボ リャウ シ ア

[台湾華語] 無聊死了。
wú liáo sǐ le
ウ リャウ ス ラ

2 大ばか。

[台湾語] 戇甲袂扒癢。
Gōng kah bē pê-chiūⁿ
ゴン ガッ ベ ベ ジュゥン

※直訳は「痒くても自分で掻くことができないばか」

[台湾華語] 笨死了。
bèn sǐ le
ベン ス ラ

3 やかましい。

[台湾語] 吵死a。
Chhá--sí-a
ツァ シ ア

[台湾華語] 吵死了。
chǎo sǐ le
ツァウ ス ラ

4 最悪。

[台湾語] 夭壽漚搭。
Iau-siū àu-tah
ヤウ シュゥ アウ ダッ

[台湾華語] 爛死了。
làn sǐ le
ラン ス ラ

5 超びっくり。

[台湾語] **驚死a。**
Kiaⁿ--sí-a
ギャン シ ア

[台湾華語] **嚇死了。**
xià sǐ le
シャ ス ラ

6 超好き。

[台湾語] **愛死a。**
Ài--sí-a
アイ シ ア

[台湾華語] **愛死了。**
ài sǐ le
アイ ス ラ

※「死」を使った表現にはマイナスイメージのものが多いが、「愛」のようにプラスイメージの表現もある。ただし「好死了」は言わない

7 超おかしい。

[台湾語] **笑死人。**
Chhiò-sí-lâng
チョウ シ ラン

[台湾華語] **笑死了。**
xiào sǐ le
シャウ ス ラ

8 死ね。

[台湾語] **去死啦。**
Khì sí--lah
キ シ ラッ

※場合によっては失礼な言い方になるので、あまり使わないように

[台湾華語] **去死啦。**
qù sǐ la
チュィ ス ラ

〈付　録〉

- 数字の言い方
- 時間の言い方 (1)
- 月の言い方
- 計算
- 日にちの言い方
- 季節
- 時間の言い方 (2)
- よく使う疑問詞
- 重量、サイズなど
- 方向、位置
- 友人にお礼のEメール
- 伝票などで使われる文字

◆ 数字の言い方　　［CD-3. track 58］

アラビア数字	文字	台湾語	台湾華語
0	零	lêng リン　　khòng コン	líng リン
1	一	chit ジッ	yī イ
2	二	nn̄g ヌン	èr ア
3	三	sa^n サン	sān サン
4	四	sì シ	sì ス
5	五	gõ ゴ	wǔ ウ
6	六	la̍k ラッ	liù リョ
7	七	chhit チッ	qī チ
8	八	peh ベッ	bā バ
9	九	káu ガウ	jiǔ ジョ
10	十	cha̍p ザプ	shí ス
11	十一	cha̍p-it ザプ イッ	shí yī ス イ
12	十二	cha̍p-jī ザプ ジ	shí èr ス アル
13	十三	cha̍p-sa^n ザプ サン	shí sān ス サン
14	十四	cha̍p-sì ザプ シ	shí sì ス ス
15	十五	cha̍p-gõ ザプ ゴ	shí wǔ ス ウ
16	十六	cha̍p-la̍k ザプ ラッ	shí liù ス リョ
17	十七	cha̍p-chhit ザプ チッ	shí qī ス チ
18	十八	cha̍p-peh ザプ ベッ	shí bā ス バ

アラビア数字	文字	台湾語	台湾華語
19	十九	cháp-káu ザブ ガウ	shí jiǔ ス ジョ
20	二十	jī-cháp ジ ザブ	èr shí ア ス
30	三十	saⁿ-cháp サン ザブ	sān shí サン ス
40	四十	sì-cháp シ ザブ	sì shí ス ス
50	五十	gō-cháp ゴ ザブ	wǔ shí ウ ス
60	六十	la̍k-cháp ラッ ザブ	liù shí リョ ス
70	七十	chhit-cháp チッ ザブ	qī shí チ ス
80	八十	peh-cháp ベッ ザブ	bā shí バ ス
90	九十	káu-cháp ガウ ザブ	jiǔ shí ジョ ス
100	一百	chi̍t-pah ジッ バッ	yì bǎi イ バイ
1,000	一千	chi̍t-chheng ジッ チン	yì qiān イ チェン
10,000	一萬	chi̍t-bān ジッ バン	yí wàn イ ワン

※台湾語の「零」は、二通りの言い方があります。

文語発音

アラビア数字	文字	台湾語	アラビア数字	文字	台湾語
1	一	it イッ	6	六	lio̍k リョッ
2	二	jī ジ	7	七	chhit チッ
3	三	sam サム	8	八	pat バッ
4	四	sù スゥ	9	九	kiú キュ
5	五	ngó͘ ンゴ	10	十	sip シブ

※台湾華語の数字に文語発音はありません。数字の読み方は一つです。

付録

◆ 時間の言い方 (1)　　　　　　　　　　　　　　[CD-3. track 59]

日本語	台湾語		台湾華語
0時	半暝12點	pòaⁿ-mê chȧp-jī tiám ブァンメ ザプ ジ ディアム	líng diǎn ※ リン ディエン
1時	1點	chit tiám ジッ ディアム	yì diǎn イ ディエン
2時	2點	nñg tiám ヌン ディアム	liǎng diǎn リャン ディエン
3時	3點	saⁿ tiám サン ディアム	sān diǎn サン ディエン
4時	4點	sì tiám シ ディアム	sì diǎn ス ディエン
5時	5點	gõ tiám ゴ ディアム	wǔ diǎn ウ ディエン
6時	6點	lȧk tiám ラッ ディアム	liù diǎn リョ ディエン
7時	7點	chhit tiám チッ ディアム	qī diǎn チ ディエン
8時	8點	peh tiám ベッ ディアム	bā diǎn バ ディエン
9時	9點	káu tiám ガウ ディアム	jiǔ diǎn ジョ ディエン
10時	10點	chȧp tiám ザプ ディアム	shí diǎn ス ディエン
11時	11點	chȧp-it tiám ザプ イッ ディアム	shí yī diǎn ス イ ディエン
12時	12點	chȧp-jī tiám ザプ ジ ディアム	shí èr diǎn ス ア ディエン

※ 台湾華語の「0時」の漢字は「零點」です。

その他の時間の単位

日本語	台湾語		台湾華語
分	分	hun フン	fēn フェン
秒	秒	bió ビョ	miǎo ミャウ
15分	刻	chȧp-gõ hun ジャプ ゴ フン	kè カ

◆ 月の言い方　　　[CD-3. track 60]

日本語	台湾語		台湾華語
1月	正月 ※1	chiaⁿ--góeh ジャン グェッ	yí yuè ※2 イ ユェ
2月	二月	jī--góeh ジ グェッ	èr yuè ア ユェ
3月	三月	saⁿ--góeh サン グェッ	sān yuè サン ユェ
4月	四月	sì--góeh シ グェッ	sì yuè ス ユェ
5月	五月	gō--góeh ゴ グェッ	wǔ yuè ウ ユェ
6月	六月	lȧk--góeh ラッ グェッ	liù yuè リョ ユェ
7月	七月	chhit--góeh チッ グェッ	qī yuè チ ユェ
8月	八月	peh--góeh ベッ グェッ	bā yuè バ ユェ
9月	九月	káu--góeh ガウ グェッ	jiǔ yuè ジョ ユェ
10月	十月	chȧp--góeh ザブ グェッ	shí yuè ス ユェ
11月	十一月	chȧp-it-- góeh ザブ イッ グェッ	shí yī yuè ス イ ユェ
12月	十二月	chȧp-jī--góeh ザブ ジ グェッ	shí èr yuè ス ア ユェ

※1 台湾語では「1月」のことを「正月」と言います。
※2 台湾華語では「1月」は「一月」(yí yuè) と、「正月」(zhèng yuè) という言い方があります。

◆ 計算　　　[CD-3. track 61]

日本語	台湾語		台湾華語
足す	加	ka ガ	jiā ジャ
引く	減	kiám ギャム	jiǎn ジェン
掛ける	乘	sêng シン	chéng ツェン
割る	除	tû ドゥ	chú ツゥ

◆ 日にちの言い方　　　[CD-3. track 62]

日本語	台湾語		台湾華語			
1日	初一	chhe-it ツェ イッ	初一	chū yī ツゥ イ	一日	yí rì イ ズ
2日	初二	chhe-jī ツェ ジ	初二	chū èr ツゥ ア	二日	èr rì ア ズ
3日	初三	chhe-saⁿ ツェ サン	初三	chū sān ツゥ サン	三日	sān rì サン ズ
4日	初四	chhe-sì ツェ シ	初四	chū sì ツゥ ス	四日	sì rì ス ズ
5日	初五	chhe-gō͘ ツェ ゴ	初五	chū wǔ ツゥ ウ	五日	wǔ rì ウ ズ
6日	初六	chhe-la̍k ツェ ラッ	初六	chū liù ツゥ リョ	六日	liù rì リョ ズ
7日	初七	chhe-chhit ツェ チッ	初七	chū qī ツゥ チ	七日	qī rì チ ズ
8日	初八	chhe-peh ツェ ペッ	初八	chū bā ツゥ バ	八日	bā rì バ ズ
9日	初九	chhe-káu ツェ ガウ	初九	chū jiǔ ツゥ ジョ	九日	jiǔ rì ジョ ズ
10日	初十	chhe-cha̍p ツェ ザプ	初十	chū shí ツゥ ス	十日	shí rì ス ズ

※日付の「～日」は台湾華語では「日」(rì) の代わりに、口語では「號」(hào) も使えます。

日本語	台湾語		台湾華語	
月曜日	拜一	pài-it バイ イッ	星期一	xīng qí yī シン チ イ
火曜日	拜二	pài-jī バイ ジ	星期二	xīng qí èr シン チ ア
水曜日	拜三	pài-saⁿ バイ サン	星期三	xīng qí sān シン チ サン
木曜日	拜四	pài-sì バイ シ	星期四	xīng qí sì シン チ ス
金曜日	拜五	pài-gō͘ バイ ゴ	星期五	xīng qí wǔ シン チ ウ
土曜日	拜六	pài-la̍k バイ ラッ	星期六	xīng qí liù シン チ リョ
日曜日	禮拜	lé-pài レ バイ	星期日	xīng qí rì シン チ ズ
	禮拜日	lé-pài-ji̍t レ バイ ジッ	禮拜天	lǐ bài tiān リ バイ ティェン

◆ 季節　　　　　　　　　　　　　　　　　　　　　　[CD-3. track 63]

日本語	台湾語		台湾華語	
春	春天	chhun-thi^n ツゥン ティン	春	chūn ツゥン
夏	熱天	joa̍h-thi^n ジョアッ ティン	夏	xià シャ
	熱人	joa̍h--lâng ジョアッ ラン		
秋	秋天	chhiu-thi^n チュウ ティン	秋	qiū チョ
冬	寒天	kôa^n-thi^n クァン ティン	冬	dōng ドン
	寒人	kôa^n--lâng クァン ラン		

「春夏秋冬」の台湾語の文語読み

日本語	台湾語	
春	春	chhun ツゥン
夏	夏	hā ハ
秋	秋	chhiu チュウ
冬	冬	tang ダン

◆ 時間の言い方 (2)　　[CD-3. track 64]

日本語	台湾語		台湾華語	
おととい	昨日	chóh--jit ゾッジッ	前天	qián tiān チェン ティエン
昨日	昨昏	cha-hng ザン	昨天	zuó tiān ズォ ティエン
今日	今仔日	kin-á-jit ギンア ジッ	今天	jīn tiān ジン ティエン
明日	明仔載	bîn-á-chài ビン ア ザイ	明天	míng tiān ミン ティエン
あさって	後日	āu--jit アウ ジッ	後天	hòu tiān ホウ ティエン
何日	幾工	kúi kang グィ ガン	幾天	jǐ tiān ジ ティエン
先週	頂禮拜	téng lé-pài ディン レ バイ	上星期	shàng xīng qí サン シン チ
今週	這禮拜	chit lé-pài ジッ レ バイ	這星期	zhè xīng qí ゼ シン チ
来週	後禮拜	āu lé-pài アウ レ バイ	下星期	xià xīng qí シャ シン チ
何週間	幾禮拜	kúi lé-pài グィ レ バイ	幾星期	jǐ xīng qí ジ シン チ
先月	頂個月	téng kò-góeh ディン ゴ グェッ	上個月	shàng ge yuè サン ガ ユェ
今月	這個月	chit kò-góeh ジッ ゴ グェッ	這個月	zhè ge yuè ゼ ガ ユェ
来月	後個月	āu kò-góeh アウ ゴ グェッ	下個月	xià ge yuè シャ ガ ユェ
何ヶ月	幾個月	kúi kò góeh グィ ゴ グェッ	幾個月	jǐ ge yuè ジ ガ ユェ
今年	今年	kin-nî ギン ニ	今年	jīn nián ジン ニェン
来年	明年	mê-nî メ ニ	明年	míng nián ミン ニェン
去年	舊年	kū-nî グ ニ	去年	qù nián チュイ ニェン
何年間	幾冬	kúi tang グィ ダン	幾年	jǐ nián ジ ニェン

◆ よく使う疑問詞 [CD-3. track 65]

日本語	台湾語		台湾華語	
何	啥物	siáⁿ-mih シャンミッ	什麼	shén me センモ
誰	誰	siáng シャン	誰	shuí スェ
いくら	偌濟錢	lōa-chē chîⁿ ルァゼジン	多少錢	duō shǎo qián ドゥォサウチェン
どのくらい	偌久	lōa kú ルァグ	多久	duō jiǔ ドゥォジョ
いつ	當時	tang-sî ダンシ	什麼時候	shén me shíhòu センモスホウ
どこ	佗位	tó-ūi ドウィ	哪裏	nǎ lǐ ナリ
どれ	佗一个	tó chit-ê ドジッレ	哪一個	nǎ yí ge ナイガ
どのように	按怎	án-chóaⁿ アンツゥァン	怎麼	zěn me ゼンモ
何時	幾點	kúi tiám グィディアム	幾點	jǐ diǎn ジディエン

◆ 重量、サイズなど [CD-3. track 66]

日本語	台湾語		台湾華語	
重さ	重量	tāng-liōng ダンリョン	重量	zhòng làing ゾンリャン
重さが どのくらい？	偌重	lōa tāng ルァダン	多重	duō zhòng ドゥォゾン
キロ	公斤	kong-kin ゴンギン	公斤	gōng jīn ゴンジン
グラム	公克	kong-khek ゴンケッ	公克	gōng kè ゴンカ
軽い	輕	khin キン	輕	qīng チン
重い	重	tāng ダン	重	zhòng ゾン

付録

415

距離	距離	kī-lî ギリ	距離	jù lí ジュィリ
距離がどのくらい？	偌遠	lōa hn̄g ルァフン	多遠	duō yuǎn ドゥオユエン
キロメートル	公里 (kilo)	kong-lí ゴンリ	公里	gōng lǐ ゴンリ
メートル	公尺	kong-chhioh ゴンチョッ	公尺	gōng chǐ ゴンツ
遠い	遠	hn̄g フン	遠	yuǎn ユエン
近い	近	kīn ギン	近	jìn ジン
長さ	長度	tn̂g-tō͘ デンド	長度	cháng dù ツァンドゥ
長さがどのくらい？	偌長	lōa tn̂g ルァデン	多長	duō cháng ドゥオツァン
長い	長	tn̂g デン	長	cháng ツァン
短い	短	té デ	短	duǎn ドゥアン
サイズ	大細	tōa-sè ドァセ	大小	dà xiǎo ダシャウ
大きさがどのくらい？	偌大	lōa tōa ルァドァ	多大	duō dà ドゥオダ
大きい	大	tōa ドァ	大	dà ダ
ミディアム	中	tiong ディオン	中	zhōng ゾン
小さい	細	sè セ	小	xiǎo シャウ
スピード	速度	sok-tō͘ ソッド	速度	sù dù スゥドゥ
スピードがどのくらい？	偌緊	lōa kín ルァギン	多快	duō kuài ドゥオクァイ
速い	緊	kín ギン	快	kuài クァイ
遅い	慢	bān バン	慢	màn マン

◆ 方向、位置　　[CD-3. track 67]

日本語	台湾語		台湾華語	
東	東	tang ダン	東	dōng ドン
西	西	sai サイ	西	xī シ
南	南	lâm ラム	南	nán ナン
北	北	pak パッ	北	běi ベイ
左	倒爿	tò-pêng ド ビン	左邊	zuǒ biān ズゥォ ビェン
右	正爿	chiàⁿ-pêng ジャン ビン	右邊	yòu biān ヨ ビェン
前	頭前	thâu-chêng タウ ゼン	前面	qián miàn チェン ミェン
後ろ	後壁	āu-piah アウ ビャッ	後面	hòu miàn ホウ ミェン
上	頂面	téng-bīn ディン ビン	上面	shàng miàn サン ミェン
中	中央	tiong-ng ディオン ン	中間	zhōng jiān ゾン ジェン
下	下跤	ē-kha エ カ	下面	xià miàn シャ ミェン

付録

友人にお礼のEメール

こんにちは。
你好。

小谷です。
我是小谷。

覚えていますか？
還記得我嗎？

台湾にいた時はお世話になりました。
謝謝你在台灣時的照顧。

お友達になれて本当にうれしいです。
真的很高興能跟你做朋友。

その時、撮った写真を添付しますので、
附上那時候拍的照片,

記念に取っておいてください。
給你做紀念。

そのうちまた会えるといいですね。
希望能再相見。

ご自愛ください。
珍重再見。

小谷 from 日本

伝票などで使われる文字

	台湾	中国	日本
1 (yī)	壹	壹	壱
2 (èr)	貳	贰	弐
3 (sān)	參	叁	参
4 (sì)	肆	肆	(四)
5 (wǔ)	伍	伍	(五)
6 (liù)	陸	陆	(六)
7 (qī)	柒	柒	(七)
8 (bā)	捌	捌	(八)
9 (jiǔ)	玖	玖	(九)
10 (shí)	拾	拾	拾
100 (bǎi)	佰	佰	(百)
1,000 (qiān)	仟	仟	(千)
10,000 (wàn)	萬	万	萬
100,000,000 (yì)	億	亿	億

※上記の発音は台湾華語です。

●著者紹介●
趙　怡華

亜細亜大学国際関係学部卒、東京外国語大学院修士課程修了。韓国延世大学校語学堂、アメリカEWU、スペインなどに短期語学留学を終えて、北京語・台湾語講師を経て、現在は中国語・台湾語の通訳人。通訳業の傍ら、音楽、放送、漫画など多様な翻訳作業に携わっている。現在、「な～るほど・ザ・台湾」(日僑文化事業股份有限公司)にて「いーふぁ老師の台湾華語講座」を連載中。最新の台湾情報や流行語などを伝えている。
著書:『はじめての台湾語』『絵でわかる台湾語会話』『台湾語のスラング表現』『絵でわかる中国語会話』『中国語のスラング表現』『中国語会話フレーズブック』(以上、明日香出版社)、『中華電影的北京語』(キネマ旬報社) など

●監修者紹介●
陳　豐惠

財団法人李江却台湾語文教基金会幹事長、長老教会総会台湾族群母語推行委員会委員、社団法人台湾ローマ字協会理事、台湾語母語教育学会秘書長などを務める。映画・テレビの台湾語指導者としても活躍中。

―― ご意見をお寄せください ――
ご愛読いただきありがとうございました。本書の読後感・ご意見等を愛読者カードにてお寄せください。また、読んでみたいテーマがございましたら積極的にお知らせください。今後の出版に反映させていただきます。

☎ (03) 5395-7651
FAX (03) 5395-7654
mail : asukaweb@asuka-g.co.jp

CD BOOK　台湾語会話フレーズブック

2010年6月12日　初版発行
2019年6月21日　第14刷発行

著　者　趙　　怡　華
監修者　陳　　豐　惠
発行者　石　野　栄　一

〒112-0005　東京都文京区水道2-11-5
電話 (03) 5395-7650 (代表)
　　 (03) 5395-7654 (FAX)
郵便振替 00150-6-183481
http://www.asuka-g.co.jp

明日香出版社

■スタッフ■　編集　小林勝／久松圭祐／古川創一／藤田知子／田中裕也　営業　渡辺久夫／浜田充弘／奥本達哉／野口優／横尾一樹／関山美保子／藤本さやか
　　　　　　財務　早川朋子

印刷　株式会社研文社
製本　根本製本株式会社
ISBN978-4-7569-1391-3　C2087

乱丁本・落丁本はお取り替えいたします。
© Chao Yihua 2010 Printed in Japan
編集担当　石塚　幸子

たったの72パターンで こんなに話せる中国語会話

趙 怡華

「〜はどう？」「〜だといいね」など、決まった基本パターンを使い回せば、中国語で言いたいことが言えるようになります！　好評既刊の『72パターン』シリーズの基本文型をいかして、いろいろな会話表現が学べます。

本体価格 1800 円＋税　B6 変型　〈216 ページ〉　2011/03 発行　978-4-7569-1448-4

たったの72パターンで こんなに話せる韓国語会話

李 明姫

日常会話でよく使われる基本的なパターン（文型）を使い回せば、韓国語で言いたいことが言えるようになります！　まず基本パターン（文型）を理解し、あとは単語を入れ替えれば、いろいろな表現を使えるようになります。

本体価格 1800 円＋税　B6 変型　〈216 ページ〉　2011/05 発行　978-4-7569-1461-3

たったの72パターンで こんなに話せるポルトガル語会話

浜岡 究

「〜はどう？」「〜だといいね」など、決まったパターンを使いまわせば、ポルトガル語は誰でも必ず話せるようになる！　これでもうフレーズ丸暗記の必要ナシ。言いたいことが何でも言えるようになります。

本体価格 1800 円＋税　B6 変型　〈224 ページ〉　2013/04 発行　978-4-7569-1620-4

たったの72パターンで こんなに話せるイタリア語会話

ビアンカ・ユキ
ジョルジョ・ゴリエリ

「〜はどう？」「〜だといいね」など、決まったパターンを使いまわせば、イタリア語は誰でも必ず話せるようになる！ これでもうフレーズ丸暗記の必要ナシ。この72パターンを覚えれば、言いたいことが何でも言えるようになります。

本体価格1800円＋税　B6変型　〈224ページ〉　2010/07発行　978-4-7569-1397-5

たったの72パターンで こんなに話せるフランス語会話

小林 知子
エリック・フィオー

「〜はどう？」「〜だといいね」など、決まったパターンを使いまわせば、フランス語は誰でも必ず話せるようになる！ これでもうフレーズ丸暗記の必要ナシ。この72パターンを覚えれば、言いたいことが何でも言えるようになります。

本体価格1800円＋税　B6変型　〈224ページ〉　2010/08発行　978-4-7569-1403-3

たったの72パターンで こんなに話せるスペイン語会話

欧米・アジア語学センター
フリオ・ルイス・ルイス

日常会話でよく使われる基本的なパターン（文型）を使い回せば、スペイン語で言いたいことが言えるようになります！ まず基本パターン（文型）を理解し、あとは単語を入れ替えれば、いろいろな表現を使えるようになります。

本体価格1800円＋税　B6変型　〈224ページ〉　2013/02発行　978-4-7569-1611-2

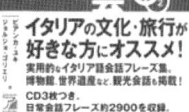

CD BOOK イタリア語会話フレーズブック

**ビアンカ・ユキ
ジョルジョ・ゴリエリ**

日常生活で役立つイタリア語の会話フレーズを2900収録。状況別・場面別に、よく使う会話表現を掲載。海外赴任・留学・旅行・出張で役立つ表現も掲載。あらゆるシーンに対応できる、会話表現集の決定版！

本体価格 2800 円＋税　B6 変型　〈360 ページ〉　2007/03 発行　978-4-7569-1050-9

CD BOOK フランス語会話フレーズブック

**井上 大輔／エリック・フィオー
井上 真理子**

フランス好きの著者と、日本在住のフランス人がまとめた、本当に使えるフランス語会話フレーズ集！基本的な日常会話フレーズだけでなく、読んでいるだけでためになるフランス情報ガイド的な要素も盛り込みました。CD3 枚付き！

本体価格 2800 円＋税　B6 変型　〈416 ページ〉　2008/01 発行　978-4-7569-1153-7

CD BOOK スペイン語会話フレーズブック

林 昌子

日常生活で役立つスペイン語の会話フレーズを2900収録。状況別に、よく使う会話表現を掲載。スペイン語は南米の国々でも使われています。海外赴任・留学・旅行・出張で役立つ表現も掲載。あらゆるシーンに対応できる会話表現集の決定版！

本体価格 2900 円＋税　B6 変型　〈408 ページ〉　2006/05 発行　978-4-7569-0980-0